Michael Reimer

WANDERN MIT DER WINTERSONNE

Die schönsten Vitamin-D-Touren
von November bis März

BergEdition
Reimer

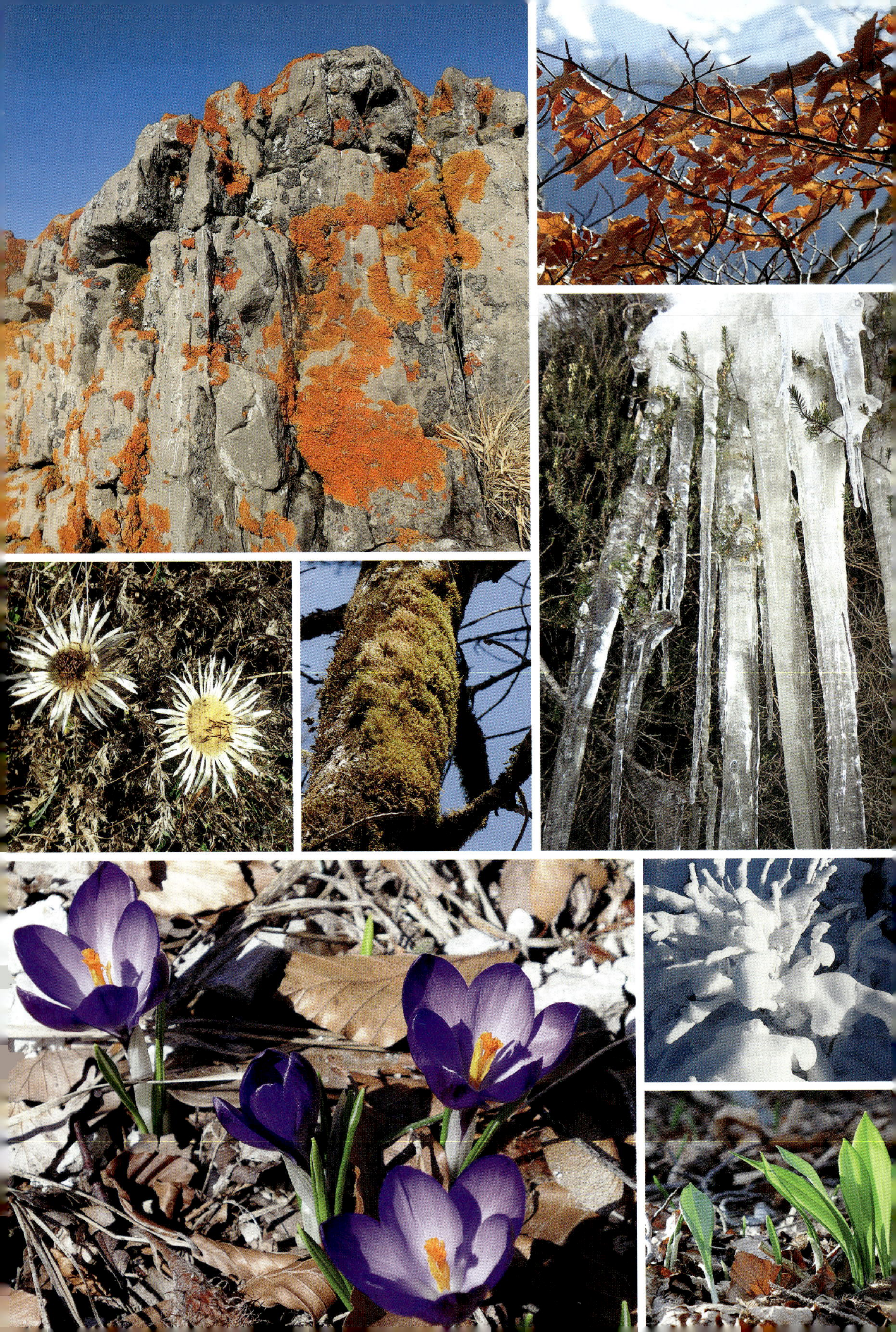

Vorwort

Silke treibt gern Sport, doch seit ihrer Knieverletzung, die sie sich bei einem Skiunfall zugezogen hat, ist ihr Bewegungsradius drastisch eingeschränkt. Dabei bräuchte sie diesen körperlichen Ausgleich angesichts ihres Arbeits- und Kindererzieh-Alltags dringend. Im Laufe der Genesung verfällt sie anfangs fast unbemerkt, später klar erkennbar in eine Depression. Letztlich lässt sie bei ihrem Hausarzt einen Gesundheits-Check durchführen, der ein klares Ergebnis zutage bringt: akuter Vitamin-D-Mangel! „Auf in die Sonne!" ist fortan die beste Therapie.

„Vitamin D hat eine Schlüsselfunktion für die Gesundheit. Es ist an Tausenden von Regulierungsvorgängen in den menschlichen Körperzellen beteiligt. Folglich erhöht ein Vitamin-D-Mangel das Krankheitsrisiko ganz erheblich – vor allem im Winter, wenn die Sonne in den nördlichen Regionen der Erde viel zu tief steht, um für die erforderliche UV-Strahlung zu sorgen. Genau auf diese UV-Strahlung aber ist der Körper angewiesen, denn Vitamin D wird zu rund 90 Prozent in der Haut gebildet – jedoch nur unter dem Einfluss der Sonne."

Mit dieser These leitet das Zentrum für Gesundheit seinen Fachbeitrag „Vitamin D ist lebensnotwendig" ein. Welch passendes Plädoyer für das Wandern in der Wintersonne! Der Winterspaziergang in der Ebene allein vermag den leeren Vitamin-D-Akku jedoch nicht aufzufüllen, da die UV-Strahlung dort zumindest im Hochwinter nicht ausreicht. Ganz anders schaut es hingegen in den Bergen oberhalb der Waldgrenze aus: Hier fällt die Sonne fast im 90-Grad-Winkel auf die schräg geneigten Hänge und bildet im Verbund mit der Schneereflektion beste Voraussetzungen für die Bildung einer guten Portion an Vitamin D! Wie stark dann die Sonne selbst im Dezember oder Januar auf uns einwirken kann, erfahren wir spätestens während einer Ruhepause liegend am Berg.

Apropos Liegen: Sobald es die Außentemperaturen zulassen, sollten wir uns nicht scheuen, auch andere Körperpartien außer Gesicht und den Händen der Sonne preiszugeben, um noch mehr Freiraum für die Vitamin-D-Bildung zu schaffen. Klar, übertreiben sollten wir es aufgrund der Sonnenbrandgefahr nicht, aber ein gesundes Maß an direkter Sonnenbestrahlung verträgt jeder Körper.

Bevor ich von der positiven Vitamin-D-Wirkung gehört hatte, verspürte ich mit Umstellung der Sommer- in die Winterzeit seit jeher den Drang, mich in den Bergen aufzuhalten. Wie oft hatten mich Glückshormone überschüttet, als ich dem kalten Großstadtnebel entkommen war und stattdessen über den Wolken Sonne tanken durfte; wie groß war die Freude im Winter gewesen, mit etwas mehr Energie und Aufwand als im Sommer einen Gipfel zu erklimmen; und wie fasziniert war ich bei meinen Sonnentouren ob der fotogenen Lichtverhältnisse und der grandiosen Panoramablicke, die gerade im Winterhalbjahr ihresgleichen suchen. Hinzu kommen die vielen Details und Facetten, die das Winterhalbjahr zu bieten hat: welke Blätter im Spätherbst, bizarre Eiszapfen im Hochwinter, bunte Frühblüher im März. Auch diese Wandern-in-der-Wintersonne-Faszinationen beleben die Seele und wirken sich somit unabhängig vom Faktor Bewegung positiv auf die Gesundheit aus.

Dieser Wanderführer ist so gegliedert, dass wir unabhängig von der Schneelage wandermäßig bestens durch den Winter kommen. In schneereichen Zeiten finden wir in Kapitel 1 einfache Spazier- und Wanderwege vor, die in der Regel durchgängig gespurt sind, sowie in Kapitel 3 Berghütten, deren Zustiege regelmäßig geräumt werden und die zudem Übernachtungsmöglichkeiten bieten. In schneearmen Zeiten orientieren wir uns zusätzlich an den sonnigen Berggipfeln des 2. Kapitels nebst den Gipfel-Optionen von Kapitel 3, die wir von den Berghütten aus anvisieren können.

Viel Spaß beim Sonne- und Vitamin-D-Tanken wünscht

Michael Reimer

Inhalt

Zeichenerklärung:

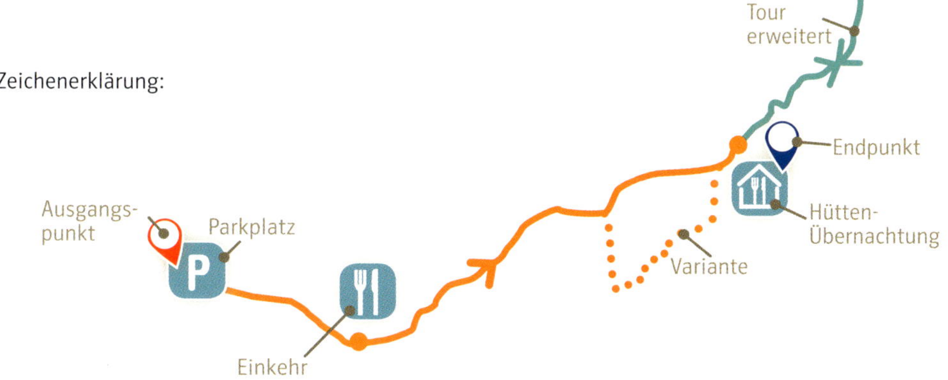

Faszination WINTERWANDERN

Früher, in den „guten alten Zeiten", als der Winter noch als solcher zu bezeichnen war, lagen die Berge ab Dezember meist schon unter einer dicken Schneeschicht begraben. Die Wanderschuhe wurden in den Keller gestellt und gerieten bis auf Weiteres in Vergessenheit. Erst mit dem Frühlingserwachen im April schnürte man wieder seine Stiefel, um dann jenseits der Baumgrenze bauchnabeltief im Schnee zu versinken. Winterwandern war also einigen wenigen Spurpionieren vorbehalten, es sei denn, man war in Talnähe auf den eigens geräumten Wegen unterwegs.

Heute ist Winterwandern zum Modesport avanciert. Doch wie kam es zu dieser Trendwende? Liegt es daran, dass die ersten ergiebigen Schneefälle wegen des Klimawandels immer länger auf sich warten lassen und auch höher gelegene Gipfel selbst im Hochwinter noch begehbar sind? Oder ist der moderne Freizeitmensch im Fitnesszeitalter auch dank immer funktionellerer Kleidung und besserer Ausstattung eher bereit, sich mühsam durch den frischen Schnee zu kämpfen, sofern er denn gefallen ist?

Jedenfalls überrascht es immer wieder, wie schnell die klassischen Winterberge nach Neuschneefällen gespurt sind. Selbst entlegenere Gipfel werden im

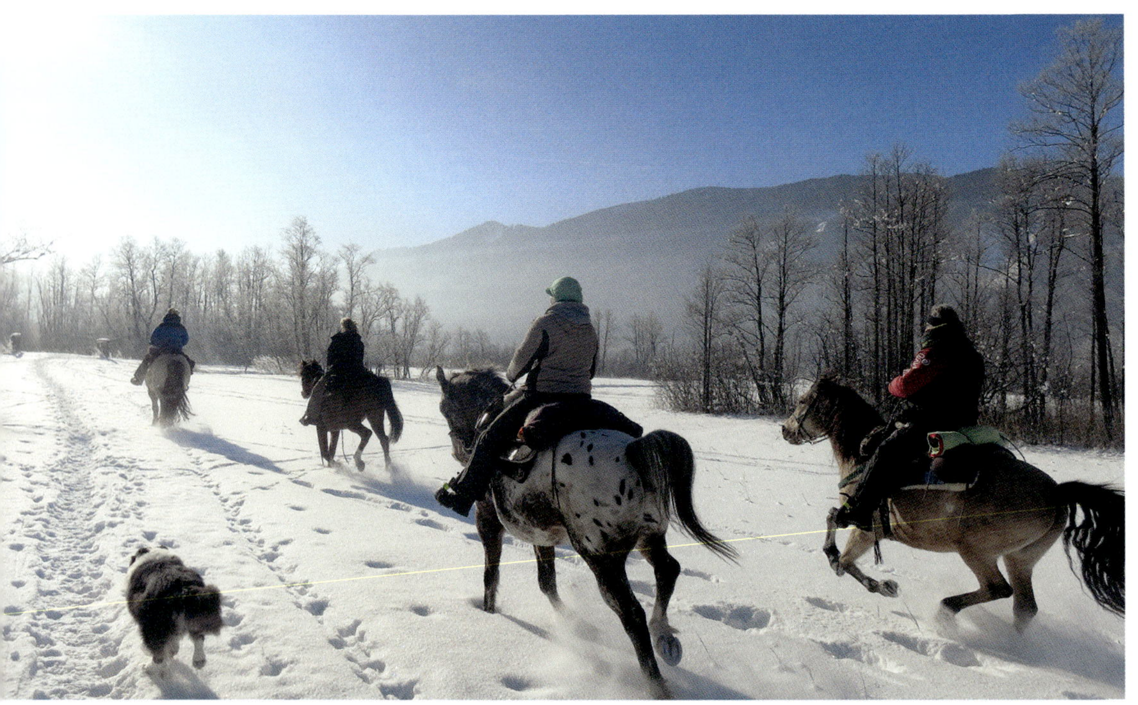

Traumwintertag im Murnauer Moos: Freude beim Galoppieren durch den weichen Schnee

Sonnengenießer an der südseitigen Terrasse des Rotwandhauses

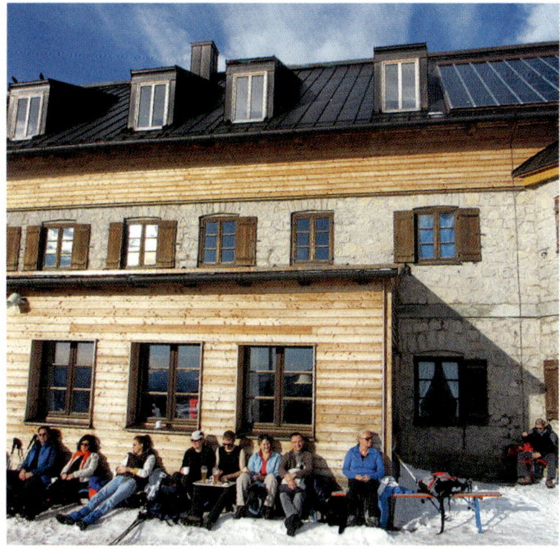

Winter von Wanderern angepeilt. Alle genießen neben der Sonne und der klaren Luft die märchenhaften Licht- und Schattenspiele, die die kalte Jahreszeit im Überfluss liefert. Dazu das Funkeln und Knirschen des Schnees in der in sich ruhenden Bergwelt, die geradezu meditative Stimmung verbreitet. Winterwandern erfreut sich großer Beliebtheit, und zwar bei Jung und Alt gleichermaßen.

Vorliebe für Sonne, Panorama und Hütten-Einkehr

Diesen Trend hat auch Tirol Werbung erkannt und im Dezember 2016 in Innsbruck einen Workshop zum Thema „Winterwandern in Tirol" veranstaltet. Hierzu wurde eine Studie über die Vorlieben des deutschen Winterwanderers erstellt, um ein Konzept für sogenannte Premiumwanderwege zu entwickeln. Inklusive Einteilung des deutschen Urlaubers in vier Kategorien, wobei sich der Genuss- und der multiaktive Winterwanderer als interessanteste Zielgruppen herausstellten. Gemäß dieser Studie spielt der Faktor Schnee in Form einer schneebedeckten Landschaft oder dem Knirschen unter den Füßen nach wie vor eine entscheidende Rolle; weitere Motive sind „Naturlandschaft genießen", „Abschalten" und „Wintersonne tanken".

Auch der Verleger der Berg Edition Reimer durfte im Rahmen eines Vortrags („ExpertenInput") über die Vorlieben des deutschen Winterwanderers referieren. Im Vorfeld hatte er eine private Befragung von 50 Freunden und Bekannten mit folgendem Ergebnis durchgeführt: 77 Prozent legen Wert auf einen möglichst hohen Sonnenanteil entlang der Route, für 75 Prozent sind die Hütten-Einkehr am Weg wichtig, 70 Prozent freuen sich über weitreichende Panoramablicke und immerhin 59 Prozent krönen ihre Winterwanderung gerne mit einer Gipfelbesteigung. Interessant ist auch, dass jeder Dritte auf die Verfügung über GPS-Daten gerne verzichtet, wenn die Beschilderung lückenlos ist (für 91 Prozent wichtig). Gepaart mit seinen langjährigen Erfahrungen am Berg stand für den Verleger nach der Umfrage und dem Workshop fest: Die Sonnenroute mit guter Aussicht nebst Möglichkeiten zur Einkehr sollte bei jedem gut ankommen.

Unterschiede zwischen Veranstalter und Verleger gab es vor allem in der Definition der Zielgruppen. Während Tirol Werbung dem deutschen Genuss-Wanderer nur eine Gehzeit von insgesamt drei Stunden inklusive Pausen (!) zutraut, setzt der Verleger für diese Zielgruppe im Schnitt vier Stunden ohne Pausen mit einer Steigleistung von 500 bis 800 Höhenmetern an. Premiumwandern nach Tiroler Art ist in diesem Werk somit bei Weitem nicht bei allen Wanderungen gegeben.

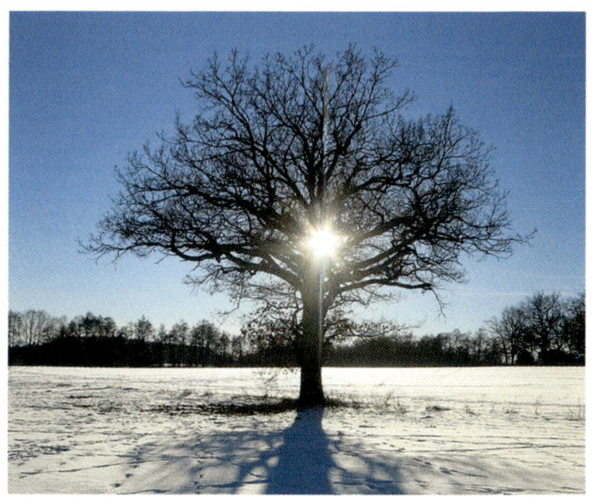

Sonnenstern an Baumsolitär in Nähe des Maisinger Sees

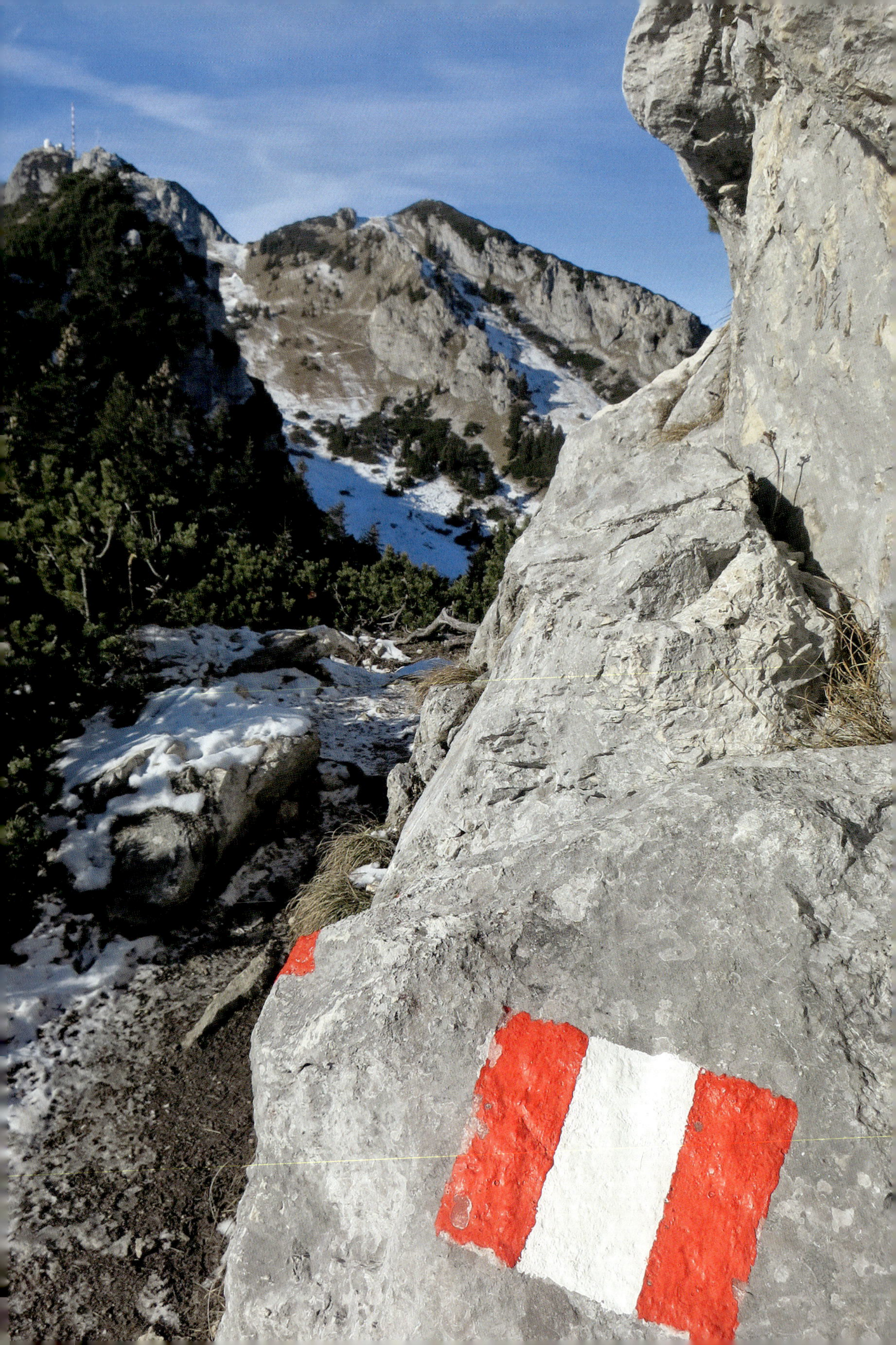

Zum Aufbau des Buches

Dieser Freizeitführer ist in drei große Kapitel gegliedert, die sich vom Charakter der dort vorgestellten Wanderungen wesentlich voneinander unterscheiden.

Kapitel 1 **Einfache Spazier- und Wanderwege** umfasst überwiegend Routen im Alpenvorland, die aufgrund geräumter oder nach Neuschnee zuverlässig gespurter Routen bei jeder Schneelage gegangen werden können. Dabei fallen, wenn überhaupt, nur wenige Höhenmeter Steigleistung an. Aufgrund der relativ kurzen Anfahrt von München eignen sie sich auch als Halbtagsausflüge. Um das Sonnenpotential der Touren möglichst optimal auszuschöpfen, führen sie in Einzelfällen als Streckentour von A nach B, bequeme Rückfahrgelegenheit mit Bahn oder Bus inklusive.

In **Kapitel 2** **Sonnige Bergziele** werden die Wanderungen schon deutlich anspruchsvoller. Zwar sind die meisten Gipfel technisch einfach zu bewältigen, erfordern bedingt durch die Höhe von teils über 2000 Metern jedoch je nach Schneeverhältnissen Umsicht in der Planung und alpine Erfahrung. Auch die aktuelle Lawinenlage ist hier zu beachten! Andererseits führen die Wege meist über Sonnenhänge, weshalb sie selbst im Hochwinter bei längerem Hochdruckeinfluss ausapern bzw. die vorhandenen Schneefelder gespurt sind. In den vergangenen drei Jahren konnten bis in den Januar hinein auch höhere Gipfel bestiegen werden. Zum Lohn wird man mit einem ausnahmslos großartigen Bergpanorama belohnt. Im Zweifelsfall soll der Weg das Ziel sein, also bei einsetzenden Schwierigkeiten ist sofortige Umkehr angesagt! Sämtliche Ziele liegen in Oberbayern oder im grenznahen Tirol. Die Mitnahme von Grödeln ist aufgrund der Eisbildung vorteilhaft.

Kapitel 3 **Winterliches Hüttenwandern** zeigt auf, dass das Übernachten auf Hütten auch im Winterhalbjahr eine sehr lohnende Option ist. Sämtliche Hüttenanstiege werden gut gepflegt und sind somit bei (fast) jeder Schneelage gut zu bewältigen. Da sich die Öffnungszeiten auf Hütten jedoch häufig ändern, ist die telefonische Voranmeldung noch wichtiger als im Sommer; auf diese Weise können wir gleich die Bedingungen vor Ort erfragen. Von den meisten Hütten bietet sich eine Gipfelbesteigung als lohnende Zugabe am Folgetag an, die jedoch nicht zuverlässig gespurt ist. Auch eine Rodelabfahrt ist in einigen Fällen möglich. Die angegebenen Gehzeiten in den Infokästen beziehen sich auf den Auf- und Abstieg.

Klare Markierungen wie hier am Wildalpjoch erleichtern die Orientierung am Berg.

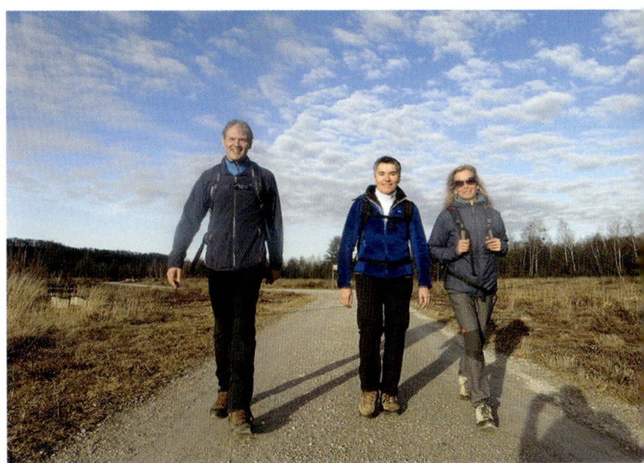

Einfacher Wanderweg im Isartal zwischen Bad Tölz und Lenggries

Auch im Winter bieten einige Hütten wie die Mariandlalm die Möglichkeit zur Übernachtung.

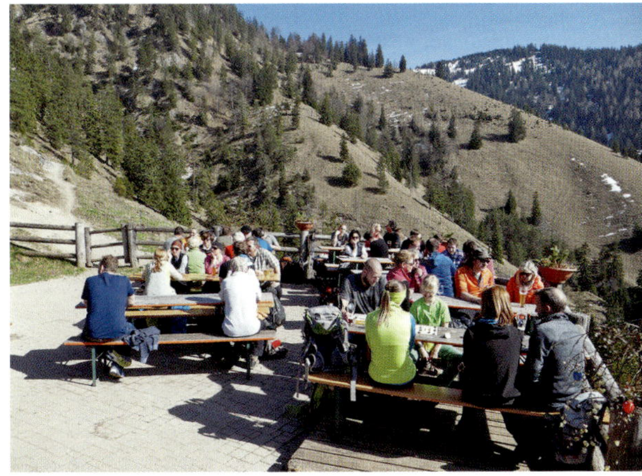

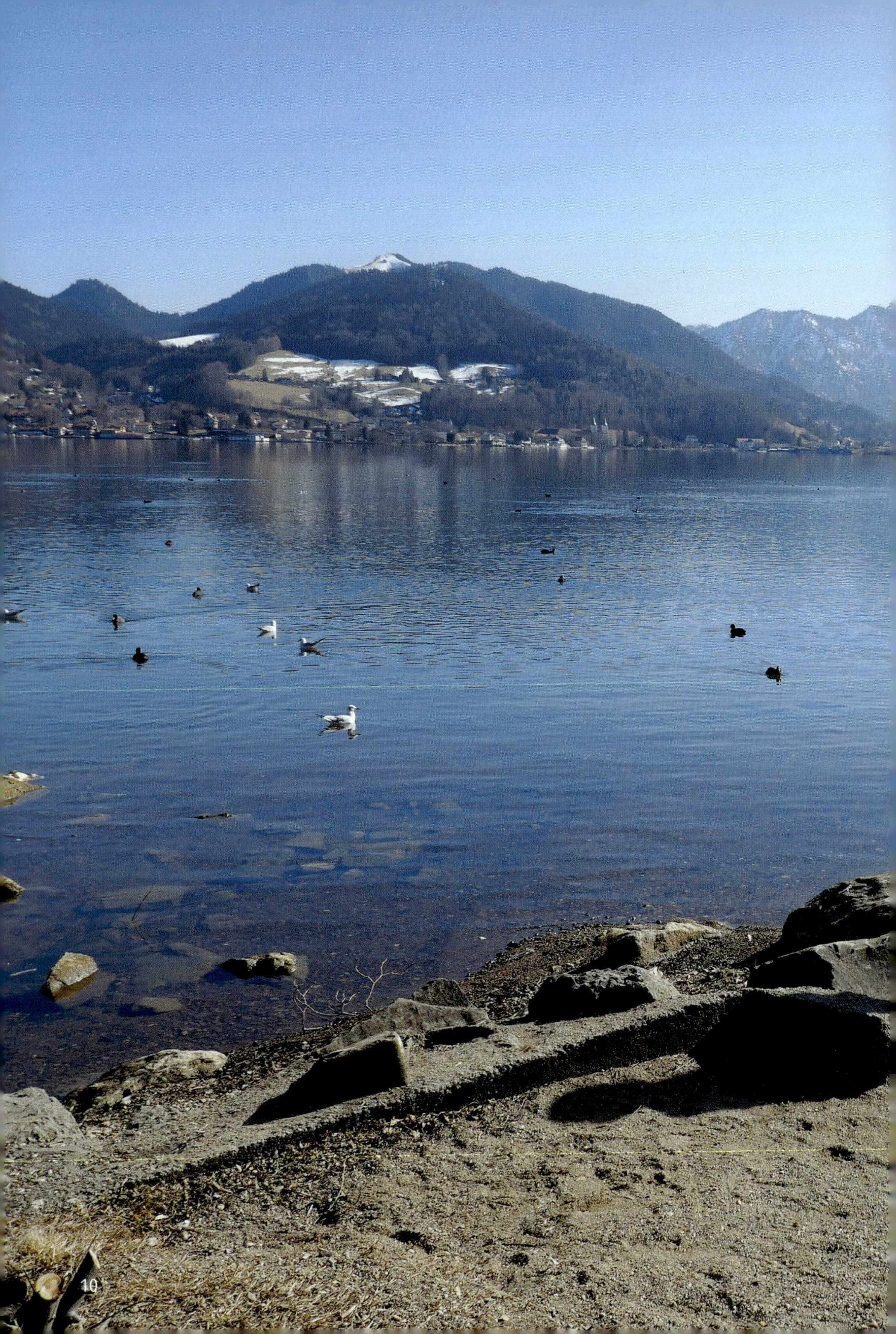

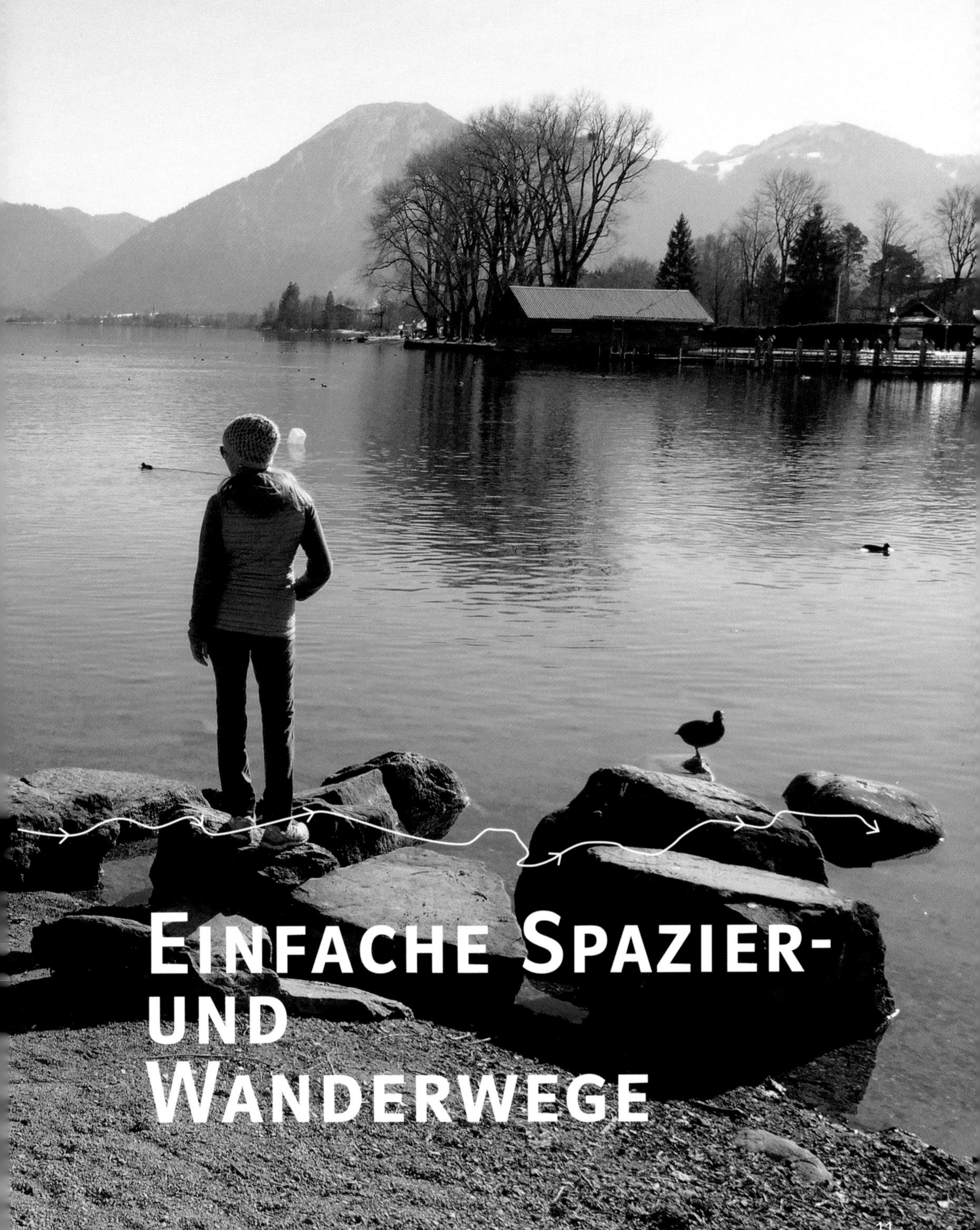

Einfache Spazier- und Wanderwege

Streuobstwiesenland mit MOORANSCHLUSS

Über 30.000 Obstbäume stehen im Gemeindegebiet von Bad Feilnbach im Frühjahr in voller Blüte, bevor im Sommer die Früchte heranreifen und im Oktober – 2017 bereits zum 25. Mal! – Bayerns größter Apfelmarkt zahlreiche Besucher anlockt. Aufgrund der enormen Obstbaumdichte wird die Region auch als „Meran von Bayern" bezeichnet. Schatten werfen die Bäume glücklicherweise keine, weshalb wir unsere Wanderung zu den angrenzenden Wiesen und Sterntaler Filzen mit bestem Panoramablick auf die umliegenden Berge und maximaler Sonneneinstrahlung genießen können.

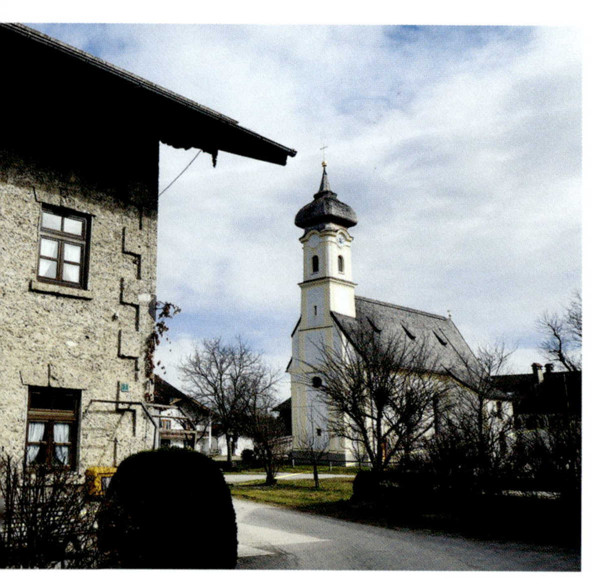

Rokoko-Kirche St. Laurentius in Wiechs mit eleganter Zwiebelhaube

Auch im Winter kann der Besucher die Produkte aus 200 verschiedenen Apfel- und Birnensorten bei den Feilnbacher Wirten, in Hofläden oder bei Direktvermarktern verkosten und erwerben. Die Mosterei Meisterhof etwa passieren wir bereits auf dem Weg in den nahen Bad Feilnbacher Ortsteil Wiechs; sie führt beispielsweise Äpfel, Apfelsaft, Most, Edelbrände, selbstgemachte Marmeladen, Öle und Essig in ihrem Sortiment (geöffnet Fr./Sa. 13-17 Uhr). In Wiechs stoßen wir auf weitere von weitläufigen Obstgärten und Wiesen umgebene alte Höfe. Wie sehr der heimische Obst- und Gartenbauverein mit seiner Erntetradition verbunden ist, zeigt das Martin-Luther-Zitat auf dessen Webseite: „Und wenn ich wüsste, dass morgen die Welt untergeht, ich würde heute noch ein Apfelbäumchen pflanzen." Alle zwei Jahre wird eine neue Apfelkönigin gekürt, die Unterstützung von sechs Apfelprinzessinnen erfährt.

Die Filialkirche St. Sixtus und St. Laurentius gefällt durch ihr schlichte Außenfassade und ihre elegant geformte Zwiebelhaube. Sie wurde Mitte des 18. Jahrhunderts im Stile des Rokokos umgebaut und vor allem an der Kanzel und an den Seitenaltären mit reichlich Stuck ausgestattet, der überwiegend noch in der ursprünglichen Farbtönung erhalten geblieben ist. Die Kirche ist eine Station des Jakobswegs, der uns auf den ersten Kilometern ostwärts begleitet. Bevor wir Letzteren in Richtung Norden verlassen, genießen wir das weitläufige Bergpanorama in vollen Zügen. Während sich im Süden über dem Jenbachtal der mächtige Wendelstein aufbaut, sind im Osten hinter dem Inntaler Heuberg die

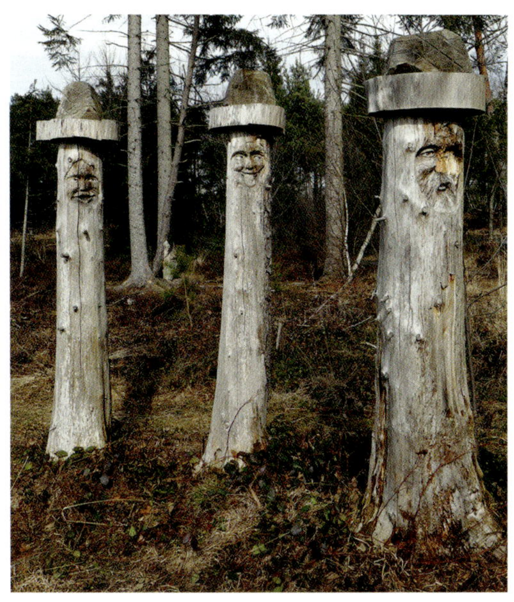

Gesichter aus Holz, von der Sonne beschienen

Chiemgauer Berge zu erkennen und weiter südlich lugt das Kaisergebirge hervor.

An der Moorerlebnisstation Sterntaler Filze erweitert sich das Panorama mit Blickrichtung Chiemgau vom Hochries über den Zinnenberg sowie vom Feichteck bis zum Spitzstein. Hier treffen wir vorrangig auf Familien mit Kleinkindern, die rund um den 650 Meter langen Bohlenweg allerhand erfühlen und ertasten können. Auch wenn zur kalten Jahreszeit das Fußbad im Bademoortorfbecken nicht in Frage kommt, auf den teils schwingenden Balancierstämmen entlang des Weges kann die Geschicklichkeit zu jeder Jahreszeit auf die Probe gestellt werden. Auch Spielstationen, Sitzgruppen, Schaukeln und geschnitzte Holzfiguren spornen zu Aktivitäten an. Nahe der Vogelbeobachtungsstation toben sich die Kinder am Elfenspielplatz aus, um später den vier Meter hohen Aussichtstorfhügel mit Blick auf die renaturierte Moorebene zu erklimmen. Unterwegs faszinieren die Spiegelungen von Bäumen und Wolken auf der glatten Wasseroberfläche diverser Moorlöcher. Sie sind die Überbleibsel der ehemaligen Torfstiche, aus denen die Menschen früher Torf

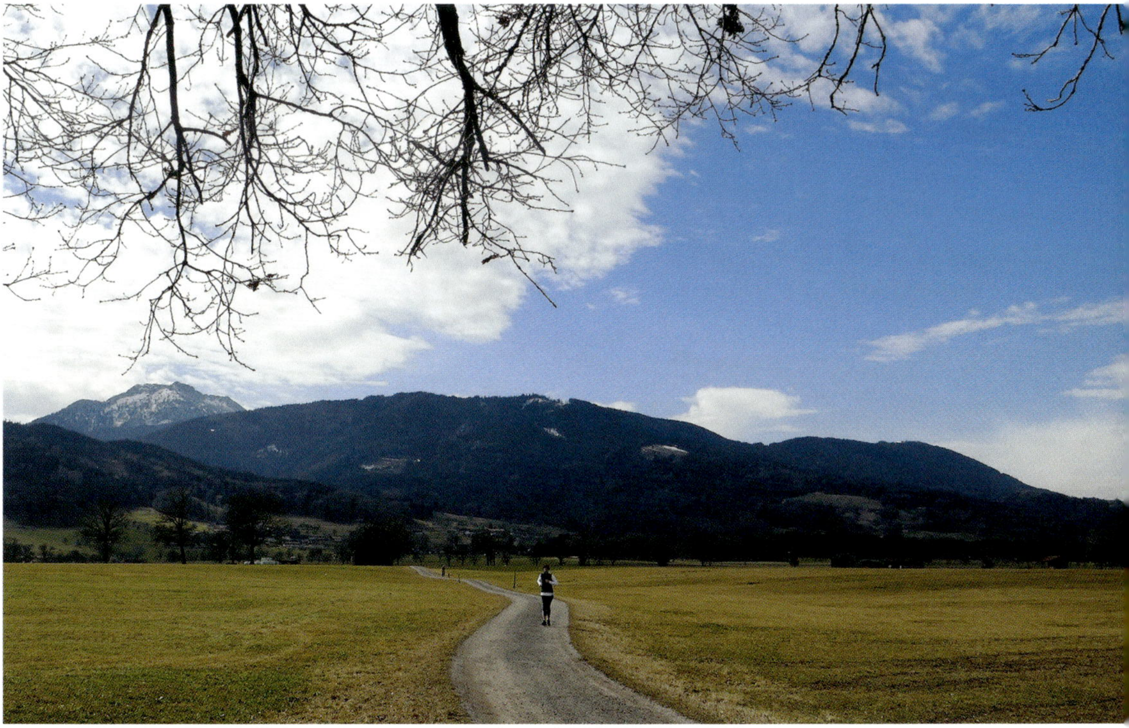

Wendelstein-Blick in der weiten Ebene zwischen Bad Feilnbach und den Sterntaler Filzen

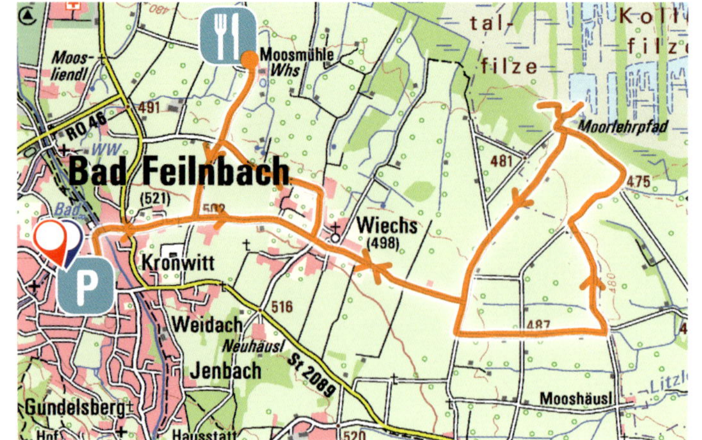

gestochen haben, um im Winter ihre Öfen beheizen zu können. Auch primitive Holzhütten stehen auf dem Gelände, die aussehen, als hätten die Kinder sie selbst aufgestellt. Im „Urwald der Sinne" mit Versammlungsrundplatz und „Gesichtern im Baum" endet der Bohlenweg, doch als Freunde der Sonne hätten wir spätestens an diesem schattigen Ort ohnehin zur Umkehr geraten. Ein Familienvater bringt das Moorerlebnis mit seinen Kleinkindern auf den einfachen Nenner: „Als wir den Elfenweg erreicht hatten, war der Nachmittag gerettet. Die beiden größeren Kids rannten durch die Gegend und erfreuten sich an den vielen kleinen Dingen, die es hier zu entdecken gibt."

Wer Kleinkinder dabei hat, der sollte sich auf der Strecke über Wiechs zur im Jahr 1611 gegründeten Moosmühle auf die eine oder andere Nörgelei einstellen. Denn die Vorlieben der Erwachsenen – endlich wieder Sonne pur, der weite Ausblick, ein bisschen Bewegung in der weitläufigen Natur – wird vom Nachwuchs selten geteilt. Erst die für Kinder wie geschaffene Moosmühle könnte wieder für Aufmunterung sorgen. Sie liegt an einem Wasserbassin mit Springbrunnen, die Südterrasse des Naturcafés mit herrlichem Wendelsteinblick öffnet auch zur Winterzeit bei Sonne und Plusgraden. Zu empfehlen sind das Filet von der lauwarmen Räucherforelle aus dem eigenen Teich und die selbstgemachten Kuchen aus der eigenen Backstube. In den angrenzenden Freigehegen werden Hochlandrinder, Damwild, Kamerunschafe und

Interessante Wolkenspiegelung in einem Moorweiher

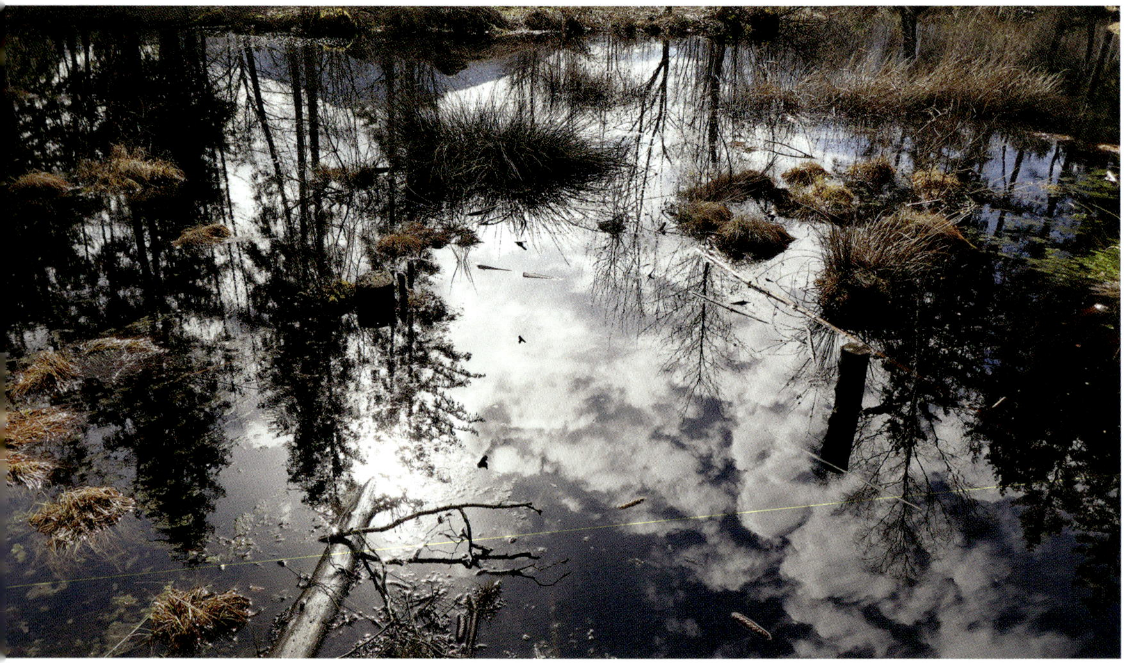

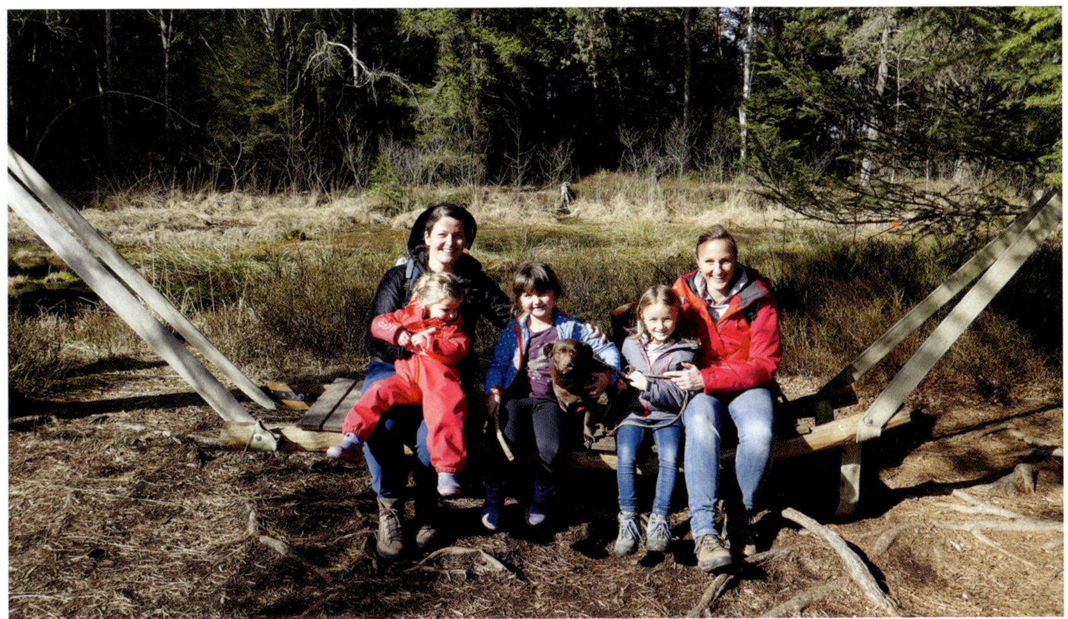

Der Hund darf in die Mitte: Auch kleinere Kinder haben in den Sterntaler Filzen Spaß.

Ziegen gehalten. Der Mühlenbetrieb wurde nach über 300 Jahren zu Beginn des 20. Jahrhunderts jedoch eingestellt.

ROUTE: BAD FEILNBACH – WIECHS – STERNTALER FILZE – WIECHS – MOOSMÜHLE – BAD FEILNBACH

Vom Parkplatz auf der Bahnhofstraße nordwärts und nach 200 m rechts die Jenbachbrücke überqueren ▶ am Gasthof Kistlerwirt vorbei und die St2089 überqueren ▶ auf dem Asphaltsträßchen geradewegs durch Wiechs ▶ an der T-Kreuzung nicht links direkt zu den Sterntaler Filzen (Abkürzung siehe Variante), sondern rechts und wenig später links dem Pilgerweg folgen (Ww. Kirchdorf) ▶ an der folgenden Kreuzung links in den breiten Kiesweg (ohne Wegweiser; rechts Weg nach Derndorf) ▶ an der Kapelle vorbei zum Waldrand und links zu den beschilderten Sterntaler Filzen ▶ ab der Infotafel Moorerlebnis 650 m langer Bohlenweg zur Erkundung des Geländes ▶ wieder am Eingang Weg nach Südwesten (Ww. Wiechs) ▶ an der Teerstraße rechts nach Wiechs ▶ im Ort rechts den Wegweisern zur Moosmühle folgen ▶ wieder südwärts und an der 2. Kreuzung rechts nach Bad Feilnbach

GEHZEIT 2 ¾ Std.

STRECKE 10 km

HÖHENMETER 50

ANFAHRT
AUTO A 8 Ausfahrt Bad Aibling / Bad Feilnbach, St2089 nach Bad Feilnbach, Abzweig ins Ortszentrum

AUSGANGSPUNKT Gebührenfreier Parkplatz in der Bahnhofstraße etwas unterhalb (nördlich) der Tourist-Information

NAVIGATION N 47.774462°, E 12.010287°

SONNENANTEIL Extrem sonnenreiche Wanderung in der weiten Ebene nordöstlich von Bad Feilnbach. Etwas Schatten gibt es nur in Nähe der Sterntaler Filze.

CHARAKTER Der Sterntaler Wanderweg ist durch den ebenen Verlauf, die Moor-Erlebnisstation und die vielen Tiere an der Einkehr Moosmühle auch für Kinder sehr geeignet.

WEGWEISER Wanderweg Sterntaler Filze (BF3), auf dem Rückweg Wiechs bzw. Moosmühe und Bad Feilnbach

VARIANTE Die Sterntaler Filze können östlich von Wiechs abkürzend auch auf direktem Weg erreicht werden.

EINKEHR Naturcafé Moosmühle, Tel. 0 80 66 / 2 79, Mo. / Di. Ruhetag, www.cafe-moosmuehle.de; Gasthof Kistlerwirt, Tel. 0 80 66 / 9 03 60, Mi. / Do. Ruhetag; www.kistlerwirt.com

KARTE Kompass-Wk Nr. 8 Tegernsee Schliersee, 1:50.000

Leitzachtaler Bergblicke

Dass die Wanderroute „Leitzachtaler Bergblicke" zu 29 % auf Naturwegen, 57 % auf leicht befestigten Wegen und 14 % auf Asphalt verläuft, wäre im Normalfall keine spezielle Erwähnung wert. Doch in diesem Fall sind diese Daten wichtig für das begehrte Zertifikat „Premiumweg", das vom Deutschen Wanderinstitut nur nach gründlicher Prüfung vergeben wird. Neben der Wegbeschaffenheit wird auch der Erlebniswert auf der Strecke bewertet – die offiziell vergebenen 77 Punkte spiegeln die überaus abwechslungsreiche (Kultur-)Landschaft des Leitzachtals wider. Auch die Gasthöfe, Ruhebänke und die barocke Wallfahrtskapelle Birkenstein fließen in die Wertung mit ein.

Vom Deutschen Wanderinstitut vergebene Gütesiegel für Wanderwege hat oberbayernweit von Fischbachau abgesehen nur das Chiemgau zu bieten. Die beiden Winter-Premium-Wanderwege bei Reit im Winkl werden jedoch nur bei ausreichender Schneelage angelegt und tauchen deshalb nicht in diesem Buch auf. Unsere Rundtour im Leitzachtal hingegen ist ganzjährig begehbar und bei winterlichen Verhältnissen zuverlässig gespurt.

Um bereits an der Leitzach möglichst viel Sonne zu genießen, empfiehlt sich der Aufbruch am Parkplatz Lehenpoint nicht vor elf Uhr vormittags. Steht die Sonne noch zu tief im Osten, liegt die am westlichen Flussufer entlangführende Trasse bedingt durch Büsche und Bäume noch zu sehr im Schatten. Der drei Kilometer lange Streckenabschnitt bis zur zweiten Bachbrücke ist bei Schnee und Kälte besonders reizvoll, da sich im Flussbett dann Eiskristall-Fotomotive ergeben. Parallel zum Weg verläuft die gepflegte Langlaufloipe, die aufgrund ihrer landschaftlichen

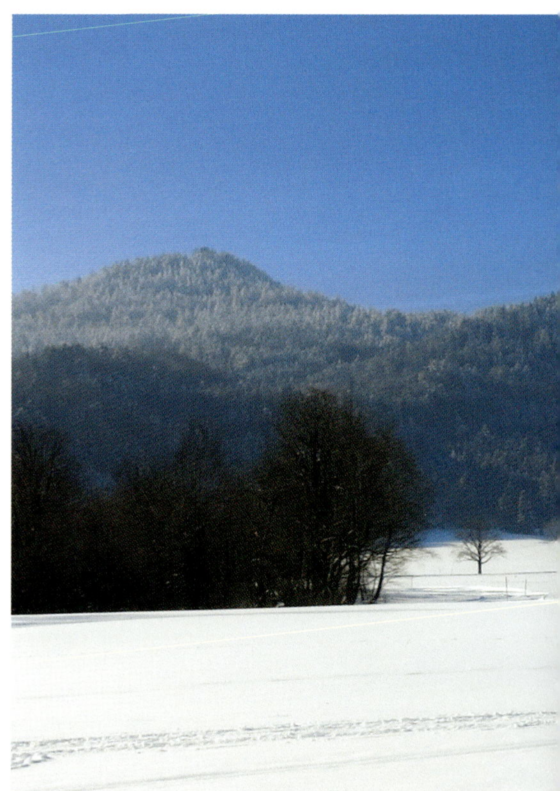

Das Leitzachtal ist auch für seine wunderschönen Loipen bekannt.

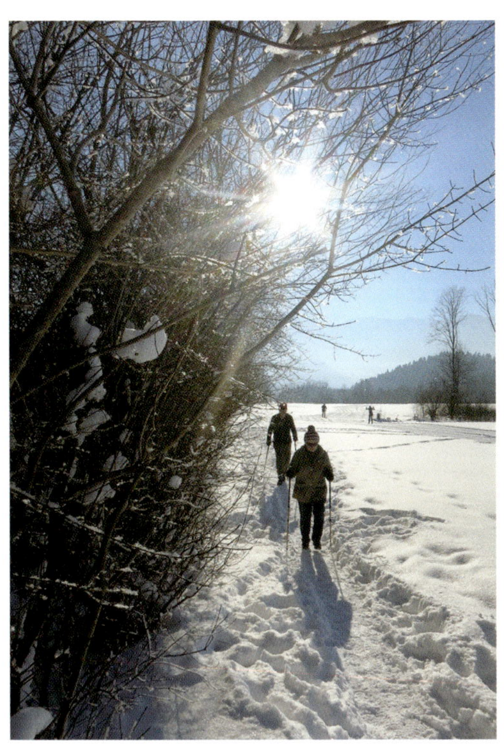

Anfangs verläuft der Wanderweg direkt entlang der Leitzach.

Vielfalt gleichfalls einen Premiumtitel verdient hätte.

Nach einem kurzen Anstieg aus dem Flusstal folgt die Querung über sonnige Wiesen nach Greisbach. Der letzte Kilometer bis zur Staatsstraße verläuft auf einem Pfad, der bei viel Schnee mitunter nur sporadisch gespurt und somit unter Umständen schwer zu begehen ist. In diesem Fall wäre die gegen den Uhrzeigersinn um die kleine Anhöhe herumführende Loipe eine Alternative, sofern man, stets am Rand bleibend, die Langläufer nicht behelligt. Sie führt im Halbbogen direkt auf den Ort zu.

Ab Greisbach – etwa die Hälfte der Tour – ändert sich der Charakter der Wanderung: Zum einen haben wir fortan die Sonne im Gesicht, zum anderen genießen wir freie Sicht auf die Berge Hochmiesing, Aiplspitz und Jägerkamp. Unterbrochen wird das schöne Panorama nur von kurzen Waldpassagen

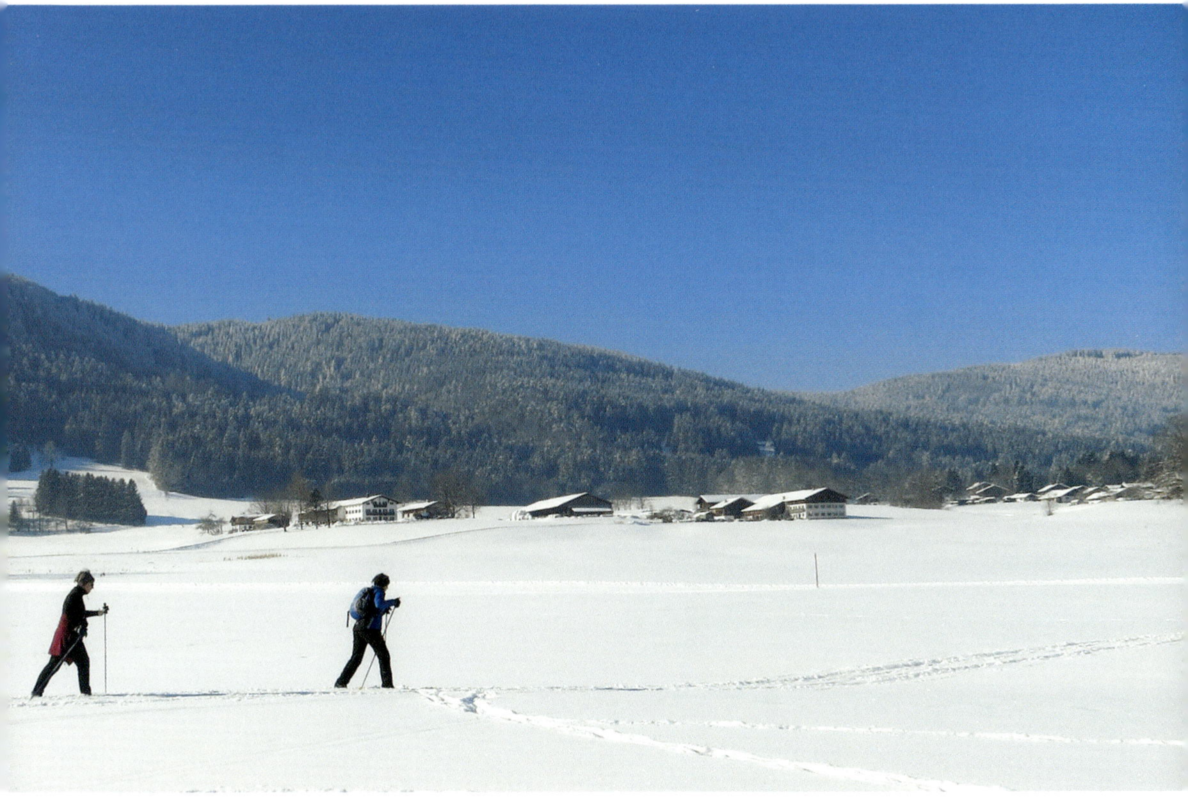

Wanderer zwischen Schwaigeralm und Birkenstein mit Blick auf ...

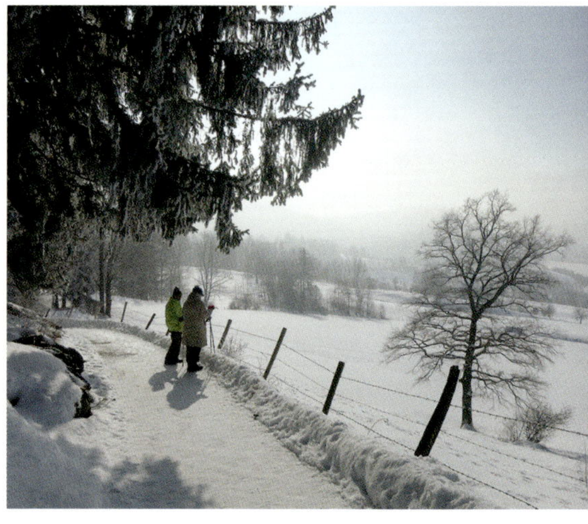

mit Querung von Bachgräben. Da die Route bis zur bestens beschilderten Schwaigeralm leicht ansteigt, liegt uns das weite Leitzachtal immer tiefer zu Füßen. Auf der Bergseite blicken wir zum Breitenstein hinauf, einer der beliebtesten Skitourenberge der Region: Der Schnee auf den ideal geneigten Hängen bleibt hier nicht lange unberührt. Bei aperen Verhältnissen wäre die relativ wenig bewaldete Westflanke des Berges auch eine sonnenreiche Wanderoption mit Aufstieg über die Bucher Alm und anschließendem Südabstieg über die Kesselalm nach Birkenstein.

Birkenstein erreichen wir von der Schwaigeralm – der zweiten von insgesamt vier empfehlenswerten Einkehren entlang der Strecke – in knapp einer halben Stunde. Zum Sonne tanken und Brotzeit machen laden unterwegs diverse Sitzbänke und eine bequeme Liege ein. Unser Wanderweg führt unmittelbar an der Barockkapelle vorbei. „Wer mich an diesem Ort verehrt, dem werde ich meine Hilfe schenken", soll die Gottesmutter Maria im Traum zum Fischbachauer Pfarrvikar Johann Stiglmair gesprochen haben. Dieser zeigte sich zehn Jahre später 1673 mit dem Bau einer ersten Holzkapelle

... das frostig-kalte Leitzachtal

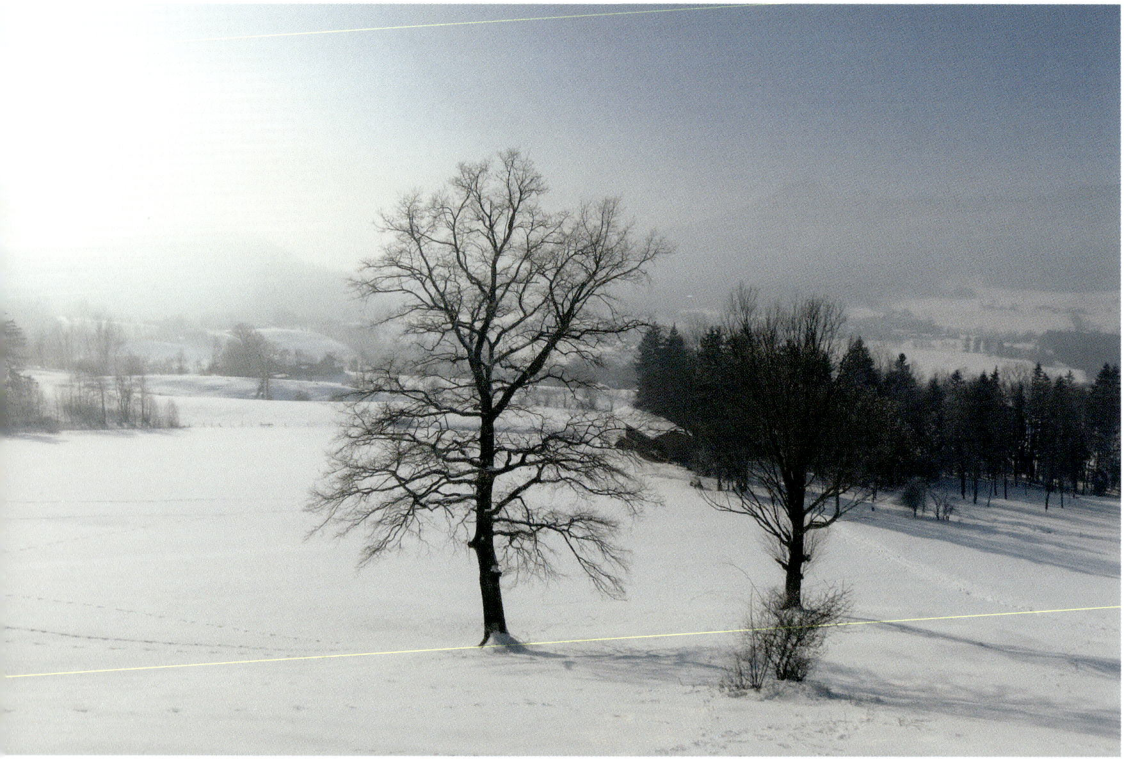

erkenntlich, nachdem er die wundersame Heilung seiner schweren Krankheit als Zeichen gedeutet hatte. Seitdem rücken die Pilger in Scharen an, um die Königin des Friedens, der Jungfrauen, der Propheten, der Apostel und vom Rosenkranz mit einem Bittgesuch an ihr einstiges Versprechen zu erinnern. Die Kapelle beherbergt eine von 92 Engeln gesäumte spätmittelalterliche Marienstatue, an den Seitenwänden sind Bilder der zwölf Apostel angebracht. Sie wird seit 1848 von den im benachbarten Kloster ansässigen Schulschwestern betreut, die ihrem Einzug die benachbarte alte Linde eingepflanzt hatten.

Am Gasthof Oberwirt folgt nach dem Aufstieg auf den Kalvarienberg (Kreuzweg) der finale Abstieg über Fischbachau – der ortsansässige Klosterwirt ist nicht nur durch sein stilvolles Gewölbeambiente eine Einkehr wert – zum Wanderparkplatz.

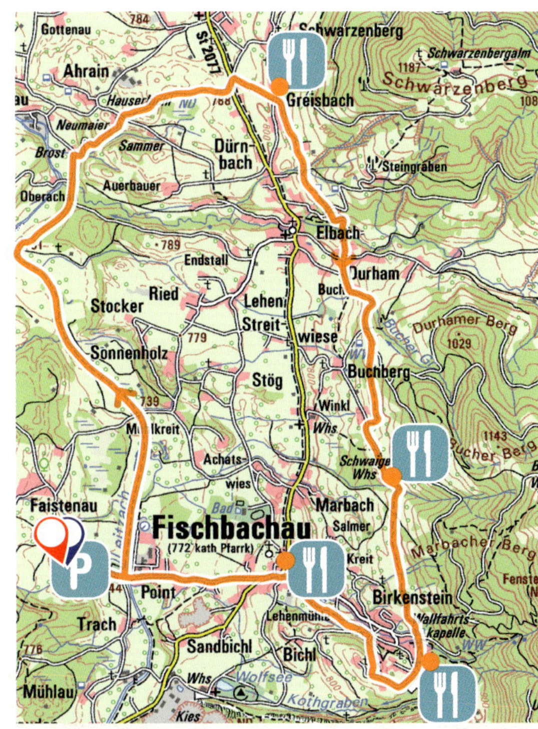

Route: Fischbachau – Greisbach – Schwaigeralm – Birkenstein – Fischbachau

Vom Parkplatz 3 km entlang der Leitzach Richtung Norden (Ww. Elbach) ▶ an der 2. Bachbrücke (731 m) die Leitzach überqueren und links halten (Ww. Humbach) ▶ nach dem Waldstück den Weg (Loipe) geradeaus überqueren und an der folgenden Weggabelung ostwärts den Talboden verlassen ▶ nach kurzem Anstieg die kleine Straße (Loipe) überqueren und über eine kleine Anhöhe ostwärts ▶ an der St2077 wenige Meter nach links und rechts in den Kirchstieglweg (Ww. Schwaigeralm) ▶ am Gasthaus Kirchstiegl vorbei abwechselnd auf kleinen Straßen und Wanderpfaden im Schnitt leicht ansteigend zur Schwaigeralm (885 m) ▶ nach Überwindung des höchsten Punkts (910 m) Abstieg nach Birkenstein ▶ an der Wallfahrtskapelle (855 m) vorbei und Kreuzweg auf den Kalvarienberg (Ww. Fischbachau) ▶ an der folgenden Weggabelung rechts ▶ im Ortszentrum links und rechts auf der Lehenpointstraße zum Ausgangspunkt (Ww. Faistenau)

Gehzeit 3 ½ Std.

Strecke 13 km

Höhenmeter 250

Anfahrt
ÖVM Bayerische Oberlandbahn (BOB) nach Fischbachau, Bahnhofstraße zur St2077, über Stauden zum Parkplatz (2 km)
Auto B 307 über Schliersee oder von Miesbach über Hundham nach Fischbachau; am südlichen Ortsende Abzweig Lehenpointstraße

Ausgangspunkt Wanderparkplatz Lehenpoint

Navigation N 47.71904°, E 11.93575°

Sonnenanteil An der Leitzach am Vormittag etwas Schatten durch die Uferfauna, ansonsten abgesehen von kurzen Waldpassagen sehr viel Sonne auf der gesamten Runde

Charakter Nach dem Flachstück an der Leitzach steigt die Route bis zur Schwaigeralm kontinuierlich leicht an; durch zahlreiche kleine Aufs und Abs kommen einige Höhenmeter zusammen. Eine sehr abwechslungsreiche Fluss- und Panoramawanderung, die auch im Winter gut gespurt ist!

Wegweiser An der Leitzach Richtung Elbach bzw. Hundham, ab Greisbach sind Schwaigeralm, Birkenstein und Fischbachau bestens beschildert; zwischendurch ATS-Aufkleber „Alpenpfade" bzw. Infotafeln „Premiumweg Leitzachtaler Bergblicke"

Einkehr Laut Image-Flyer neun gemütliche Einkehren unterwegs, doch nur vier liegen direkt am Weg (Öffnungszeiten vorab recherchieren): Gasthaus Kirchstiegl, Greisbach, Tel. 0 80 28 / 90 41 82; Schwaigeralm, Buchbergweg, Tel. 9 02 64 67, www.schwaigeralm-fischbachau.de; Gasthof Oberwirt, Birkenstein, Tel. 90 40 70, www.oberwirt-birkenstein.de; Klosterstüberl, Fischbachau, Tel. 90 94 11, www.klosterstueberl.com

Karte Kompass-Wk Nr. 8 Tegernsee Schliersee, 1:50.000; Info-Flyer Premiumweg bei der Tourist-Info in Fischbachau erhältlich

Seeumrundung mit Hütteneinkehr

Bei kalten Inversionswetterlagen liegt die Wolkenobergrenze häufig bei rund 1000 Metern. Während am Schliersee und im Leitzachtal an solchen Tagen tristes Nebelgrau vorherrscht, genießen die Spaziergänger am nur wenige Kilometer entfernten Spitzingsee bereits die warmen Sonnenstrahlen. Manchmal schiebt sich die Wolkenwalze gerade noch über den Spitzingsattel, um sich dann Richtung See dampfend in Wohlgefallen aufzulösen. Als Preis für dieses Sonnenprivileg nehmen wir die fehlende Einsamkeit am Spitzingsee, bedingt auch durch die umliegenden Gipfelwanderziele, gerne in Kauf.

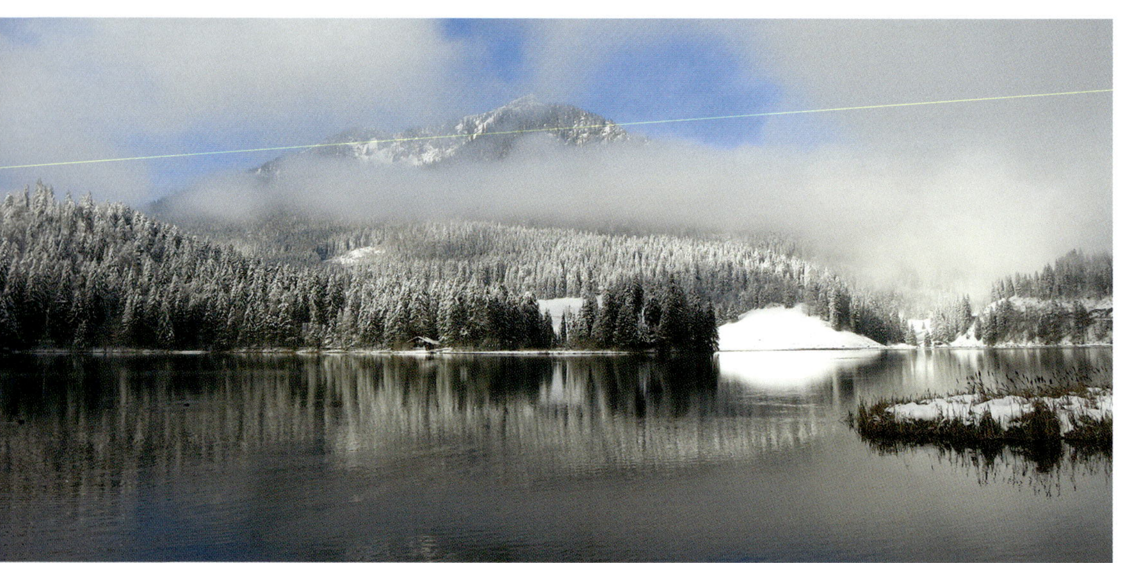

Nebelspiele am Spitzingsattel, die Sonne gewinnt die Überhand.

Vor allem an sonnigen Sonntagen ist der Spitzingsee sehr beliebt. Falls der Parkplatz am Spitzingsattel bereits belegt sein sollte, alternative Park- und Einstiegsmöglichkeiten für die kurze Seeumrundung finden wir auch an der Taubenstein-Seilbahn, im Ort Spitzing, am Kurvenlift und an der Stümpflingbahn. Vom Spitzingsattel ist der Spitzingsee nur einen kurzen Abstieg entfernt. Am Seeufer halten wir uns rechts, um den See gegen den Uhrzeigersinn zu umrunden. Auf diese Weise ergattern wir beim Rückweg am Ostufer das Maximum an Sonne.

Der Rundweg führt meist in unmittelbarer Ufernähe um den See. Im Schilfbereich brüten nach der Schneeschmelze Vögel, die sich von kleinen Fischen,

Fröschen, Molchen, Schnecken und Krebsen ernähren. Neben Stockenten und Blässhühnern fühlt sich hier auch der Haubentaucher heimisch. Die größte Chance einer Sichtung haben wir bei der Balz, die auf freier Seefläche stattfindet.

Falls der Uferweg zu vereist ist, kann man am Südwestende des Sees auf den parallel verlaufenden Fahrweg ausweichen. Bedingt durch seine geringe Tiefe (maximal 16 m) und die ausgeprägte Muldenlage friert der Spitzingsee im Hochwinter häufig zu. Während der Eiszeit wird die aus Spaziergängern, Rodlern, Ski- und Snowboardfahrern, Bergwanderern und Skitourengehern bestehende Wintersportgemeinde durch Schlittschuhfahrer und Eisstockschützen erweitert; der Glühweinstand bei Spitzing hat dann Hochkonjunktur. Am besten hält das Eis am Ostufer fernab der Zuflüsse aus First- und Lochgraben.

Als lohnende Zugabe bietet sich von Spitzing der Abstecher in den Valepper Almboden zur Albert-Link-Hütte an. Der Abzweig erfolgt vor der Bachbrücke der Roten Valepp, dem einzigen Abfluss des Spitzingsees. Rasch führt der Rosskopfweg durch einen kleinen Waldgürtel in die sonnige Hochebene mit der ganzjährig bewirtschafteten Alpenvereinshütte, ausgezeichnet mit dem Umweltgütesiegel der Alpenvereine. Für die Umsetzung des Essenkonzepts „So schmecken die Berge" werden überwiegend regionale Zutaten verwendet, erwähnenswert sind der Bezug von Bio-Rindfleisch, die eigene Herstellung von geräuchertem Speck und Käse sowie das selbstgebackene Brot aus dem Steinofen.

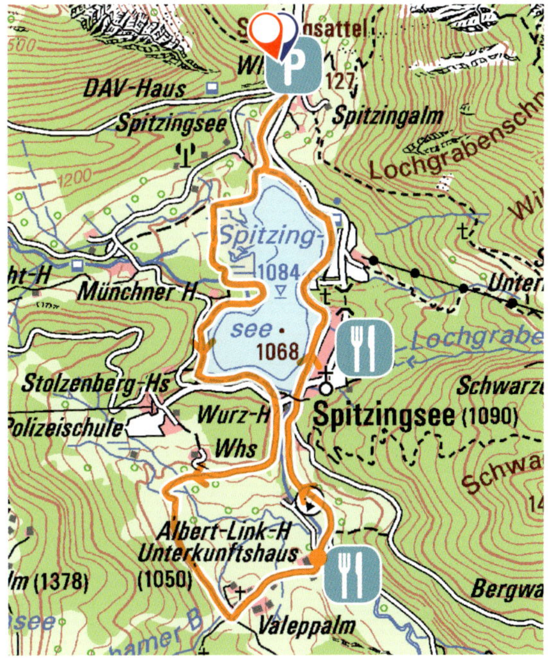

ROUTE: SPITZINGSATTEL – SPITZING (WESTUFER) – ALBERT-LINK-HÜTTE – SPITZING – SPITZINGSATTEL (OSTUFER)

Am Spitzingsattel wenige Meter südwärts auf der Straße und halbrechts zum Spitzingsee absteigen ▶ am See rechts und am West-/Südufer nach Spitzing ▶ vor der Bachbrücke der Roten Valepp rechts in den Rosskopfweg (Ww. Albert-Link-Hütte) ▶ nach dem Waldstück in weitem Bogen in den Valepper Almboden zur Albert-Link-Hütte absteigen ▶ geradeaus zur asphaltierten Valeppstraße und in den Ort Spitzing ▶ am Ostufer des Spitzingsees zum Spitzingsattel

GEHZEIT 2 Std.

STRECKE 7 km

HÖHENMETER 100

ANFAHRT
ÖVM Bayerische Oberlandbahn (BOB) nach Schliersee oder Fischhausen-Neuhaus, RVO-Bus zum Spitzingsattel
AUTO A 8 Ausfahrt Weyarn, B 307 Richtung Bayrischzell, nach Neuhaus Auffahrt zum Spitzingsee

AUSGANGSPUNKT Wanderparkplatz am Spitzingsattel

NAVIGATION N 47.671774°, E 11.886907°

SONNENANTEIL Vormittags am Westufer, nachmittags am Ostufer des Spitzingsees, unterbrochen von kurzen Waldpassagen, günstige Sonneneinstrahlung. Sehr sonnig ist auch der Almboden rund um die Albert-Link-Hütte.

CHARAKTER Kurze Wanderung mit Spazierweg-Charakter und nur kurzen Anstiegen. Bei Tauwetter Glatteisgefahr in Ufernähe des Sees (keine Wegpflege)

WEGWEISER Spitzingsee-Rundweg, ab Spitzing Richtung Albert-Link-Hütte

EINKEHR Diverse im Ort Spitzingsee; Albert-Link-Hütte, Tel. 0 80 26 / 712 64, Mo. Ruhetag, www.davplus.de/albert-link-huette

KARTE Kompass-Wk Nr. 8 Tegernsee Schliersee, 1:50.000

Wenn der See MUSIZIERT

Der Schliersee zieht den Wanderer zu jeder Jahreszeit in seinen Bann. Während im Sommer ein Bad im kühlen Wasser lockt, friert der See im Hochwinter dem Klimawandel zum Trotz fast jedes Jahr zu und bietet dem Betrachter mit der schräg einfallenden Sonne fotogene Lichteffekte. Bei hohen Temperaturunterschieden ist das Eis stets in Bewegung, Schollen drücken gegen das Ufer. Und wenn kaum Schnee auf der Eisfläche liegt, fängt der See zu knirschen und zu singen an, auch ein furchteinflößendes Knarzen und Knacken ist dann häufig zu vernehmen. Mit etwas Phantasie könnte man sich auch an einen Walgesang erinnert fühlen.

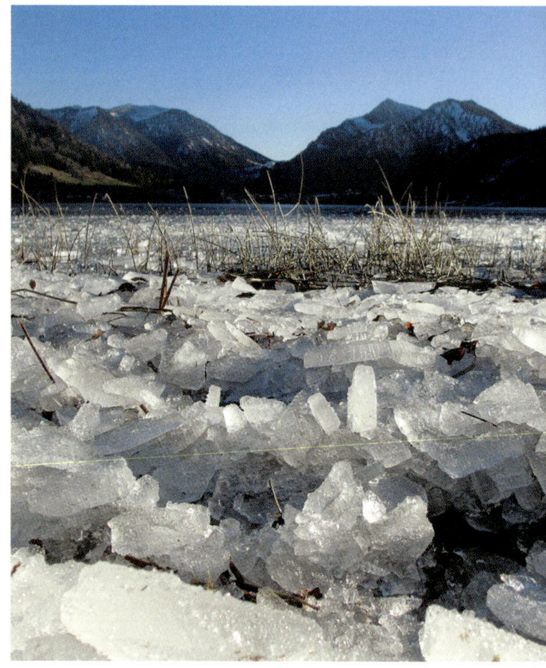

Bizarrer Anblick: Eisschollen schieben sich an das Ufer des Schliersees.

Das Reizvolle an der Schliersee-Runde ist die andauernde Nähe zum See, denn im Gegensatz zum benachbarten Tegernsee ist das Ufer weitaus zugänglicher. Landschaftlicher Höhepunkt ist die autofreie Westseite, die den Auftakt unserer Umrundung bildet. Der vom Radweg abzweigende Weg führt über das Gleis der Bayerischen Oberlandbahn direkt an das Ufer. Hier können wir auf Holzstämmen unsere Geschicklichkeit auf die Probe stellen, durch Holzfernrohre in Richtung Berge, auf die Insel Wörth und die Burgruine Hohenwaldeck blicken, an einem Waldxylophon Holz erklingen lassen oder auf den Himmelsliegen mit Seeblick entspannen; der Barfußparcours bleibt in der Regel den Sommergästen vorbehalten.

Nach Passieren des Brotzeitplatzes, einer Schwarzerlen-Gruppe und mächtiger Berg-Ahorne wandern wir auf dem Rad- und Fußweg nach Fischhausen. An der Verlobungstanne, einer der romantischsten Plätze am Schliersee, sollen sich laut Volksmund zahlreiche Pärchen ihr Eheversprechen gegeben haben. Für die Gründung des Baumerlebnispfads vor wenigen Jahren wurden 19 Baumtafeln rund um den gesamten See aufgestellt. Sie porträtieren meist einheimische Bäume wie Linde, Esche, Schwarzerle, Holunder oder Rosskastanie, aber auch der Faulbaum, ein aus Südamerika stammender Exot, ist mit dabei.

Der Abschnitt am Ostufer verläuft bis Schliersee auf dem Fußweg parallel zur Bundesstraße. Noch vor Erreichen der Vitalwelt münden wir in die großzügig angelegte Seepromenade, an der sich Einheimische wie Gäste stundenlang die Zeit vertreiben. Sitzbänke und das Café Milchhäusl laden zum Verweilen und zur Einkehr ein. Auch Kinder fühlen sich an diesem sonnenbegünstigten Ort wohl, vis-à-vis der Anlegestelle der Schliersee-Schifffahrt lockt ein großer Spielplatz mit Klettergerät, Drehscheibe und Rutschturm. Mindestens ebenso spannend ist das Betreten der Eisfläche am bekiesten Ufer. Ob und wie lange eine vorhandene Eisfläche trägt, kann nicht einmal die örtliche Wasserwacht mit Sicherheit sagen, weshalb sie auch keine Empfehlungen ausspricht. Mindestens zehn Zentimeter sollte das Eis jedoch schon dick sein. Warnschilder weisen auf das eigene Risiko bei Betreten der Eisfläche hin.

Zuverlässiger ist das Eis im Natureisstadion des TSV Schliersee, das wir beim Rückweg zum Parkplatz an einem Schatten werfenden Waldhügel passieren. Jeder Schnee und Frost wird hier eifrig für die Eisproduktion genutzt, damit die Schlittschuhläufer zu ihrem Vergnügen kommen. Im Februar 2017 jubelten die Betreiber auf Facebook über einen neuen Vereinsrekord – 33 Öffnungstage in einer Wintersaison hatte es zuvor nicht gegeben; zum Dank an den Wettergott gab es einen Gratis-Glühwein bzw. -Kinderpunsch für die Besucher.

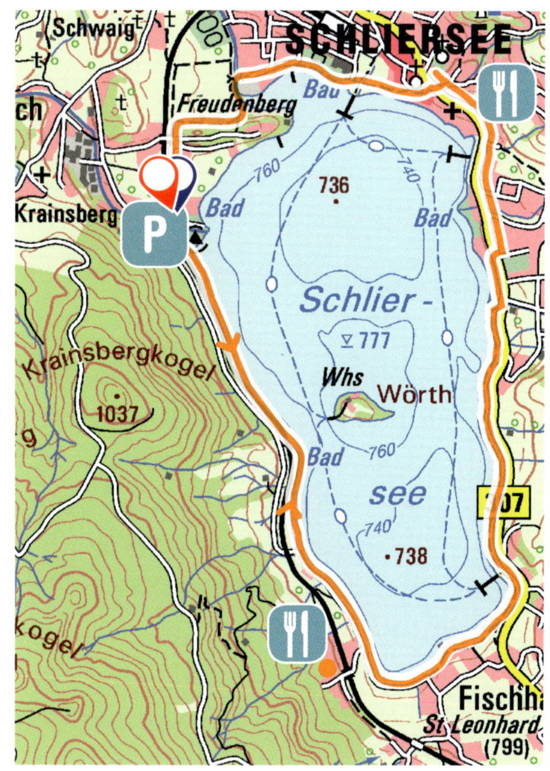

Route: Schliersee – Fischhausen – Schliersee

Seeuferweg Richtung Süden ▶ an der Weggabelung links zum Seeufer (Ww. Erlebnispfad) ▶ an der Rixner Alm vorbei nach Fischhausen ▶ ein kurzes Stück entlang der B 307 und links zwischen Straße und Seeufer nach Schliersee ▶ im Ort vor der barocken Pfarrkirche St. Sixtus links ▶ Seeuferweg an der Vitalwelt vorbei ▶ Schlierachbrücke überqueren und an der T-Kreuzung links ▶ an der Bahnbrücke Treppe abwärts und auf dem Kiesweg zum Parkplatz am Campingplatz Lido

Gehzeit 2 Std.

Strecke 7 km

Höhenmeter 30

Anfahrt
ÖVM Bayerische Oberlandbahn (BOB) nach Schliersee, kurzer Fußweg an das Seeufer (Ww. Vitalwelt)
Auto A 8 Ausfahrt Weyarn, B 307 nach Schliersee, am Ortsbeginn Abzweig rechts (Ww. Hennererhof) und links in die Westerbergstraße

Ausgangspunkt Kostenfreier Parkplatz am Campingplatz Lido

Navigation N 47.727817°, E 11.850523°

Sonnenanteil Ab spätem Vormittag liegen die Schliersee-Uferwege beinahe komplett in der Sonne, am meisten Schatten gibt es, v.a. nachmittags, am Nordwestufer.

Charakter Das Gros der Wanderung verläuft ohne größere Steigungen auf den bequemen Uferwegen am Schliersee. Hoher Asphaltanteil

Wegweiser Seeweg um den Schliersee, zwei Nordic-Walking-Trails

Einkehr Rixner Alm, Tel. 0 80 26 / 61 65, Mo. / Di. Ruhetag, ab Januar Sa. / So. 10–16 Uhr, www.rixneralm.de; Cafés und Restaurants in Schliersee

Karte Kompass-Wk Nr. 8 Tegernsee Schliersee, 1:50.000

Bärlauch und BERGSCHAFE

Stolze Einödhöfe, knorrige Bäume und schöne Bergblicke: Der Stadlberg südlich von Miesbach hat reichlich Abwechslung zu bieten. Durch den hohen Asphaltanteil von über 80 Prozent ist diese kurzweilige Runde auch bei hochwinterlichen Verhältnissen eine reizvolle Option. Früher, als es die bekannten Skigebiete am Sudelfeld und Spitzingsee noch nicht gab, sind die Einheimischen am Stadlberg Ski gefahren; heute spuren allenfalls ein paar Skilangläufer querfeldein die Hänge empor. Im März können wir hingegen beim Aufstieg durch den Wald reichlich Bärlauch ernten und beim Rückweg am Talerbach zwischen Birkensolitären die ersten Palmkätzchen bewundern.

Am südöstlichen Stadtrand von Miesbach trennen sich die Wege auf den Stadlberg: Für den Aufstieg wählen wie die kürzere Variante, der Abstieg erfolgt über Agatharied. Oberhalb der Siedlung Kleinthal durchqueren wir einen Wald, in dem bei milden Witterungsbedingungen ab März der Bärlauch wuchert. Am Gehöft Floiger weitet sich erstmals der Blick, auch Miesbach taucht zwischen den Bäumen auf. Alternativ zur Teerstraße könnten wir auch dem Wiesenweg (Wegweiser) folgen, doch diese Variante zum Stadlberg erweist sich als schattiger und bei Schnee auch als mühsamer. Etwas oberhalb erblicken wir im Osten die Leitzachtaler Hausberge Wendelstein und Breitenstein, im Hintergrund sind auch die Chiemgauer Berge zu erkennen. Dann erreichen wir eine steinerne Sitzbank, die zu Ehren des ehemaligen bayerischen Staatsministers Theodor von Zwehl, der 14 Kinder hatte, errichtet wurde.

Den höchsten Punkt des Stadlbergs (925 m) markiert ein stattliches Jesuskreuz, vom Prüglerver-

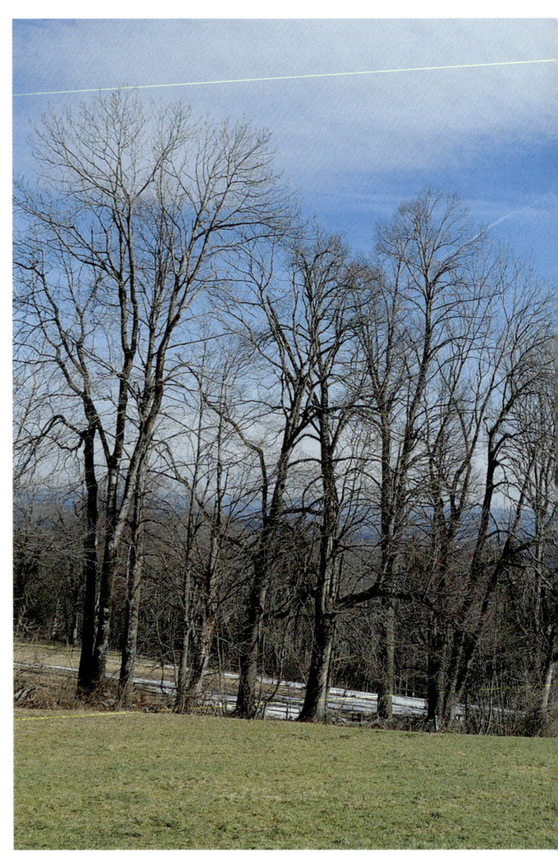

Auf dem Stadlberg öffnet sich ein herrliches Bergpanorama in Richtung Wendelstein und Chiemgauer Berge.

Wiesenpfadpassage kurz vor der Stadlbergalm

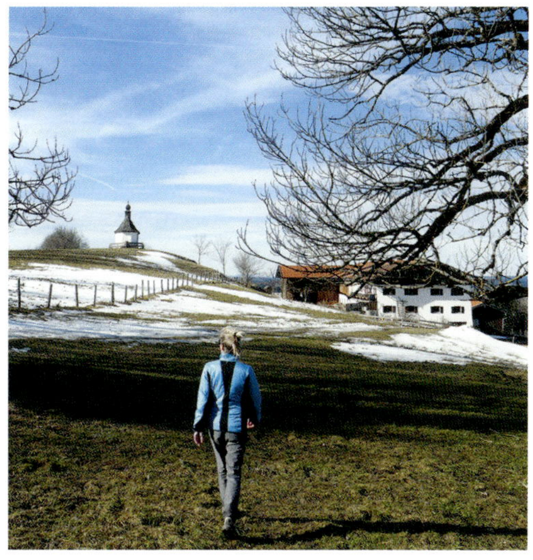

ein Schliersee-Miesbach errichtet, bevor der Abstieg durch Wald und über schöne Wiesen nach Gunetsrain erfolgt. Unterhalb der weithin sichtbaren Kapelle spielt freitags in der Wirtsstube der Stadlbergalm die „Oberland Ziachmusi", zum Stammtisch ist jeder Musikfreund willkommen. Beim Essen wird Wert auf regionale Zutaten gelegt, Bauernbrot, Griebenschmalz, Kuchen und weitere Schmankerl sind hausgemacht. Rund um das bäuerliche Gehöft erkunden freilaufende Hühner und Enten voller Neugier die nähere Umgebung.

Nach Passieren einer alten Linde, die einst als Treffpunkt und Versammlungsort des legendären Haberermeister-Zwölferrates gedient haben soll, wandern wir unterhalb des Berghofs Agatharied an einer Schafweide vorbei; an diesem schönen Ort wurde vor Jahren der bekannte Heimatfilm „Wer früher stirbt, ist länger tot" in Anwesenheit des heimatverbundenen Regisseurs Markus H. Rosenmüller uraufgeführt. Etwas unterhalb grasen seltene braune Bergschafe, im bayerischen Oberland eine echte

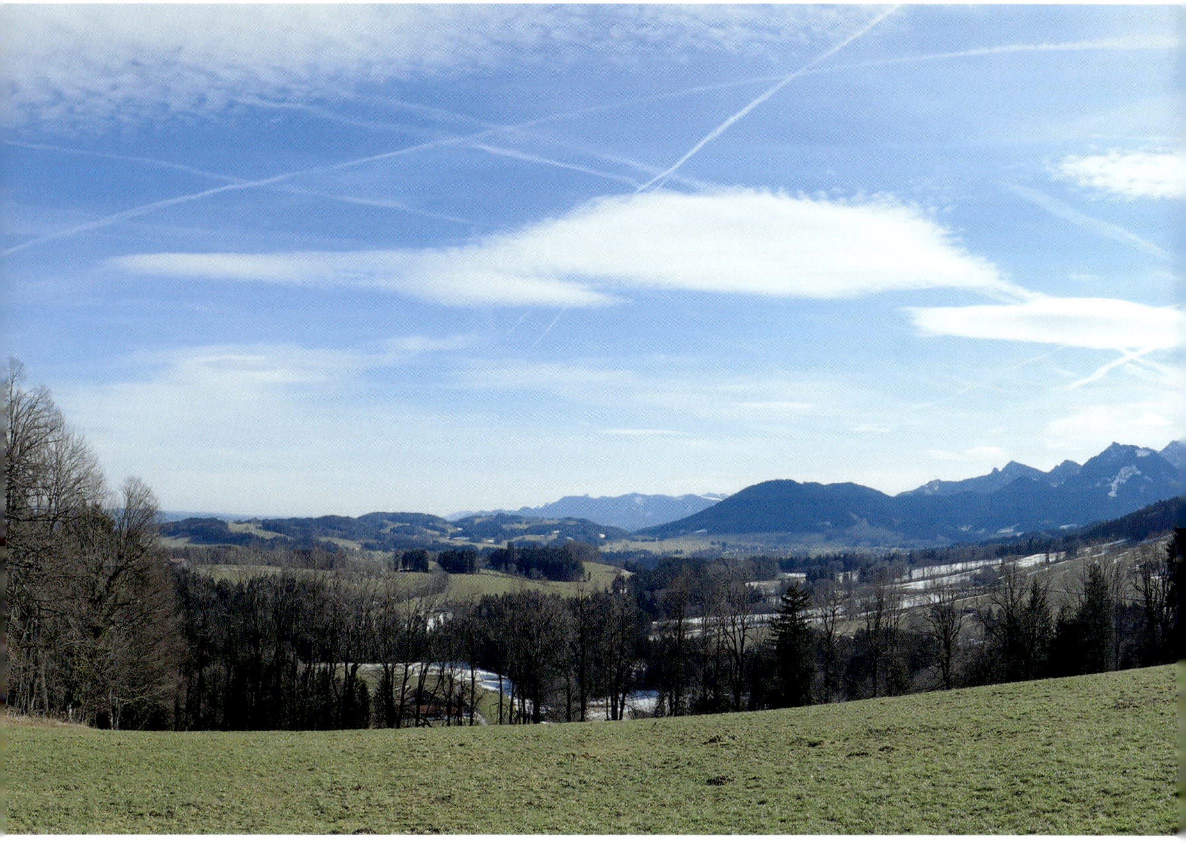

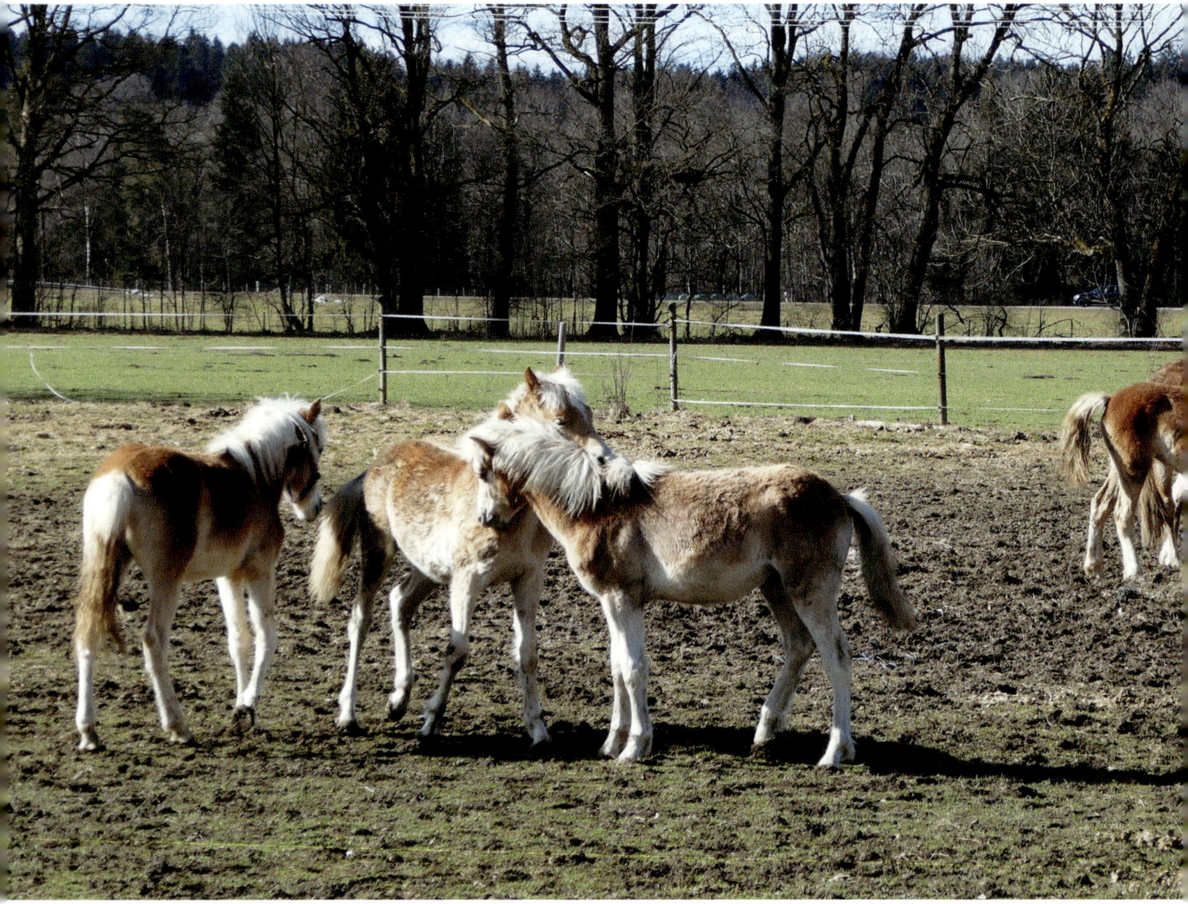

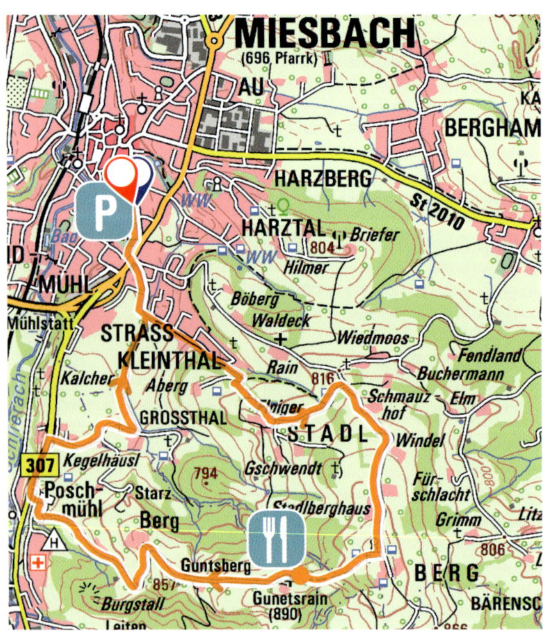

Rarität; die Chance, die stattliche Herde auch anzutreffen, ist im November und März sicherlich höher als im Hochwinter.

Am Krankenhaus Agatharied stoßen wir kurz auf die Bundesstraße, bevor vis-à-vis einiger Pferdekoppeln das sonnige Finale am Talerbach erfolgt. Im März säumen Palmkätzchen den Weg, und die ersten Frühblüher blinzeln in das noch schräge Sonnenlicht. Wir stoßen auf die Weggabelung vom Hinweg und erreichen den großen Parkplatz von hier in wenigen Minuten.

Wer noch ein wenig Zeit mitbringt oder bedingt durch die Anfahrt mit der Bayerischen Oberlandbahn ohnehin zum Bahnhof muss, dem sei nach der kurzen Rundwanderung am Stadlberg noch ein Abstecher in das Zentrum von Miesbach, eine der schönsten Marktstädte des bayerischen Oberlands, empfohlen. Beim Bummel durch die Gassen kann

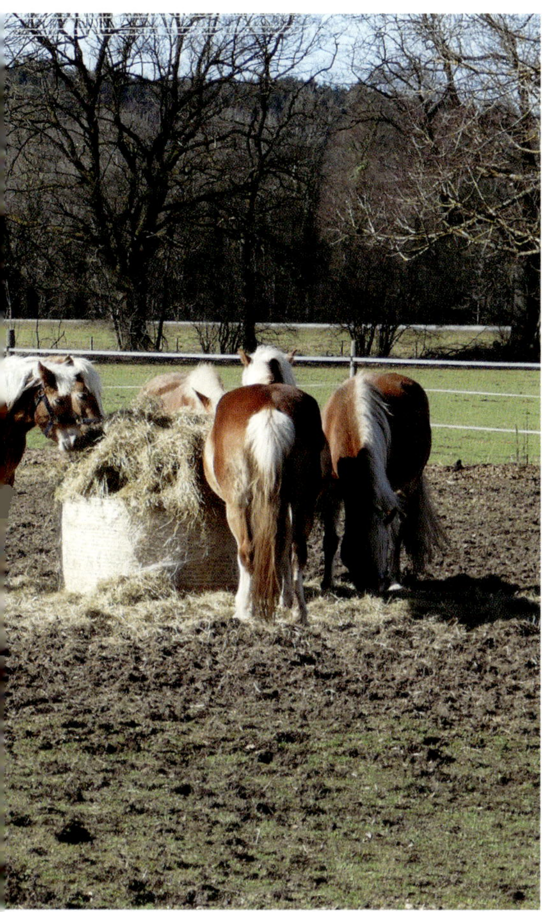

Tiere am Wegesrand: Pferdekoppel mit Haflingern ...

man sich angesichts zahlreicher kleiner Läden wunderbar die Zeit vertreiben, und fällt der Wandertag zufällig auf das dritte Adventswochenende, breitet sich zwischen Marktplatz und Heimbucherwinkel der Weihnachtsmarkt aus. Auch der donnerstägliche Bauernmarkt lohnt einen Besuch, hier decken sich nicht nur die Einheimischen mit kulinarischen Spezialitäten aus der Region ein. Sonniger Höhepunkt von Miesbach ist zweifelsfrei der zentrale Marktplatz mit Bräuwirt und Marktcafé, das auch im Winter bei etwas Sonnenwärme die Stühle ins Freie stellt.

... und eine Weide mit braunen Bergschafen bei Agatharied

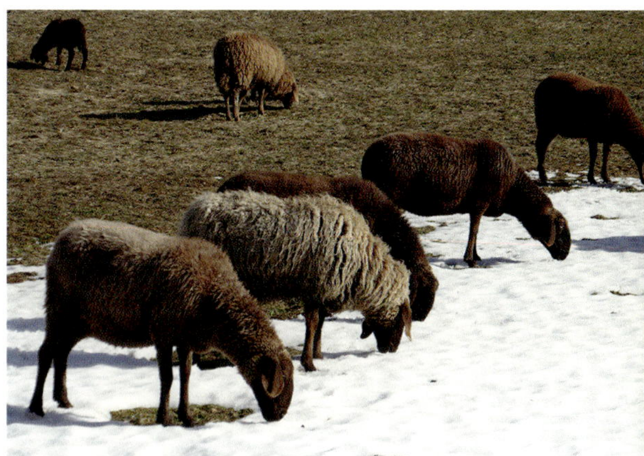

Route: Miesbach – Stadlberg – Stadlbergalm – Agatharied – Miesbach

Vom Parkplatz 200 m zur Schlierseer Straße und die B 307 an der Turnhalle unterqueren ▶ Kleinthalstraße stadtauswärts und an der Gabelung links in den Floigerweg (rechts Rückweg) ▶ nach Straßenkehre Waldpfad zum Gehöft Floiger ▶ Teerstraße auf den Stadlberg ▶ am Zwehl-Denkmal rechts auf schönem Wald- und Wiesenpfad geradewegs (Abzweige ignorieren!) zur Stadlbergalm ▶ Teerstraße über Berg nach Agatharied ▶ kurz an der B 307 entlang und rechts über den Hofladen und am Talerbach nach Miesbach

Gehzeit 2 ¼ Std.

Strecke 8,5 km

Höhenmeter 240

Anfahrt
ÖVM Bayerische Oberlandbahn (BOB) nach Miesbach
Auto A 8 Ausfahrt Weyarn, B 307 nach Schliersee

Ausgangspunkt Großer gebührenfreier Parkplatz an der Schlierseer Straße (200 m westlich der B 307)

Navigation N 47.78524°, E 11.83431°

Sonnenanteil Bis auf kurze Waldpassagen oberhalb der Siedlung Kleinthal und beim Abstieg vom Stadlberg zur Stadlbergalm liegt die Route größtenteils in der Sonne.

Charakter Die kurzweilige Runde am Stadlberg verläuft meist auf verkehrsarmen Teerwegen, unterbrochen von schönen Wald- und Wiesenpfaden.

Wegweiser Die Stadlberg-Runde ist bestens beschildert.

Einkehr Stadlbergalm, Tel. 0 80 25 / 39 21, Mo. / Di. Ruhetag, www.stadlbergalm.de

Karte Kompass-Wk Nr. 8 Tegernsee Schliersee, 1:50.000

Sonnenbad an der SEEPROMENADE

Trotz seiner verbauten Ufer hat der Tegernsee auch landschaftlich reizvolle Promenaden zu bieten, die zum Verweilen und Sonnenbaden einladen. Sobald es Sonneneinstrahlung und Temperaturen zulassen, sind die zahlreichen Sitzbänke in unserem Zielort Bad Wiessee auch im Winter rasch belegt. Die ideale Vormittagstour, weil dann die Sonne am Westufer ihre stärkste Kraft entfaltet, bevor sie am frühen Nachmittag langsam hinter den Berghügeln verschwindet!

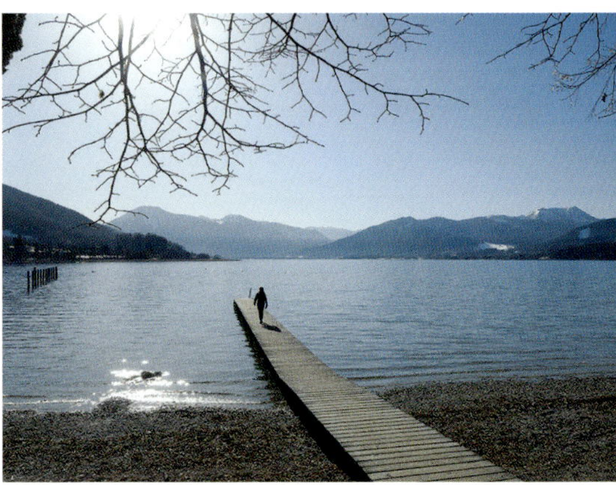

Der Steg im Kaltenbrunner Strandbad ist auch im Winter zugänglich.

Die erste Gelegenheit zur ausgedehnten Vitamin-D-Pause bietet sich im Kaltenbrunner Strandbad an. Ein Steg führt hier etliche Meter in den See hinein, und auch am großzügigen Kiesstrand lässt sich die Sonnenwärme mit Blick auf den Wallberg, Risserkogel, Setzberg, Guffert, die Blauberge und den Hirschberg in vollen Zügen genießen. Hartgesottene baden selbst im Winter, wie wir an einem sonnigen, wenngleich relativ milden Februartag beobachten durften. Nach dem eiskalten Januar dürfte der See maximal eine Temperatur von fünf Grad gehabt haben. Eine Sonnenbrille ist für die Beobachtung von Vorteil, da der See angesichts der tief stehenden Sonne tausendfach glitzert.

Bis Bad Wiessee heißt es nun Abschied nehmen vom Seeufer. Der Wegabschnitt ist identisch mit dem Panoramawanderweg, der vor wenigen Jahren neu errichtet wurde und auf einer Strecke von insgesamt 33 Kilometern rund um den Tegernsee führt. Dabei passieren wir mit dem schön gelegenen Panorama-Biergarten am Gut Kaltenbrunn und dem Bauernschank am Boarhof in Holz zwei Einkehrmöglichkeiten mit beschränkten Öffnungszeiten. Der altgediente Bauernhof führt nach dem Motto „Wert-

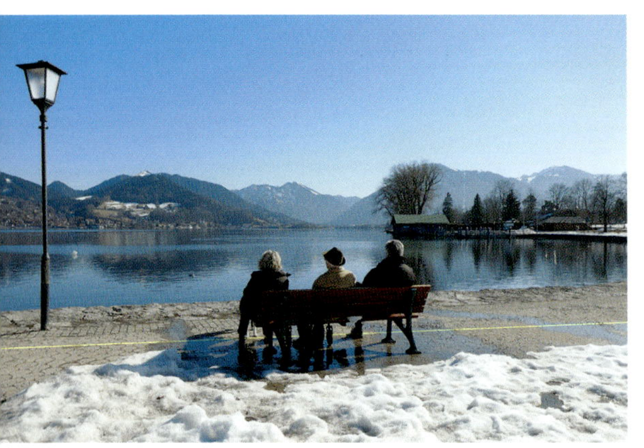

Stille Genießer an der Bad Wiesseer Seepromenade

voll genießen am Bio-Hof" einen Hofladen, der nicht nur selbst hergestellte Lebensmittel, sondern auch traditionelles Kunsthandwerk verkauft.

Oberhalb von Bad Wiessee durchwandern wir das Gelände vom Tegernseer Golf-Club, an dem unser Abstieg zur Seepromenade erfolgt. Nach einer schattigen Waldpassage mündet die kurzweilige, autofreie Promenade direkt in die Wiesseer Seebucht. Unzählige Sitzbänke in privilegierter Lage sind von Sonnenanbetern belegt, die Wärme aufsaugend das rege Treiben am Ufer beobachten. Wasservögel schwimmen von der Schilfzone bis zur „Wasserschöpferin", eine von Emil Cauer geschaffene Bronze-Skulptur, die besten Ausblick auf den See genießt. Die „schöne Frau", ein Akt von Uli Winkler, posiert, sich anmutig vom See abwendend, auf einem quadratischen Sockel im Wasser. Sie blickt auf die ersten Krokusse, die nach der Schneeschmelze aus dem zarten Wiesengrün sprießen.

Ab Ende Dezember verkehren die Ausflugsschiffe der Linie C (Südliche Rundfahrt) in den Schulferien täglich und an den Wochenenden von der zentralen Anlegestation stündlich nach Tegernsee. Für uns wäre das eine Option, um anschließend mit Hilfe der BOB zum Ausgangsort Gmund zurückzukehren.

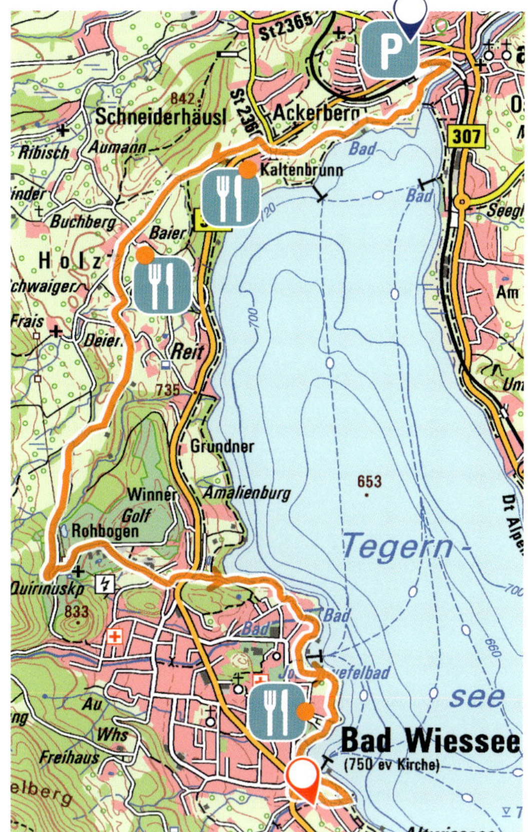

ROUTE: GMUND – KALTENBRUNN – HOLZ – BAD WIESSEE

Vom Bahnhof Richtung Ortsmitte und am kleinen Parkplatz rechts in den Fußweg (Ww. „Zum See") ▶ südwärts entlang der Würm und an der Bachbrücke rechts ▶ Seepromenade am Strandbad vorbei, dann kurzer Anstieg zum Gut Kaltenbrunn ▶ an der B 318 wenige Meter links und rechts den Max-Obermayr-Weg hinauf ▶ in Holz an der Gabelung links ▶ am Hofladen Boarhof vorbei und auf dem Schwoagaweg in freies Wiesengelände ▶ am Golfplatz links in den Rohbognerweg (Ww. Bad Wiessee über Rohbogen) ▶ an der B 318 links wenige Meter Richtung Spielbank und rechts durch Wald zur Seepromenade hinab ▶ an Strandbad und Sailingcenter vorbei in die zentrale Bad Wiesseer Bucht ▶ vor der Zeiselbachbrücke rechts und über den Dourdanplatz zum Lindenplatz (Tourist-Info)

GEHZEIT 2 ½ Std.

STRECKE 8 km

HÖHENMETER 100

ANFAHRT
ÖVM Bayerische Oberlandbahn (BOB) nach Gmund am Tegernsee; Rückfahrt von Bad Wiessee nach Gmund mit dem Schiff über Tegernsee (BOB-Anschluss) oder RVO-Bus ab Lindenplatz
AUTO B 307 bzw. 318 nach Gmund, an der Ampelkreuzung in die Wiesseer Straße zum Bahnhof abzweigen

AUSGANGSPUNKT Parkplatz westlich des Bahnhofs an der Münchner Straße

NAVIGATION N 47.74972°, E 11.73482°

SONNENANTEIL Auf den Uferwegen am Tegernsee zwischen Gmund und Kaltenbrunn sowie in Bad Wiessee Sonne pur, auf dem Höhenweg gibt es auch kurze schattige Passagen. Im Hochwinter sollte man die Tour jedoch bis zum frühen Nachmittag abschließen (Bergschatten)!

CHARAKTER Die kinderwagentaugliche Strecke weist nur geringe Steigungen auf und bietet herrliche See- und Panoramablicke.

WEGWEISER Kaltenbrunn und Bad Wiessee sind gut beschildert; Panoramawanderweg

EINKEHR Gut Kaltenbrunn, Tel. 0 80 22 / 8 07 07 10, www.feinkost-kaefer.de/gutkaltenbrunn; Bauernschank (s'Hofladl) am Boarhof, Holz, Tel. 0 80 22 / 27 14 25, Do. bis Sa., www.brotzeit-leben.de; Cafés und Gasthöfe in Gmund und Bad Wiessee

KARTE Kompass-Wk Nr. 8 Tegernsee Schliersee, 1:50.000

7 VOM **BRUCKENFISCHER** BEI SCHÄFTLARN ZUM **ICKINGER STAUSEE**

Sonne tanken im ISARTAL

Der isarverwöhnte Münchner findet den naturnahen Lebensraum eines Flusses quasi vor seiner Haustür vor, ein Privileg, das es im Zentrum einer Millionenstadt weltweit kein zweites Mal gibt. Obwohl die Sonneneinstrahlung bereits hier beachtlich ist, finden Sonnenanbeter dennoch einen Grund, ihren Sonntagsspaziergang gut zwanzig Kilometer weiter südlich am Gasthaus Zum Bruckenfischer bei Kloster Schäftlarn zu beginnen: Kein Wegabschnitt an der Isar zwischen Quelle und Mündung ist bedingt durch die Talbreite und die vorteilhafte Südwestausrichtung im Winter derart sonnenbegünstigt wie der Dammweg zwischen Bruckenfischer und Icking. Und wenn der „Eisweiher" zugefroren ist, gibt es sogar noch zusätzliche Wintersportmöglichkeiten …

Ab spätem Vormittag ist das Isartal sonnenüberflutet. Der Dammweg führt gut einen Kilometer weit direkt am Isarwerkkanal nach Süden, bevor er nach Südwesten abbiegt. Nach knapp der Hälfte der Route erreichen wir die holzgedeckte Isarbrücke, auf der wir bereits zur nahen Aumühle abzweigen könnten. Wir wandern aber geradeaus am Damm entlang, bis der Ickinger Stausee, der im Volksmund auch „Eisweiher" genannt wird, hinter der Uferböschung auftaucht. Tatsächlich friert das zwischen Kanal und Isar gelegene Gewässer nach kalten Nächten relativ schnell zu, was die einheimischen Eishockeyspieler zu diversen Schlagabtäuschen animiert. Am besten sind die Bedingungen bei Dauerfrost ohne Niederschlag, weil das Eis dann spiegelglatt ist. Spaziergänger nutzen den zugefrorenen See für eine Erweiterung ihrer Tour. In der Schilfzone brüten ab März zahlreiche Vögel wie der Kormoran, der sich als Fischjäger jedoch bei den Anglern nur mäßiger Beliebtheit erfreut.

Vom Ickinger Stausee ist das Ickinger Stauwehr mit der historischen Holzbrücke nicht mehr weit. Hier mündet auch der Isar-Erlebnisweg „Natur", der

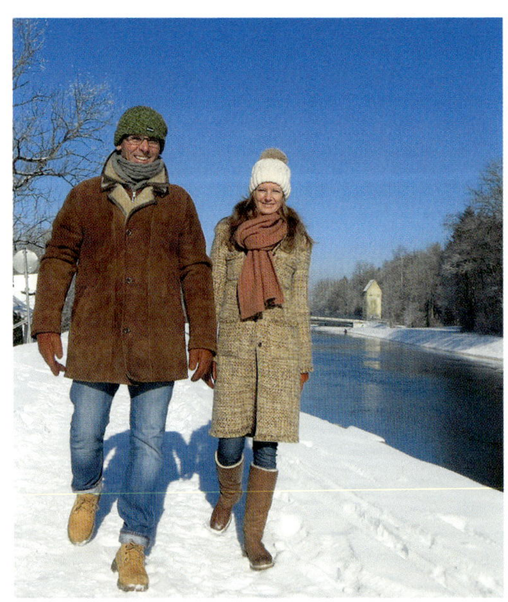

Frohgelaunte Sonntagsspaziergänger am Isarkanal

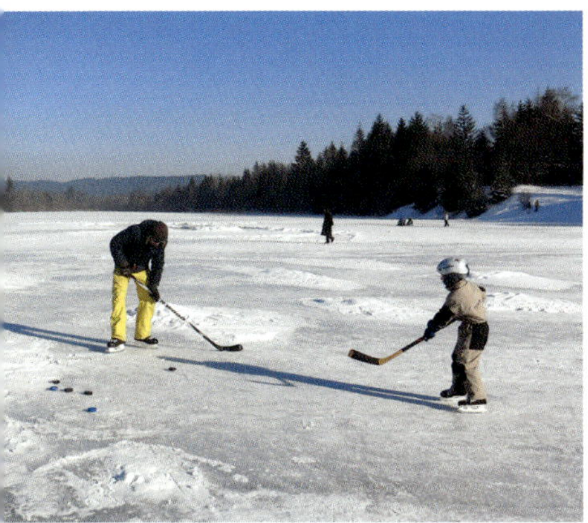

Früh übt sich: Der Ickinger Stausee eignet sich bestens zum Eishockeyspielen.

zuvor parallel zu unserem Kanalweg durch die schattigen Auenwälder an der Isar entlang verlaufen ist, in unsere Route. Mit dem Wechsel der Kanalseite passieren wir auf dem Rückweg einige Stationen des Lehrpfads, der sich vorrangig mit den Themen Renaturierung, Flora und Fauna befasst. Auch die Fische der Isar rücken spätestens beim Aumeister, wo wir den einen oder anderen fangfrischen Bewohner, wenngleich meist von der benachbarten Fischzucht, goutieren können, in den Mittelpunkt. Der angrenzende Hofladen verkauft hervorragend schmeckende Räucherforellen und Saiblinge.

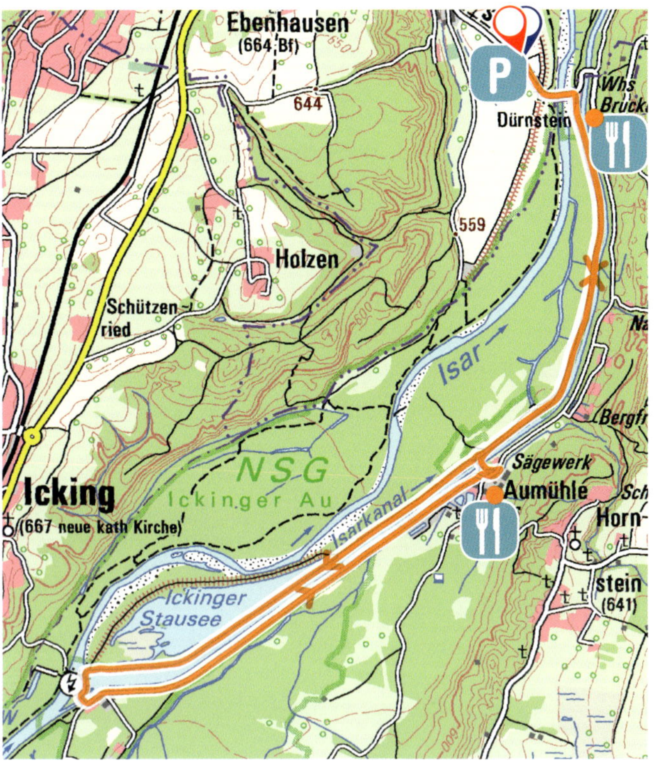

ROUTE: BRUCKENFISCHER – ICKINGER STAUSEE – ICKINGER WEHR – AUMÜHLE – BRUCKENFISCHER

Vom Wanderparkplatz ostwärts die Isarbrücke überqueren ▶ am Bruckenfischer rechts und hinter dem kleinen Parkplatz links die Treppe hoch ▶ 2 km auf dem Isardammweg zur Kanalbrücke ▶ 2,5 km auf dem Isardammweg am Ickinger Weiher vorbei zum Ickinger Stauwehr ▶ die Kanalbrücke überqueren und auf dem Isarradweg zur Aumühle ▶ die Brücke nordwärts überqueren und auf dem Dammweg zum Bruckenfischer

GEHZEIT 2 ½ Std.

STRECKE 10 km

HÖHENMETER 20

ANFAHRT
ÖVM S 7 (MVV) Hohenschäftlarn und 3 km zu Fuß zum Bruckenfischer. Rückfahrt vom Bahnhof Icking möglich (1,5 km ab Ickinger Wehr)
AUTO A 95 Ausfahrt Schäftlarn oder B 12 nach Hohenschäftlarn, Klosterstraße ins Isartal

AUSGANGSPUNKT Gebührenpflichtiger Parkplatz an der Klosterstraße 200 m vor der Dürnsteiner Isarbrücke

NAVIGATION N 47.973685°, E 11.473640°

SONNENANTEIL Auf dem Dammweg ab spätem Vormittag bis nachmittags durchgehend Sonne pur!

CHARAKTER Einfacher Spazierweg am Isarkanal, der einzige Anstieg besteht im Erklimmen des Damms. Extrem leichte Orientierung!

WEGWEISER Auf dem Hinweg Richtung Icking; Rückweg bis zur Aumühle auf dem Isar-Erlebnisweg „Natur“

EINKEHR Gasthaus Zum Bruckenfischer, täglich durchgehend warme Küche, Tel. 0 81 78 / 36 35, www.bruckenfischer.de; Gasthaus Aumühle, So. / Mo. Ruhetag, Tel. 0 81 78 / 43 51, www.gasthaus-aumuehle.de

KARTE Kompass-Wk Nr. 180 Starnberger See, 1:50.000

Landschaftsbiotop im ISARWINKEL

„Die Natur des Isarwinkels hat auch im Winter ihren speziellen Reiz. Oder vielleicht dann erst recht. Wenn alles in pudriges Weiß getaucht ist, die mächtigen Tannen weiß gesträhnt dastehen, lange Eiszapfen in bizarren Formen von kargen Ästen wachsen, tausend Eiskristalle in der Wintersonne glitzern – und der eigene Atem feine Wölkchen in der kühlen, klaren Luft hinterlässt." Mit dieser vielversprechenden Beschreibung kann man, wie die Bad-Tölz-Homepage im Winter 2017, die Vielfalt der kalten Jahreszeit natürlich auch zum Ausdruck bringen. Wir aber genießen das Tölzer Stadtflair und die Isarauen bei unserer Weihnachtswanderung nach Lenggries unter weißblauem Föhnhimmel auch ohne Schnee.

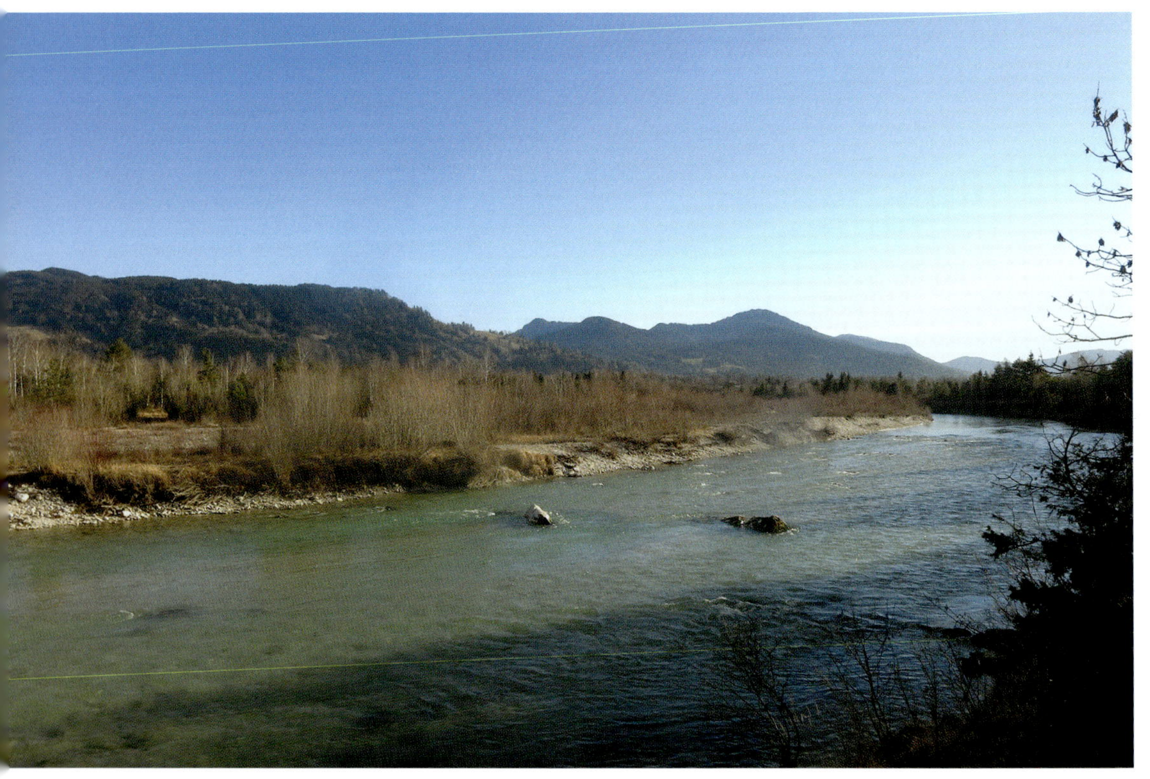

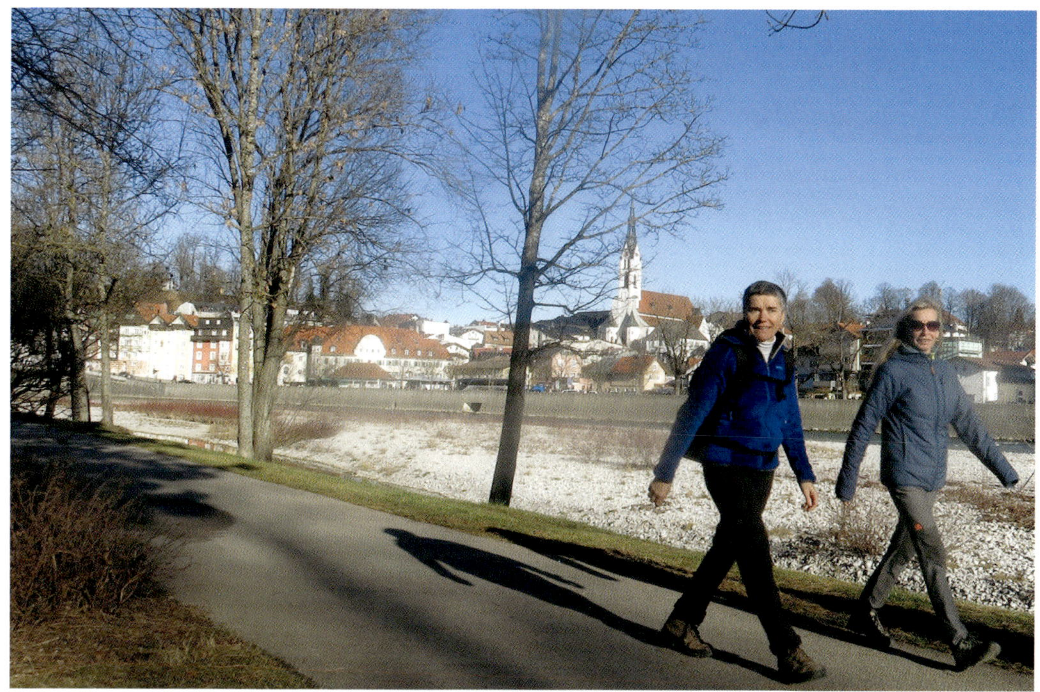

Forschen Schrittes von Bad Tölz in das schöne Isartal

Die sprudelnde Isar mit Sonntratn (siehe Tour 23) und Geierstein im Hintergrund

Für die Streckenwanderung von Bad Tölz nach Lenggries empfiehlt sich die Anreise mit der BOB. Auf dem Weg vom Bahnhof in das Isartal spazieren wir durch die sehenswerte Tölzer Innenstadt. Hauptattraktion ist die zur Fußgängerzone umfunktionierte Marktstraße, von der Bürgermeister Josef Janker einst schwärmte: „Das Leben ist ein Theaterstück und die Marktstraße die Bühne - eine oberbayerische Variante der italienischen Piazza, die wir alle so lieben." Zur Adventszeit öffnet der Christkindlmarkt mit seinen rund 50 Buden hier täglich um elf Uhr, die Gelegenheit, sich das „Theater" mit seinen heiteren Protagonisten aus der Nähe anzusehen und sich nebenbei mit regionalen Schmankerln für die Wanderung zu stärken. Auch die Kulisse der historischen Giebelhäuser passt: Zu den schönsten Gebäuden zählen das Pflegerhaus (Nr. 59), das Sporerhaus (Nr. 45), die Alte Hofapotheke (Nr. 35) und das Schretzenhaus (Nr. 21).

Im Isartal lassen wir das muntere Stadttreiben rasch hinter uns. Wir wandern auf dem Isarradweg, der im Winter von den Pedalrittern nur spärlich frequentiert wird, südwärts. Alternativ zur Hauptroute kann man unterwegs auch auf kleine Nebenpfade

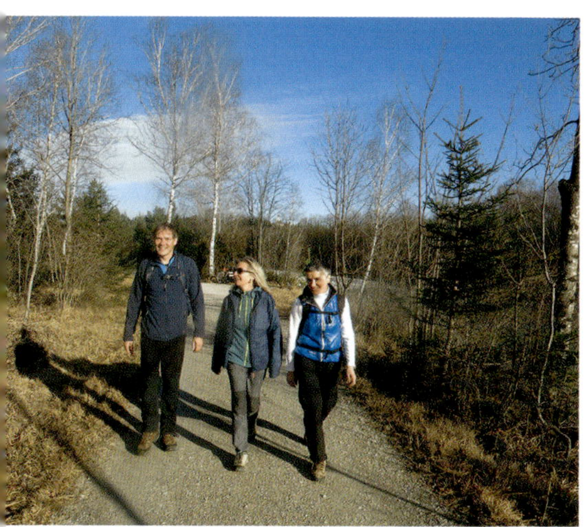

Genusswanderer mit bestem Sonnenblick

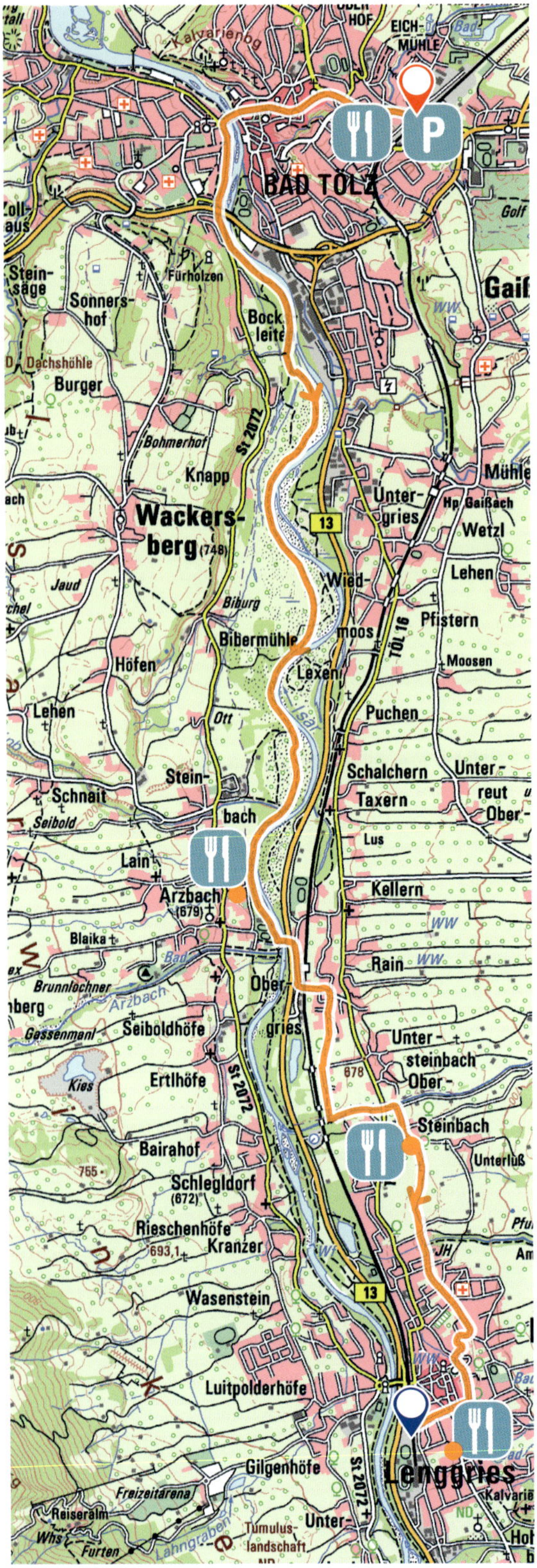

ausweichen. Ein Stichweg führt zu den Steinpyramiden im Kiesbett der Isar, die jedes Jahr aufgrund diverser Überschwemmungen teilweise fortgerissen und neu geschichtet werden müssen. Für diese Herausforderung fühlte sich jahrelang der Landart-Künstler Karl-Heinz Fett aus Bad Tölz zuständig, dem jedoch altersbedingt langsam Kraft und Motivation abhandenkommen. Für den Wiederaufbau einer Pyramide benötigt er etwa vier Stunden, während der unerfahrene Laie bereits mit dem Bau eines Mini-Kegels überfordert ist. Falls sich in naher Zukunft kein Baumeister-Ersatz für den Rentner findet, droht „Klein Kairo" langsam von der Bildfläche zu verschwinden.

Mit jedem Kilometer rücken die Isarwinkel-Hausberge Brauneck, Latschenkopf und Benediktenwand auf der West- sowie Seekarkreuz und Schönberg auf der Ostseite des Tals näher in unser Blickfeld; ganz im Süden tauchen Gipfel des Vorkarwendels auf. Der Sonnenanteil ist in diesem Bereich sehr hoch, da die Isarauen von kurzen Mischwaldzonen abgesehen großflächig von Heide- und Wachholderbüschen überzogen sind. Etliche Gehölze, darunter auch Kiefern, Fichten und Weiden, fallen zudem, sofern sie

Abstecher ins Isar-Kiesbett unter weißblauem Himmel

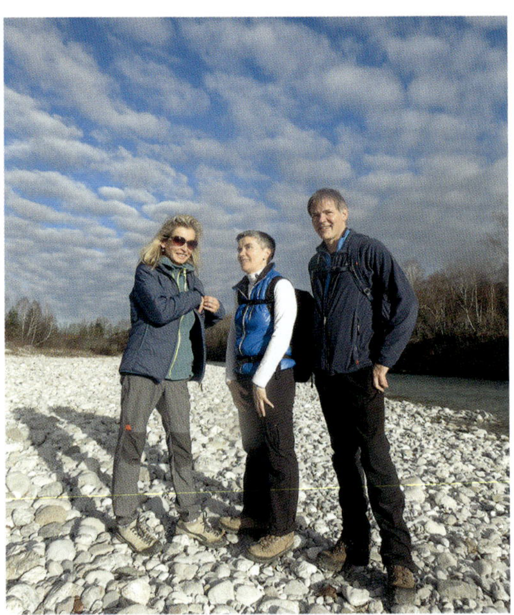

nicht landschaftsprägend sind, aus Biotopschutzgründen dem Fällgreifer zum Opfer. Zweck dieser Maßnahme ist die Wiederansiedelung von geschützten Alpenblumen; auch Reptilien wie die Kreuzotter, Ringelnatter, Blindschleiche und Zauneidechse sollen dadurch ein neues Zuhause finden.

Nach dem Wechsel der Isarseite wandern wir über Obergries (BOB-Station; hier wäre bei Bedarf ein Abbruch der Tour möglich) abwechselnd durch Siedlungen und über freie Wiesen zum Steinbach, an dessen Ufer wir in den gleichnamigen Weiler gelangen. Wir passieren den Klaslhof, der neben küchenfertigen Enten und Gänsen auch frische Eier und Pfauenfedern verkauft, und das Bauernhofcafé Zum Hansbaur für eine mögliche Kaffee-und-Kuchen-Pause (Öffnungszeiten variabel). Von hier ist der Lenggrieser Bahnhof nur noch einen Kilometer entfernt.

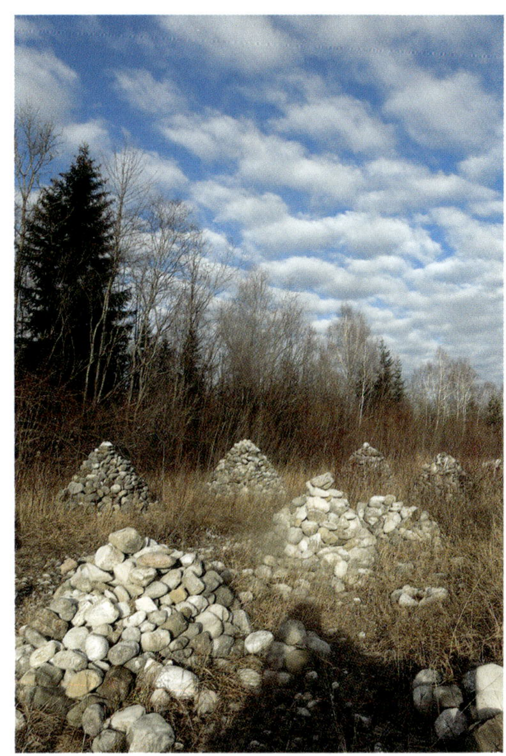

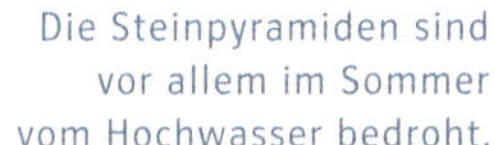

Die Steinpyramiden sind vor allem im Sommer vom Hochwasser bedroht.

ROUTE: BAD TÖLZ – ARZBACH – OBERGRIES – STEINBACH – LENGGRIES

Vom Bahnhofsplatz Bahnhofstraße Richtung Zentrum ▶ an der Hauptstraße rechts und links in die Salzstraße ▶ Marktstraße (Fußgängerzone) zur Isar hinab ▶ die Isarbrücke überqueren und am Verkehrskreisel links ▶ wenige Meter entlang der Straße und halblinks dem Radweg 6 km bis Arzbach folgen ▶ links die Isarbrücke überqueren (Ww. Obergries), die B 12 unterqueren (Treppe, Unterführung) und rechts in die Isarstraße ▶ nach 300 m links in die Obergrieser Straße und wenig später rechts in den Griesweg (Ww. Lenggries) ▶ Wiesenpfad südwärts und der Beschilderung nach Lenggries folgen ▶ am Steinbach links (Ww. Lenggries über Steinbach) ▶ am Klaslhof und Bauernhofcafé zum Hansbaur vorbei zum Unterfeldweg am Ortsrand von Lenggries ▶ Jugendherbergstraße und Leitenweg Richtung Zentrum ▶ auf Bachmairgasse, Kirchstraße, Marktstraße und Bahnhofstraße zum Bahnhof

GEHZEIT 3 Std.

STRECKE 12 km

HÖHENMETER 50

ANFAHRT
ÖVM Bayerische Oberlandbahn (BOB) nach Bad Tölz. Rückfahrt von Lenggries
AUTO A 8 Ausfahrt Holzkirchen und B 13 oder A 95 Ausfahrt Wolfratshausen, B 12 nach Geretsried und St2072 nach Bad Tölz

AUSGANGSPUNKT Parkplatz P 19 Bahnhofplatz

NAVIGATION N 47.76095°, E 11.572026°

SONNENANTEIL Die gesamte Strecke im Isartal ist nur geringfügig bewaldet, weshalb wir die Sonne durch den Nord-Süd-Verlauf häufig im Gesicht haben.

CHARAKTER Weitgehend ebene Wanderung durch die abwechslungsreichen Isarauen mit herrlichem Bergblick

WEGWEISER Isarradweg ab Tölzer Isarbrücke bis Obergries, Wanderschilder nach Lenggries (ab Steinbach Weg Nr. 19)

EINKEHR In Bad Tölz und Lenggries; Café Schusterpeter, Arzbach, Tel. 0 80 42 / 91 49 90, Do. Ruhetag, www.cafe-schusterpeter.de; Bauernhofcafé zum Hansbaur, Steinbach, Tel. 0 80 42 / 50 15 16, Mo. – Mi. Ruhetag, Dez. bis Ende Januar Betriebsurlaub

KARTE Kompass-Wk Nr. 182 Isarwinkel, 1:50.000

Sonnenüberflutete MOOSDURCHQUERUNG

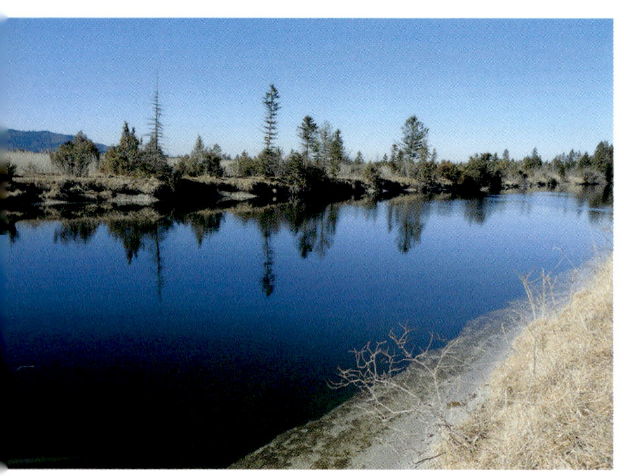

Spiegelglatte Wasseroberfläche der Loisach: kaum Bewegung durch das geringe Gefälle ...

Die beste Chance für die Vogelbeobachtung haben wir an der Moosmühle (siehe Kasten). Dieser Abstecher sollte jedoch erst nach der Wanderung unternommen werden, da das Treffen mit dem Ornithologen erst gegen 15.30 Uhr endet und anschließend die Sonne rasch abtaucht. Vor Beginn der Wanderung hingegen lohnt sich ein Rundgang durch das Klosterareal, das älteste Oberbayerns. Vom Parkplatz finden wir rasch Zugang zum Kreuzgang sowie zur Basilika, die im Verbund mit der an-

Ähnlich wie das benachbarte Murnauer Moos (siehe Tour 11) imponiert auch das Loisach-Kochelsee-Moor durch seine Ausdehnung und Artenvielfalt. Während die prächtige Flora auf den Streuwiesen erst ab Mai in voller Blüte steht, können wir von den über 200 nachgewiesenen Vogelarten auch im Winter einige beobachten. Auf unserem Weg von Benediktbeuern nach Kochel durchstreifen wir die unter Naturschutz stehende Niedermoorlandschaft und erreichen unser Ziel, stets die Sonne im Gesicht und die Berge im Blickwinkel, in Begleitung der Loisach und des Stümpfelbachs.

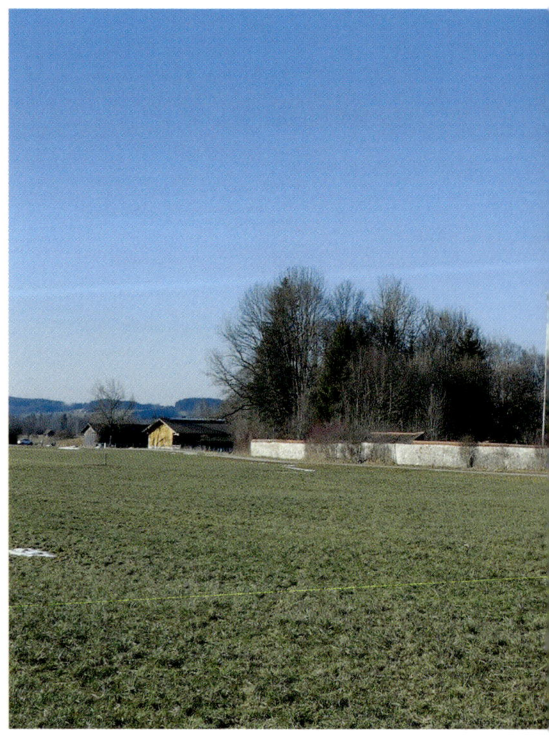

Nach wenigen Minuten lassen wir das weitläufige Klosterareal von Benediktbeuern hinter uns.

grenzenden Anastasiakapelle eine der bedeutendsten ländlichen Barockkirchen Oberbayerns darstellt. Von kulturhistorischer Bedeutung sind vor allem das pompöse Stuckinventar, die neun Marmoraltäre und die Deckengemälde von Hans Georg Asam.

Auch das Klosterbräustüberl ist nicht nur aus kulinarischen Gründen einen Besuch wert: Man tafelt unter dem Kreuzgewölbe des ehemaligen Jungrinderstalls, der zum angrenzenden Meierhof gehörte und seit 1979 nicht mehr landwirtschaftlich genutzt wird. Das beliebte Ausflugslokal bietet täglich von 10 bis 23 Uhr warme Mahlzeiten und wird, wie Einträge im Gästebuch belegen, gerne auch international besucht. „Gepflegte bayerische Gastlichkeit in historischer Umgebung" – besser könnte man die Stimmung und das Ambiente im Bräustüberl nicht beschreiben. Wir passieren es am Südostausläufer des Klosters, wo wir zielgerecht parallel zur Bahnlinie nach Süden steuern. An der Begrenzungsmauer des Klosterareals machen es sich einige Sonnenliebhaber auf den windgeschützten Sitzbänken bequem.

Je weiter wir in das Zentrum des Loisach-Kochelsee-Moors hineinwandern, desto stärker wirkt der Kontrast der ebenen Wiesen und steil aufragenden Berge auf uns. Der Blick reicht von der Benediktenwand im Südosten über die bekannten Walchensee-Berge Rabenkopf, Jochberg, Herzogstand und Heimgarten bis zum Hörnle im Westen. Nach der Hälfte der Strecke erreichen wir die Weggabelung an der Lainbachbrücke. Hier ist dem müde vor sich hinplätschernden Lainbach, der im Nordwestschatten der Benediktenwand entspringt und wenige hundert Meter nördlich der Brücke in die Loisach mündet, kaum anzusehen, dass er nach heftigen Regenfällen zu einem ungestümen Wildfluss mutieren kann.

Auch die Loisach, an deren Ostufer wir wenig später entlanglaufen, weist mangels Gefälle nur eine sehr geringe Fließgeschwindigkeit auf. Die Bäume vom gegenüberliegenden Ufer spiegeln sich ebenso fotogen auf der glatten Wasseroberfläche wie der Herzogstand und die Mittagssonne mit Blickrichtung Süden. Je nach Standort und Sonneneinstrahlung ist der Fluss smaragdgrün oder dunkelblau gefärbt, die von Flechten überzogenen Wurzeln der spärlichen Ufervegetation reichen tief in das klare Wasser hinein. Möglicherweise entdecken wir eine

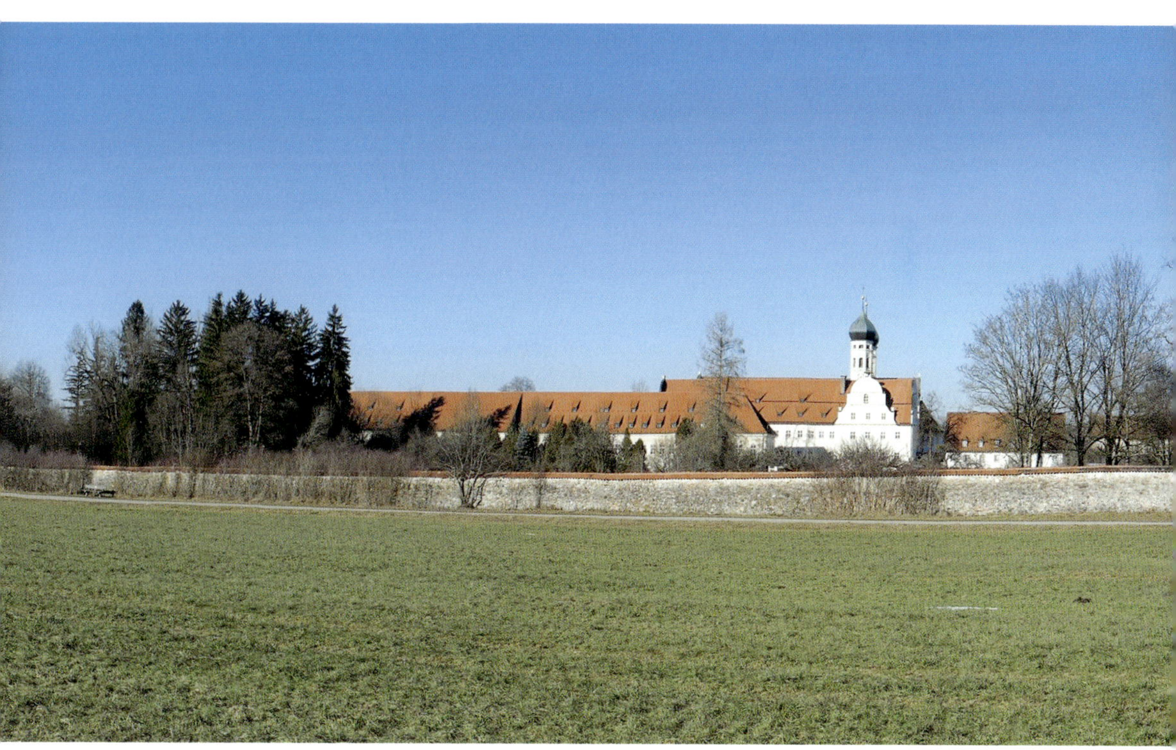

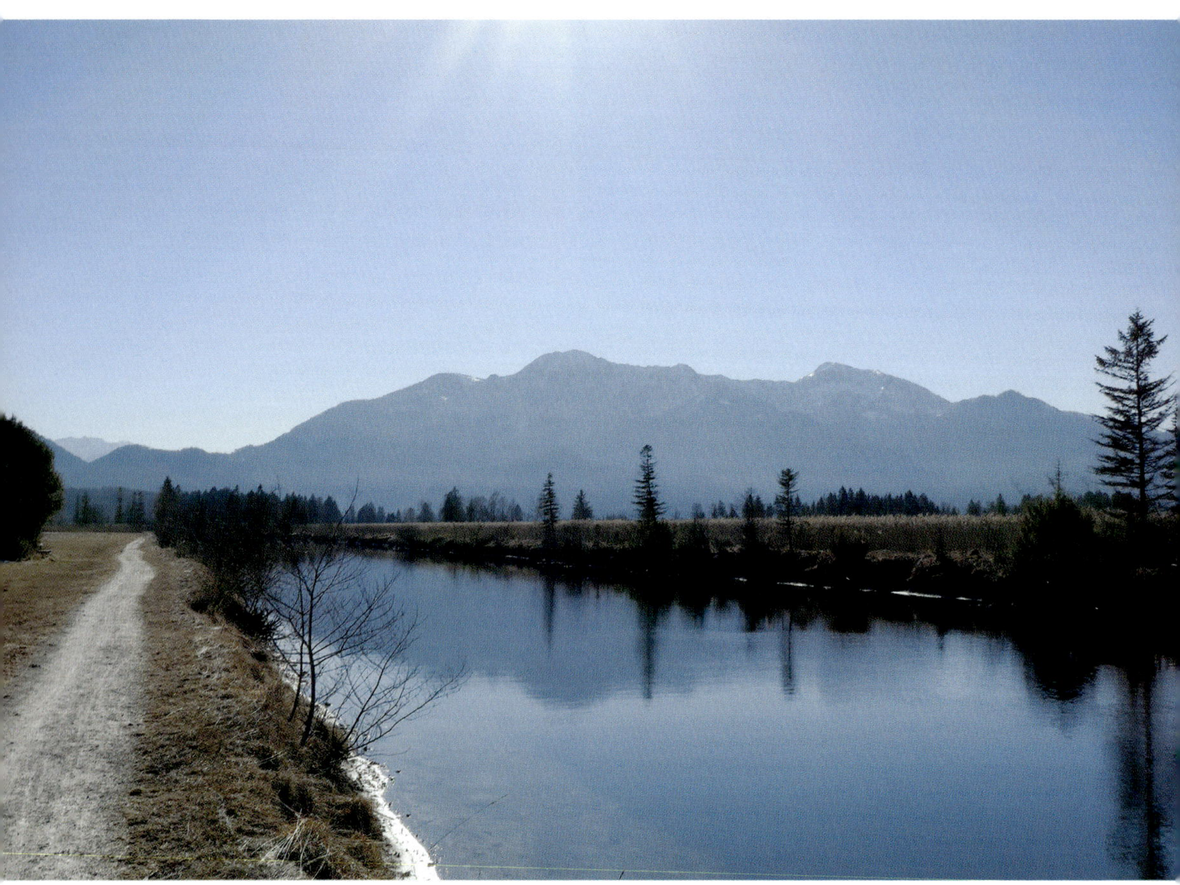

Die Kocheler Hausberge Herzogstand und Heimgarten spiegeln sich im Wasser der Loisach.

Abstecher Vogelstation

An der Vogelbeobachtungsstation Moosmühle, etwa 1 km westlich des Klosters am Moosrundweg gelegen, hat das Zentrum für Umwelt und Kultur (ZUK, Tel. 0 88 57 / 8 87 59, www.zuk-bb.de) ein künstliches Biotop mit regelmäßiger Fütterung geschaffen. Ein Ornithologe erzählt hier von November bis März jeden Mittwoch und Samstag von 13.30 bis 15.30 Uhr Hintergründiges über die gefiederten Wintergäste, darunter Goldammer, Sperber, Wacholderdrossel und Grauspecht; mit etwas Glück gibt sich auch der seltene Eisvogel die Ehre. Durch Sehschlitze im ersten Stock der Scheune kann man die Vögel im Garten gut beobachten. Der Eintritt (Anmeldung nicht erforderlich) ist frei, eine kleine Spende willkommen.

Äsche, einen Huchen oder eine Regenbogenforelle, die die Flussangler am Auslauf des Kochelsees und flussabwärts jedoch nur im Sommerhalbjahr fangen dürfen. Dann ist das Ufer auch von zahlreichen Sibirischen Schwertlilien gesäumt, die in den umliegenden Feuchtwiesen ebenso um die Wette sprießen wie zahlreiche seltene Orchideen, darunter Mücken-Händelwurz, Sumpf-Stendelwurz, verschiedene Knabenkräuter sowie Grüne und Zweiblättrige Waldhyazinthe.

Am Stümpfelbach lässt die bis dahin intensive Sonneneinstrahlung etwas nach, weil sich unsere Route dort vorübergehend nach Südosten abwendet und die Uferböschung etwas Schatten spendet. Wir könnten ab der Weggabelung aber auch dem „Trimmdichparcours" am Loisachweg nach Südwesten folgen, doch diese Variante mündet in die Bundesstraße und ist auch etwas länger – selbst wenn wir die acht Aktiv-Stationen an der Strecke ignorieren

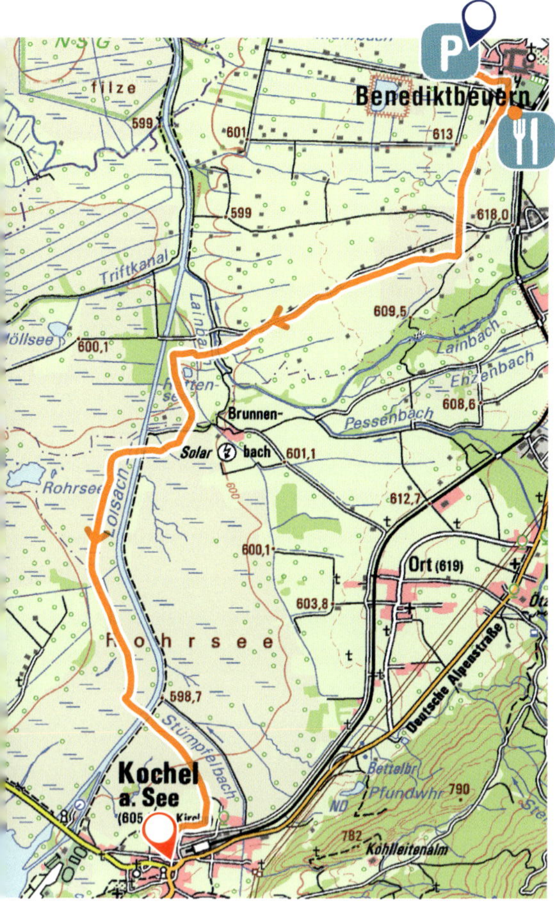

würden. Wer allerdings die erholsame Wanderung am Ende mit einem Besuch der direkt am Kochelsee gelegenen Kristall Therme Trimini krönen will, sollte auf jeden Fall die Variante Loisachweg zwecks Abkürzung wählen. Im Zuge der im Frühjahr 2017 abgeschlossenen Modernisierung sind nicht nur 18 Murano-Kronleuchter angebracht worden, sondern auch fünf neue Saunaanlagen und ein türkisches Dampfbad entstanden. Außerdem wurde erstmals in der Kocheler Trimini-Geschichte eine textilfreie Saunatherme nur für Erwachsene ins Leben gerufen.

Fassadenansicht der Basilika St. Benedikt vom Innenhof

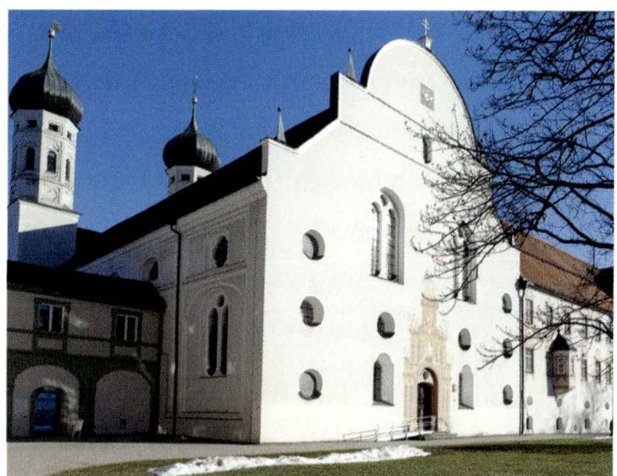

Route: Kloster Benediktbeuern – Laintalbrücke – Loisach – Kochel am See

Don-Bosco-Straße ostwärts, an der Bahnhofstraße rechts und vor dem Bahnübergang rechts in den Spatzenpointweg (auch Rad- und Jakobsweg) ▶ an der Ostseite des Klosters südwärts ▶ beim Abzweig „Moosrundweg 2" geradeaus ▶ am folgenden Wegabzweig rechts in den Wanderweg zum Lainbach ▶ hinter der Lainbachbrücke links ▶ am Abzweig Brunnenbach geradeaus (Ww. Loisach-Rundweg Kochel am See/Glentleiten) ▶ entlang der Loisach nach Süden ▶ an der Weggabelung links dem Weg entlang des Stümpfelbachs folgen ▶ am Ortsrand von Kochel rechts auf der Straße Unteranger zum Bahnhof

Gehzeit 2 Std.

Strecke 8 km

Höhenmeter 10

Anfahrt
ÖVM Regionalbahn (RB) von München bzw. Tutzing nach Benediktbeuern, Rückfahrt von Kochel am See zum Ausgangsort
Auto A 95 Ausfahrt Sindelsdorf, B 472 und B 11 Richtung Kochel, vor dem Bahngleis bei Bichl rechts abzweigen (Schild Kloster Benediktbeuern)

Ausgangspunkt Großer gebührenfreier Parkplatz an der Nordseite des Klosters (Don-Bosco-Straße)

Navigation N 47.708920°, E 11.399545°

Sonnenanteil Die gesamte, weit gehend baumfreie Strecke ist überaus sonnig. Selbst im Hochwinter geht die Sonne aufgrund der Weitläufigkeit des Loisach-Kochelsee-Moors relativ spät unter.

Charakter Flache Streckenwanderung mit sehr viel Licht und großzügiger Weitsicht! Breite Wirtschaftswege im Moosgebiet, feuchte Uferpfade an Loisach und Stümpfelbach

Wegweiser Grüne Wanderschilder Richtung Kochel (bis Brunnenbach), dann „Loisach-Rundweg" Richtung Kochel (westlicher Abschnitt)

Einkehr Klosterbräustüberl Benediktbeuern, Tel. 0 88 57 / 94 07, täglich durchgehend warme Küche, www.klosterwirt.de

Karte Kompass-Wk Nr. 7 Murnau Kochel, 1:50.000

Famoser Bergblick von den BUCKELWIESEN

Der langgezogene Höhenrücken zwischen Krün und Mittenwald ist ein landschaftliches Kleinod. Im inneralpinen Bereich von Oberbayern gibt es kein zweites Gebiet, das den Wanderer mit einer vergleichbaren Weitläufigkeit, Bergszenerie und Sonnenbegünstigung beglückt. Zudem durchkämmen wir mit den Buckelwiesen eine geomorphologische Besonderheit, die alpenweit seinesgleichen sucht. Am höchsten Punkt der Wanderung können wir uns in der Goas-Alm stärken, bevor die abwechslungsreiche Streckentour im bekannten Geigenbauort Mittenwald ihr Ende findet.

Bevor die Bauern das Gelände für eine zweckmäßigere Bearbeitung einebneten, war die gesamte Umgebung von Mittenwald von Buckelwiesen überzogen. Sie sind am Ende der Würmeiszeit entstanden, als der Isargletscher den Kies der Moränen zu Bodenwellen zusammenschob, die sich im Wechsel von Frost und Verkarstung wie die Wellen eines windumtosten Meeres in alle Richtungen ausbreiteten. Zum Schutz der verbliebenen Buckelflur, der durch eine traditionelle Bewirtschaftung der Böden gewährleistet wird, erhalten die ansässigen Bauern EU-Fördermittel.

Der Anstieg zu den Buckelwiesen erfolgt, nach Passieren eines gerade zwei Meter hohen Fußgängertunnels, auf dem Kreuzweg, der an der Kapelle Maria Rast endet – ein schöner Rastplatz inklusive Fotomotiv mit dem Estergebirge im Hintergrund.

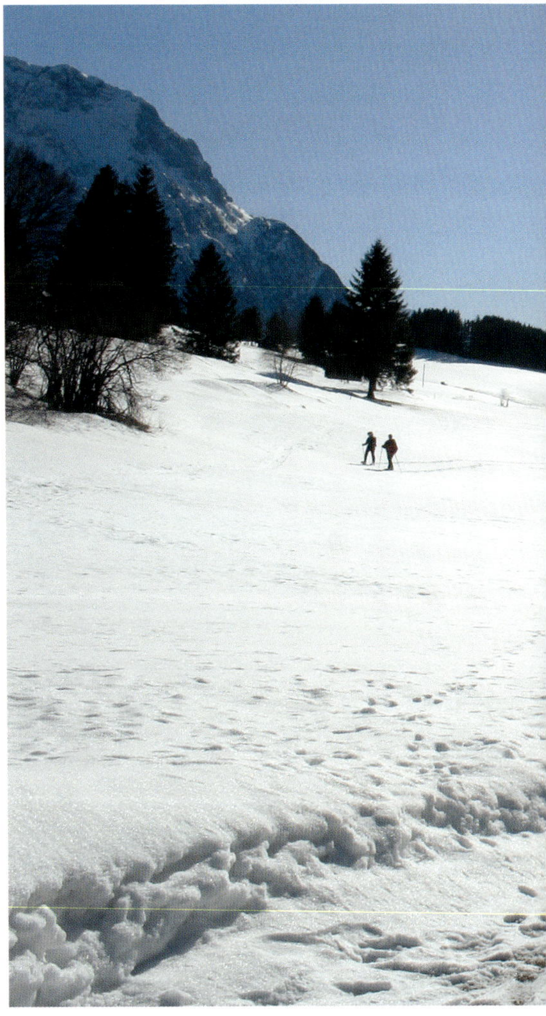

Die Buckelwiesen im Winterkleid. Im Hintergrund sind die Reitherspitze und rechts davor die Große Arnspitze zu erkennen.

Kapelle Maria Rast im Sonnenlicht

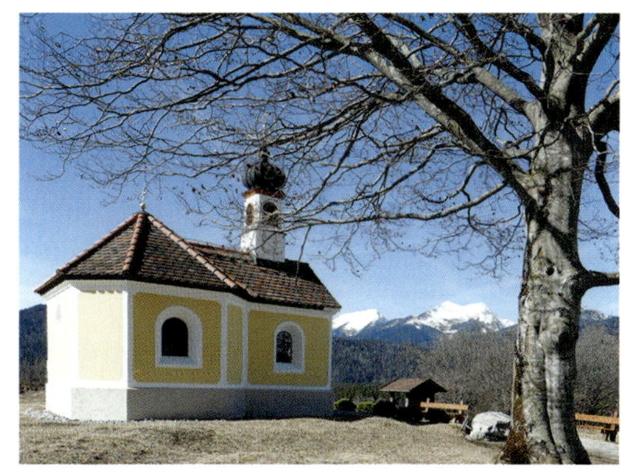

Einheimische bezeichnen den Kreuzweg als „kleines Wunder von Maria Rast", da dessen Errichtung jenem großen Zufall zu verdanken ist, dass zwei gläubige Osttiroler bei einem Urlaub auf diesen besonderen Ort aufmerksam wurden und den überraschten Bürgermeister davon überzeugten, ihr gönnerhaftes Stiftungsvorhaben in die Tat umzusetzen. Nach der schattigen Passage im Straßwald führt uns die aussichtsreiche Hochstraße durch das Herz der Buckelwiesen südwärts. Mit jeder Minute öffnet sich das faszinierende Bergpanorama von der Soiern- bis zur Zugspitze mehr, dabei scheint uns die vom Karwendel- in Richtung Wettersteingebirge wandernde Sonne stets ins Gesicht, bevor sie hinter der Zugspitze untergeht.

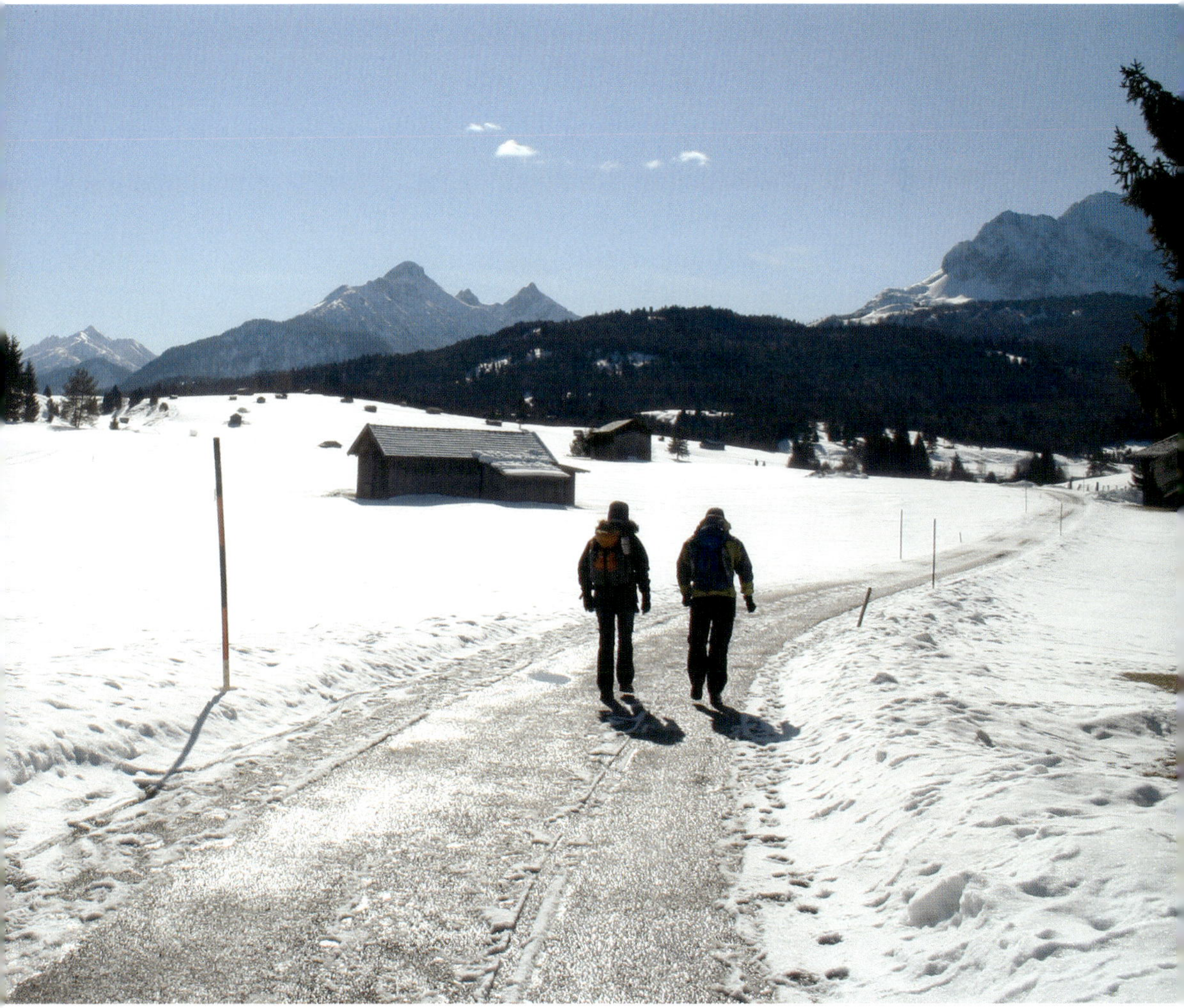

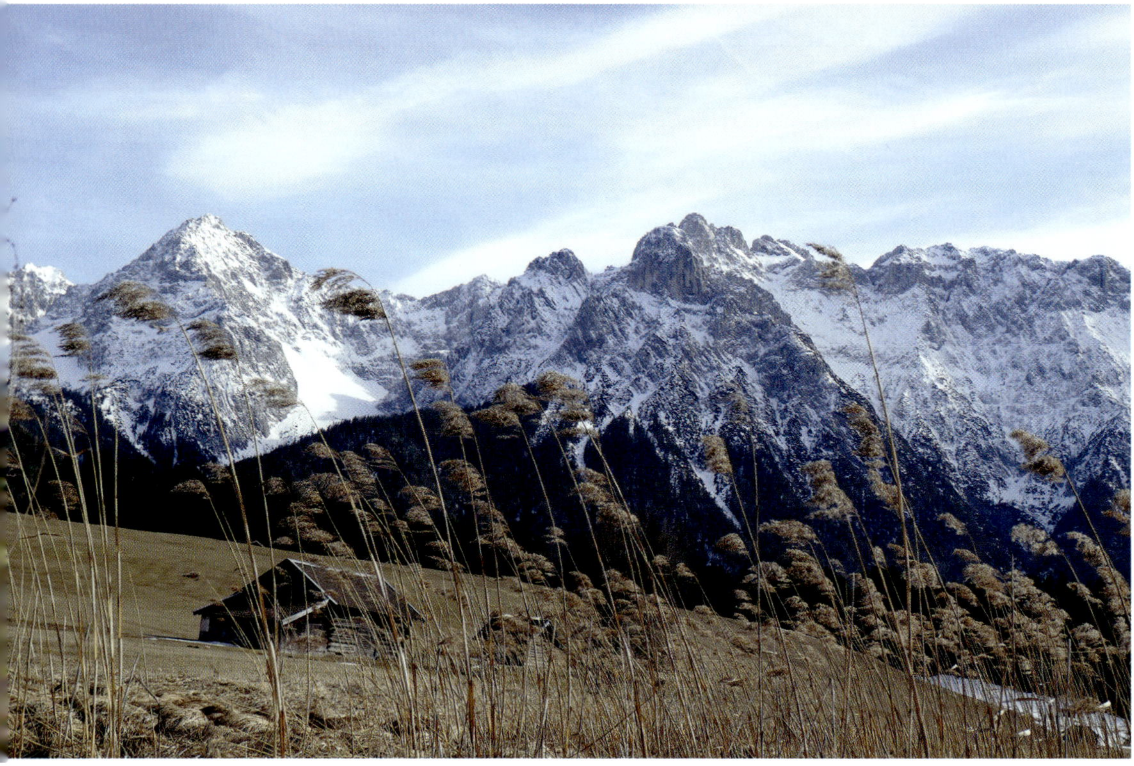

Die Mittenwalder Karwendelkette vom Schmalensee

Unweit des höchsten Punkts der Wanderung (975 m) passieren wir die Goas-Alm, die im Winter auch Eintöpfe und warme Getränke offeriert. „Wir sind heute eingekehrt bei Schnee, blauem Himmel und Sonne satt. Haben draußen gesessen, viele leckere Käsesorten probiert und dazu heißen Kakao getrunken – was will man mehr? Der Blick auf die verschneiten Berge ist traumhaft", schreibt ein zufriedener Gast im Alm-Gästebuch. Wir begnügen uns angesichts des Föhnsturms, der über die sonnige Terrasse fegt, mit einem vorzüglichen, ohne Konservierungsstoffe hergestellten Ziegenkäse aus dem integrierten Hofladen für den späteren Verzehr.

Nächstes Ziel ist, die Abzweigung des Jakobswegs mit der Beschilderung „Mittenwald über Buckelwiesen" ignorierend, der Schmalensee. Der See ist ein Eldorado für Fischer, auch Hobbyangler dürfen hier in Besitz eines Fischereischeins und mit gültiger Tageskarte einen Karpfen, Barsch oder Grasfisch aus dem Wasser ziehen. Mit etwas Glück kann der Wanderer bei der angrenzenden Forellenzüchterei Alois Bräu eine frisch geräucherte Forelle erwerben; ein entsprechender Verkaufshinweis hängt je nach Vorrat aus.

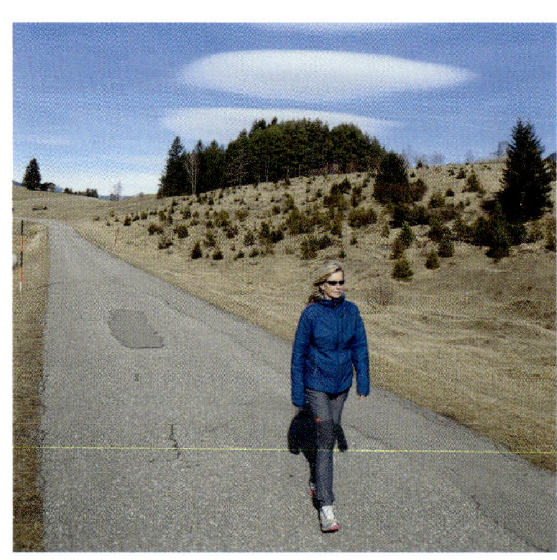

Warmer Föhnwind hat den Schnee dahinschmelzen lassen.

Anschließend gelangen wir durch ein kurzes Waldstück über den Berggasthof Gröblalm mit zunehmend schönem Blick auf die Dächer von Mittenwald in den hübschen Geigenbauort. Zahlreiche Bürgerhäuser sind mit bunten Lüftlmalereien versehen, basierend auf biblischem Ursprung oder dem Alltag der heimischen Bergbewohner. Die Pfarrkirche St. Peter und Paul dient mit ihrem reich bemalten Turm als perfekter Wegweiser, aber die Orientierung fällt dank der braunen Bahnhofs-Wegweiser ohnehin leicht. Der letzte Bus nach Krün fährt nach Einbruch der Dunkelheit, etwaige Wartezeiten können im empfehlenswerten Wildcafé im Bahnhof überbrückt werden.

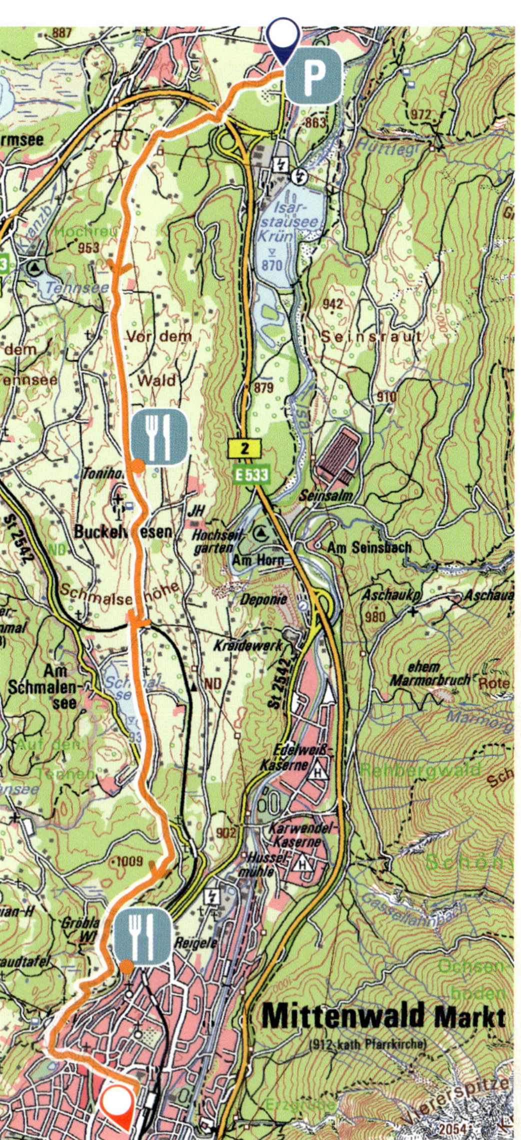

Route: Krün – Kapelle Maria Rast – Buckelwiesen – Schmalensee – Mittenwald

Vom Parkplatz westwärts und an der T-Kreuzung links ▶ die B 11 unterqueren (Fußgängertunnel) ▶ Abzweig nach rechts: Kreuzweg zur Kapelle Maria Rast ▶ von der Kapelle das Teersträßchen südwärts leicht ansteigend über die Buckelwiesen ▶ nach Passieren der Goas-Alm den folgenden Abzweig nach links (Weg 409 Ww. Mittenwald über Buckelwiesen!) ignorieren und geradeaus zum Schmalensee ▶ an der St2542 links in den Waldweg ▶ Straße überqueren, halblinks in den Wanderweg und Abzweig nach rechts nicht verpassen (Ww. Gröblalm) ▶ von der Gröblalm Teerstraße Richtung Mittenwald ▶ rechts Abzweig Wanderweg (Ww. Kalvarienberg) ▶ vom Panoramaweg links auf klar erkennbarem Fußweg nach Mittenwald absteigen ▶ am Gröblweg rechts ▶ Route in Mittenwald: Straße Am Gries, Professor-Schreyögg-Platz, Matthias-Klotz-Straße, Hochstraße, Bahnhofstraße (Ww. Bahnhof)

Gehzeit 2 ½ Std.

Strecke 9 km

Höhenmeter 120

Anfahrt
ÖVM Regionalbahn (RB) nach Mittenwald, RVO-Bus 9608 bis Station Krün Siedlung
Auto A 95 und B 2 über Garmisch-Partenkirchen Richtung Mittenwald, B 11 nach Krün; Rückfahrt zum Parkplatz vom Bahnhof mit dem RVO-Bus 9608 (Station Krün Siedlung)

Ausgangspunkt Parkplatz am Friedhofweg (südlicher Ortsrand von Krün)

Navigation N 47.500918°, E 11.277829°

Sonnenanteil Auf den Buckelwiesen gibt es Sonne im Überfluss, schattig sind nur der Kreuzweg-Zustieg zur Kapelle Maria Rast und der Waldabschnitt zwischen Schmalensee und Gröblalm

Charakter Sehr aussichts- und genussreiche Streckenwanderung zwischen Karwendel-, Wetterstein- und Estergebirge! Es sind nur kurze Anstiege zu bewältigen, das Gros der Route verläuft auf ruhigen Asphaltwegen.

Wegweiser Schilder „Mittenwald über Buckelwiesen" (Weg 400), später „Gröblalm", in Mittenwald „Bahnhof"; Jakobsweg bis Abzweig vor Schmalensee

Einkehr Goas-Alm, Tel. 0 88 23 / 25 73, Mo. Ruhetag, www.goas-alm.de; Alpengasthof Gröblalm, Tel. 91 10, www.groeblalm.de; in Mittenwald zahlreiche Cafés und Restaurants

Karte Kompass Wk Nr. 26 Karwendelgebirge, 1:50.000

EISKRISTALLE im Naturschutzgebiet

Winterzauber im Murnauer Moos mit maximaler Sonneneinstrahlung

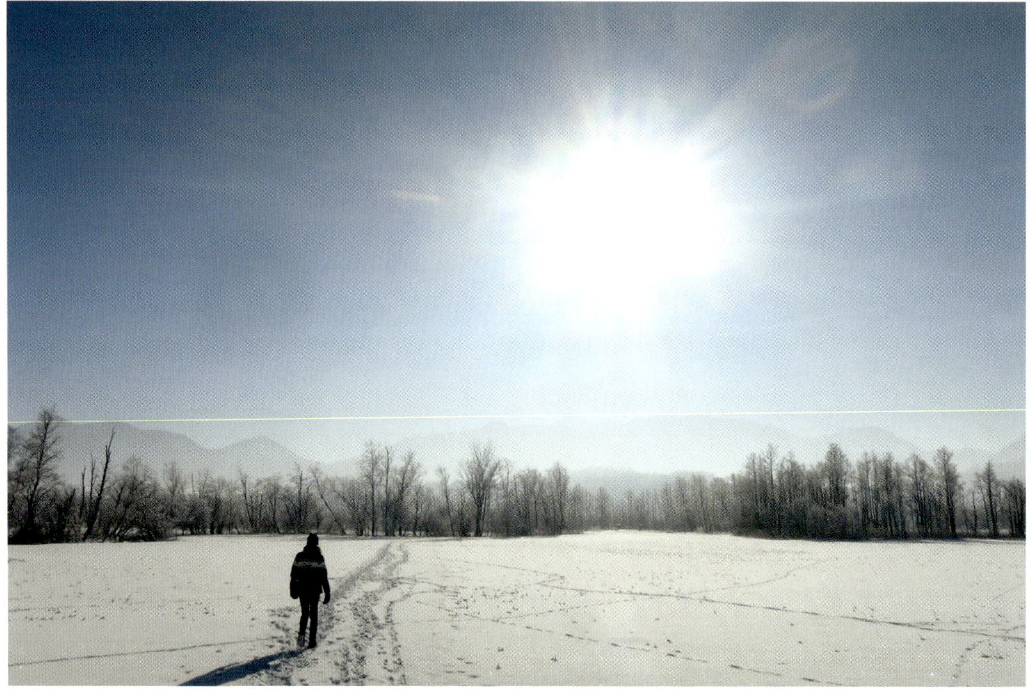

Das Murnauer Moos, größtes zusammenhängendes Moorgebiet Mitteleuropas, hat zu jeder Jahreszeit seinen Reiz. Während im Frühjahr und Sommer weit über hundert gefährdete und somit auf der Roten Liste stehende Pflanzenarten erblühen, faszinieren im Spätherbst und Winter das schräge Sonnenlicht und die im Kältedunst verschwimmenden Horizonte. Dazu die immense Weite, die in dem 4200 Hektar großen Moorgebiet geboten ist. Unvergesslich bleibt eine Wanderung im klirrenden Dauerfrost, wenn sich über den parallel zum Moos-Rundweg verlaufenden Bächen und auf der Uferböschung neben Eis dicker Raureif bildet und Tausende Schneekristalle in der Sonne glitzern.

Auch die bekannte Malerin Gabriele Münter, deren ehemaliges Wohnhaus in der Murnauer Kottmüllerallee nachmittags besichtigt werden kann, hat die winterliche Mooslandschaft auf ihren Bildern „Wintermärchen", „Moorbach mit Häusern im Schnee" und „Zwei Bäume bei Tauwetter" verewigt. Dafür, dass sie lange Zeit gar nicht als Künstlerin wahrgenommen wurde und selbst der Tausch Bild gegen Lebensmittel oftmals fehlschlug, hat sie sich mit ihrem hübschen, von Bäumen umgebenen Haus nebst Garten eine noble Wohnanlage mit herrlichem Ausblick auf das Zentrum von Murnau geleistet. Die Morgensonne schien bereits auf ihren Balkon, während ihre Mitbürger noch im Talkessel fröstelten. Damit auch wir das Himmelblau im Blauen Land inklusive der Sonne antreffen, sollten wir das Wetter vor Ort durch eine gezielte Vorab-Recherche im Internet (z. B. www.aehndl.de/de/livecam) erkunden. Denn bei winterlichen Hochdrucklagen legt sich oft zäher Nebel über das aus Bachläufen, Niedermooren, Quelltrichtern und kleinen Seen bestehende Murnauer Moos.

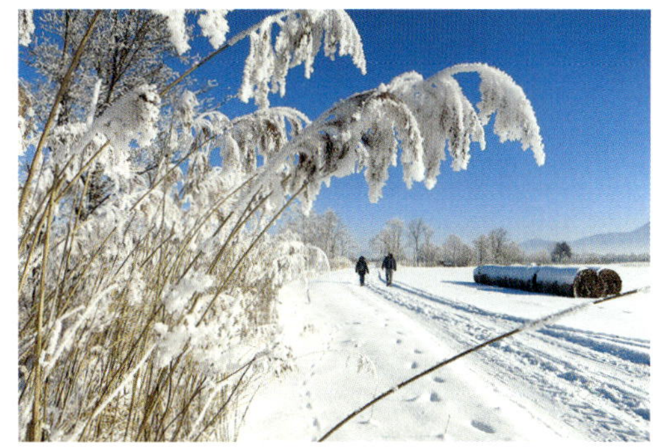

Das Murnauer Moos wird von zwei Quellflüssen gespeist. Der Lindenbach entspringt im Hörnlegebiet, fließt nördlich von Grafenaschau in das Naturschutzgebiet und begleitet uns bis zu seiner Mündung in die Ramsach, die uns wiederum ziel- und orientierungssicher in den gleichnamigen Weiler führt. Beide Bäche haben einen stark mäandernden Charakter, was unserer Route viele Richtungs- und Landschaftswechsel beschert. Bei anhaltendem

Auch eine Alternative: Fahrt auf dem Pferdeschlitten …

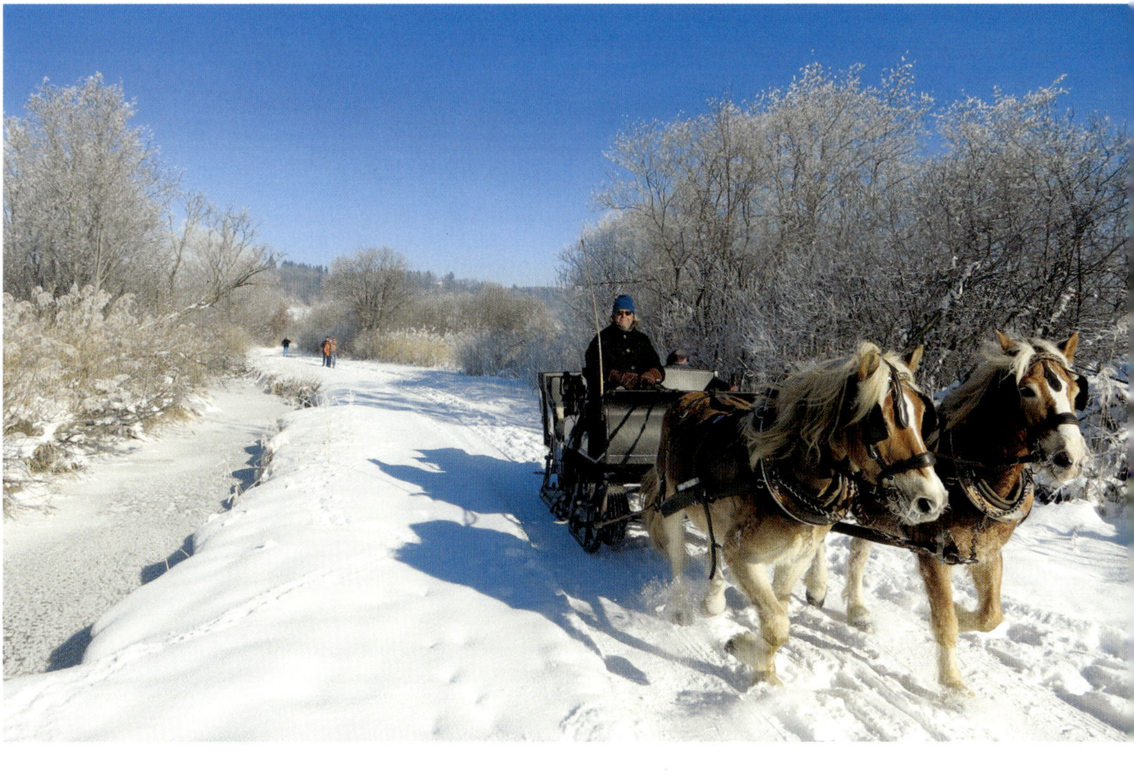

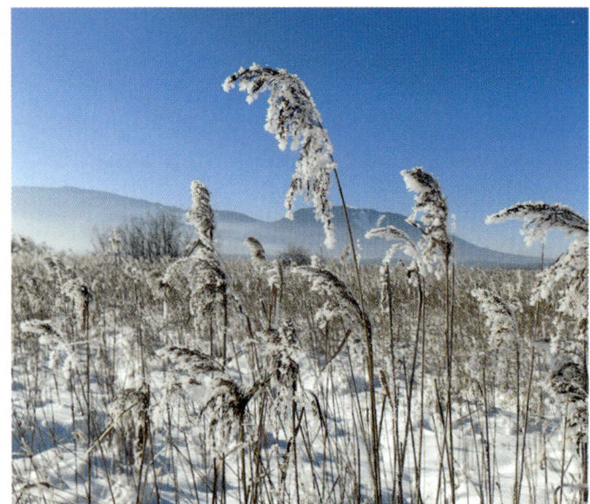

Klirrender Dauerfrost: Schnee und Eis klammern sich an die Grashalme.

Frost frieren die beiden Bäche von einigen Fließpassagen abgesehen fast vollständig zu. Dann bilden sich pittoreske Eisgebilde auf der Wasseroberfläche, und die angrenzenden Pflanzen erstarren im Angesicht der bizarren Kälte. Fotomotive ergeben sich in Hülle und Fülle: Am Tag unserer Recherche überholt uns eine heitere Reitergruppe im Galopp, und ein Pferdeschlitten zieht zufriedene Kundschaft durch das Moos. Im Winter will man kaum glauben, dass man sich durch das größte Vogelbrutbiotop Süddeutschlands bewegt. Dabei überwintern hier einige Vogelarten wie der Raubwürger. Er ist gut an seinem überwiegend grauen Gefieder und langem Schwanz zu erkennen, seine Beute besteht überwiegend aus Mäusen und bei hoher Schneelage auch aus Kleinvögeln.

Umkehrpunkt unserer Rundtour ist das Gasthaus Ähnl in Ramsach. Die Einkehr ist Mitglied bei der Vereinigung Staffelseewirte im Blauen Land, was die Küche zur Verwendung natürlicher und regionaler Produkte verpflichtet. Küchenchef ist seit 2014 der ehemalige Sternekoch Thilo Bischoff. Wer die Wanderung auf den Moos-Rundweg beschränken will, sollte sie an diesem Wanderparkplatz beginnen; Nachteil ist der sehr schattige Abschnitt zwischen Westried und Murnauer Moos (siehe Variante). Im Infostadl neben dem Parkplatz erfahren wir Wissenswertes über die Geschichte und Entstehung

Ruhe- und Aussichtsbänke gibt es entlang der Strecke zur Genüge.

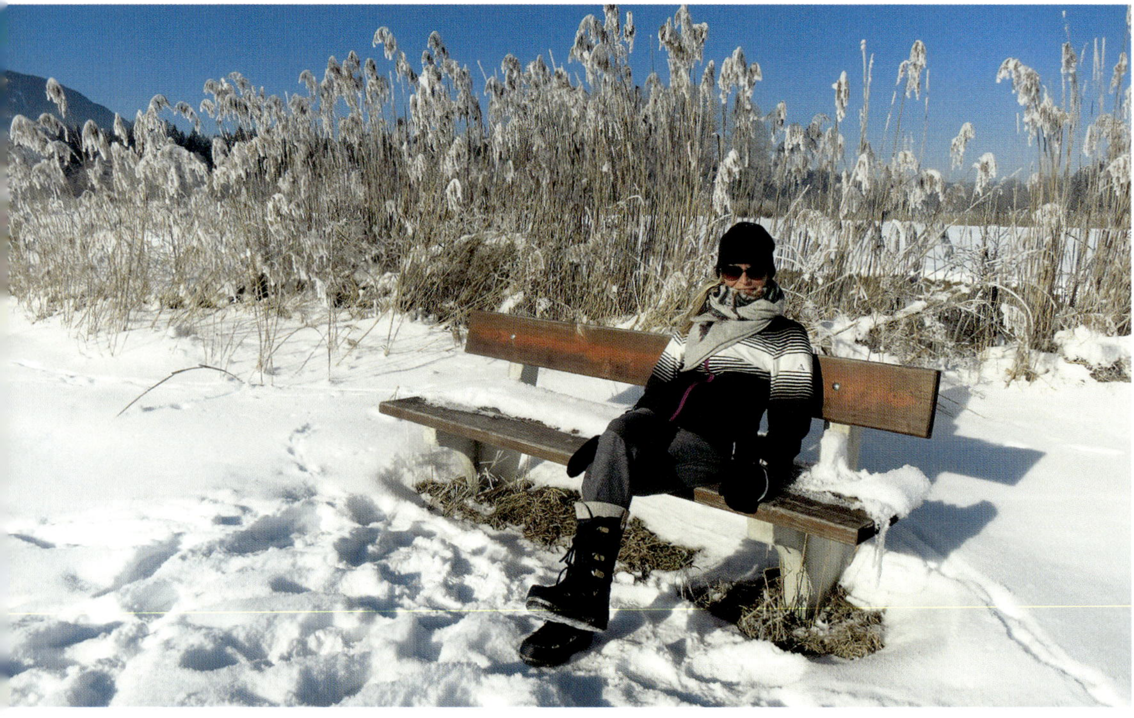

des Murnauer Mooses. Wenige Meter oberhalb können wir mit herrlichem Blick auf die Moosebene das barocke Ramsachkircherl besichtigen.

Noch eindrucksvoller zeigt sich die Moorlandschaft mit den umliegenden Bergen im weiteren Verlauf des Richtung Berggeist ansteigenden Moos-Rundwegs. Unterwegs laden Sitzbänke vom Verschönerungsverein zum Verweilen ein, jeweils gestiftet von Privatpersonen und teilweise mit Zitaten versehen (z.B. „Schön ist alles, was man mit Liebe betrachtet"; Christian Morgenstern). Nach Bewältigung einer kurzen, teils treppenartig angelegten Steilstufe erreichen wir einen markanten Aussichtspunkt, das sogenannte Panoramastadl. Eine große Panoramatafel benennt nicht nur bekannte Hausberge wie Heimgarten, Hohe Kiste, Krottenkopf und Ettaler Mandl, sondern auch unscheinbare Waldgipfel und wichtige Orientierungspunkte im Murnauer Moos.

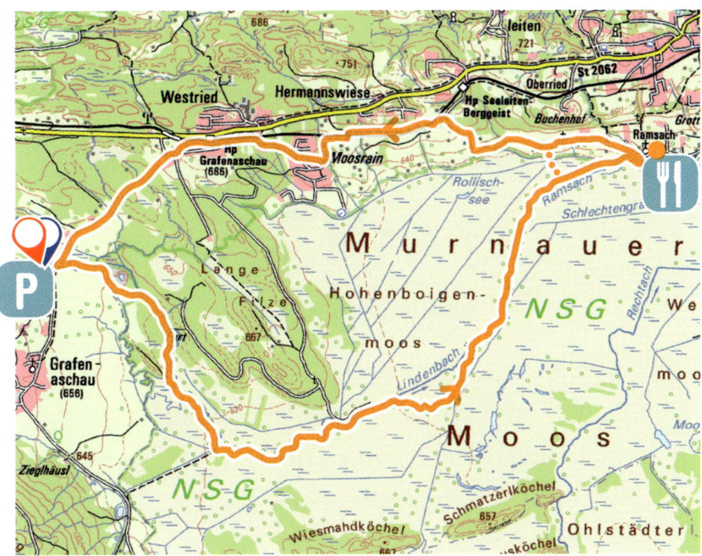

Es folgt ein Wegabschnitt entlang der Werdenfelsbahn, der uns abermals an Gabriele Münter erinnert („Straßendurchstich im Winter", Naturstudie Station Berggeist Schnee). Die im Halbstunden- oder Stunden-Rhythmus verkehrende Bahn macht sich weithin mit einem lauten Signalton bemerkbar. In Westried zweigt der Moos-Rundweg nach links in den Wald ab. Wir nehmen jedoch den Umweg über die Straße Richtung Grafenaschau bis zum Wanderparkplatz am Lindenbach.

Route: Parkplatz am Lindenbach – Murnauer Moos – Ramsach – Moosrain – Westried – Parkplatz am Lindenbach

Vom Wanderparkplatz auf breitem Wanderweg parallel zum Lindenbach südöstlich in das Murnauer Moos ▶ bei der Einmündung in den Moos-Rundweg geradeaus ▶ beim Abzweig „Kleiner Rundweg zum Ähnl" (Abkürzung möglich) geradeaus nach Ramsach ▶ am Wanderparkplatz Ähnl links zum Panoramastadl (Ww. Berggeist, Moosrain und „Verbindung zum Moos-Rundweg") ▶ entlang der Bahnlinie und durch Wald über Moosrain nach Westried ▶ im Ort nicht links dem Moos-Rundweg folgen, sondern Teerstraße geradeaus und an der folgenden Gabelung links (Ww. Grafenaschau) ▶ gut 1 km auf der Straße und links zum Wanderparkplatz

Gehzeit 4 Std.

Strecke 15 km

Höhenmeter 120

Anfahrt
Auto A 95 Ausfahrt Sindelsdorf, B 472, St2038 und B 2 nach Murnau, St2062 Richtung Bad Kohlgrub, in Westried Abzweig Richtung Grafenaschau

Ausgangspunkt Parkplatz am Lindenbach (Abzweig Brücke 1 km vor Grafenaschau)

Navigation N 47.657656°, E 11.122198°

Sonnenanteil Nur im Westteil der Route liegen kurze Wegpassagen im Schatten, auf dem Moos-Rundweg hingegen fast durchgehende Sonneneinstrahlung!

Charakter Während der Großteil der Route im Moos flach verläuft, sind auf dem Rückweg bis Westried einzelne kleine Steigungen zu bewältigen.

Wegweiser Moos-Rundweg; ab Westried Straße Richtung Grafenaschau

Variante Wer nicht im Gasthaus Ähnl einkehren mag, kann die Route etwa 1 km vor Ramsach etwas abkürzen.

Einkehr Gasthaus Ähnl, Ramsach, Tel. 0 88 41 / 52 41, Mo. / Di. Ruhetag, www.aehndl.de

Karte Kompass Wk Nr. 7 Murnau Kochel, 1:50.000

Panorama- und FLUSSWANDERUNG

Größer könnte die Abwechslung kaum sein: Während wir auf dem sonnenreichen Höhenweg zwischen Hagen und Guglhör das beeindruckende Bergpanorama genießen, hat der bestens beschilderte Guglhör-Rundweg über 100 Höhenmeter tiefer im Hagner Moos reinen Flusswander-Charakter. Gut, dass nach Jahren des Stillstands im Frühjahr 2017 die Bergwirtschaft am Guglhör wiedereröffnet hat; sobald die Wintersonne zum Vorschein kommt, bieten die neuen Pächter Monika und Andreas Schwaiger den Wanderern schmackhafte Kost mit regionalen Produkten an.

Am Höhenrücken genießen wir den herrlichen Ausblick auf das Estergebirge, Wettersteingebirge und die Ammergauer Alpen.

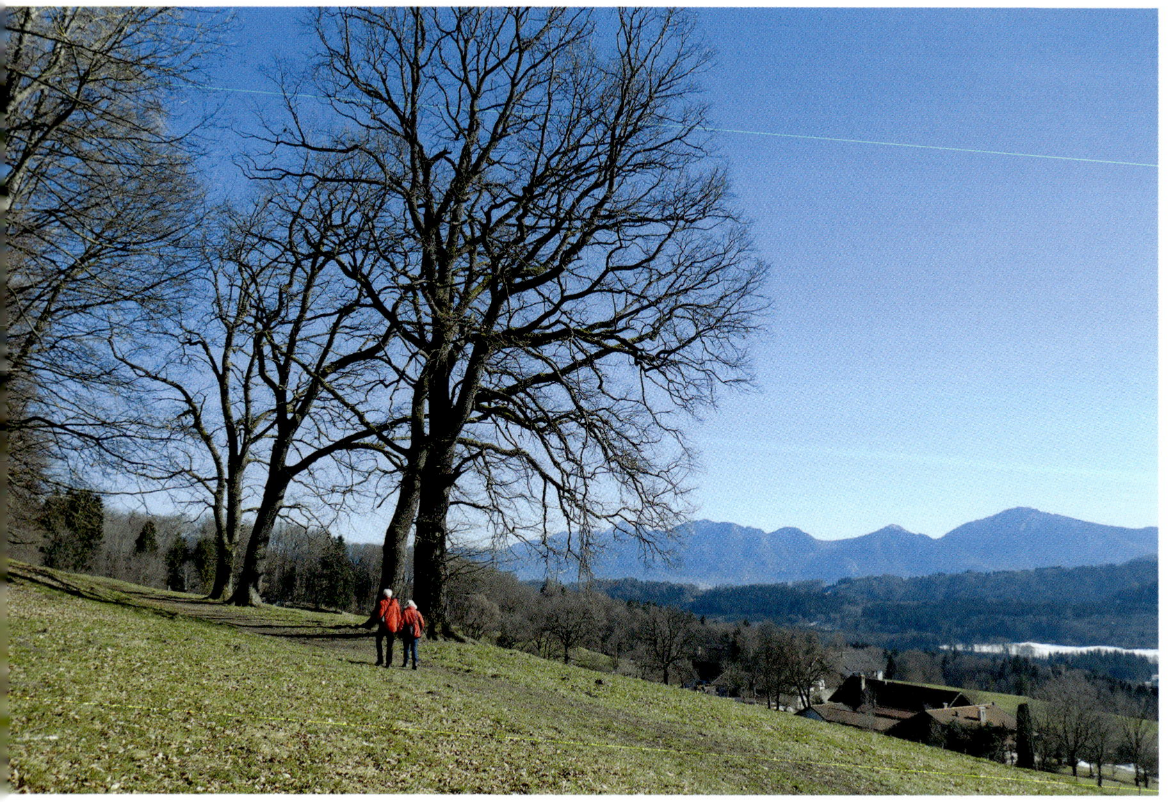

Die unmittelbar an der sonnigen Hangkante gelegene Bergwirtschaft ist, nur 500 Meter vom Parkplatz entfernt, die erste Station unserer abwechslungsreichen Rundtour. Bei der Einkehr haben wir die Wahl zwischen typischen Hüttengerichten wie Kaspressknödel oder Eintopf und Brotzeiten mit selbstgemachtem Brot. Unterhalb der Obstbaumwiese führt ein Forstweg in den Wald, durch den der Abstieg in das Hagner Moos erfolgt. Nach kurzem Sonnentanken in einer Holzschlagschneise geht es auf einem Hohlweg idyllisch durch dichtes Gehölz zum Loisachufer hinab. Eine sonnige Sitzbank lädt direkt am Wasser zu einer kleinen Pause ein.

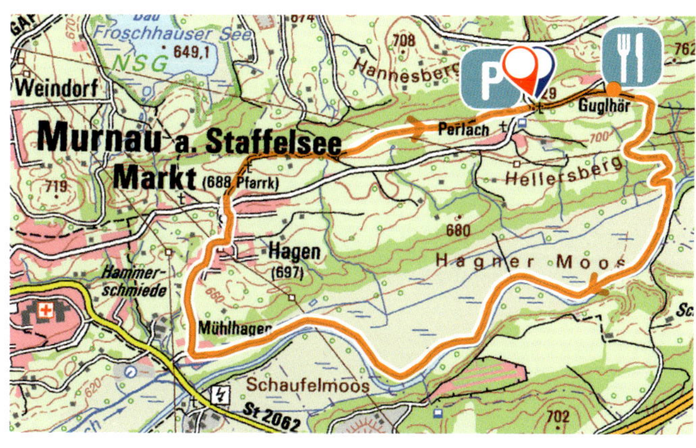

Der Wanderweg verläuft zwischen der sprudelnden Loisach und den angrenzenden Streuwiesen stets direkt am Fluss entlang. Anfangs ist das Wasser durch dichten Schilfwuchs kaum sichtbar, später jedoch gibt es an mehreren Stellen Zugang zu kleinen Sand- und Kiesbänken. Bei Tauwetter bilden sich bedingt durch die Feuchtigkeit des Bodens verbreitet Eisplatten, die jedoch leicht umgangen werden können. Im Flusstal ist es bei Schönwetter aufgrund der Inversion meist deutlich kühler als auf dem Guglhör-Höhenrücken, was wir im weiteren Verlauf der Wanderung zu spüren bekommen werden.

Der Fluss-Wanderweg endet in Mühlhagen. Hier kürzen wir den offiziellen Guglhör-Rundweg ein wenig ab. Anstelle des Umwegs über Kocheler Straße (St2062), Gewerbegebiet und Hammerschmiede wählen wir mit dem direkten Anstieg auf der Mühlhagener Straße nach Hagen die deutlich sonnigere Variante. Hagen liegt nur wenige hundert Wandermeter unterhalb des Höhenrückens, der nordwärts von Wald begrenzt ist, Richtung Süden aber über die meist freien Wiesen einen großartigen Panoramablick beschert.

ROUTE: GUGLHÖR – LOISACHTAL – MÜHLHAGEN – HAGEN – GUGLHÖR

Vom Parkplatz 500 m ostwärts zur Bergwirtschaft Guglhör ▶ Abstieg teils auf Hohlwegen zum Leitzachufer ▶ stets flussaufwärts an der Leitzach entlang nach Mühlhagen ▶ an der 1. Straßenkreuzung rechts ▶ Anstieg auf der Mühlhagener Straße nach Hagen ▶ an der Kirche vorbei zur Perlacher Straße ▶ am Übergang der Perlacher in die Murnauer Straße den asphaltierten Wirtschaftsweg empor ▶ an der Y-Gabelung der Kieswege links (rechts geht es zur Perlacher Straße) ▶ aussichtsreicher Höhenweg zum Ausgangspunkt

GEHZEIT 3 Std.

STRECKE 10 km

HÖHENMETER 190

ANFAHRT
AUTO A 95 Ausfahrt Sindelsdorf, B 472 nach Westen bis Ausfahrt Habach, kurz vor der Ortsmitte Abzweig links in die Höhlmühler Straße, 6 km Richtung Murnau, am Abzweig links 600 m die Teerstraße aufwärts

AUSGANGSPUNKT Kleiner Parkplatz am Waldrand der Guglhör-Anhöhe

NAVIGATION N 47.682492°, E 11.254851°

SONNENANTEIL Auf dem Guglhör-Höhenrücken wechselweise Sonne und Schatten; der längste Waldabschnitt folgt beim Abstieg zur Loisach. Im Loisachtal sehr viel Sonne, ebenso beim Anstieg über Hagen nebst Rückkehr zum Ausgangspunkt

CHARAKTER Herrlicher Panoramaweg über freie Wiesen zwischen Hagen und Guglhör, im Loisachtal wandert man stets am Fluss entlang und genießt die herrliche Ruhe.

WEGWEISER Der Guglhör-Rundweg ist im Uhrzeigersinn sehr gut beschildert (Weg-Nr. 7).

EINKEHR Bergwirtschaft Guglhör, Tel. 0 88 41 / 6 26 00 22, Mi. – So. (ab Dez.)

KARTE Kompass Wk Nr. 7 Murnau Kochel, 1:50.000

Altherrenweg und HOLZSCHNITZKUNST

In Oberammergau, dem weltbekannten Passionsspielort, herrscht auch im Winter reges Treiben. Das Kulturerlebnis im Zentrum ist vielen Besuchern ebenso wichtig wie der Naherholungswert in der Natur des schönen Ammertals. Bemerkenswert ist die hohe Dichte an Bildhauern vor Ort: Die aus der Tradition gewachsene filigrane Kunst des Holzschnitzens ist nicht nur beispielsweise in der Pfarrkirche St. Peter und Paul oder im Krippenraum des Oberammergauer Museums zu bewundern, sondern seit 2015 auch am Altherrenweg. Auf dem aussichtsreichen Panoramaweg passieren wir mehrere Holzskulpturen, die von Schülern der Staatlichen Berufsschule gefertigt wurden.

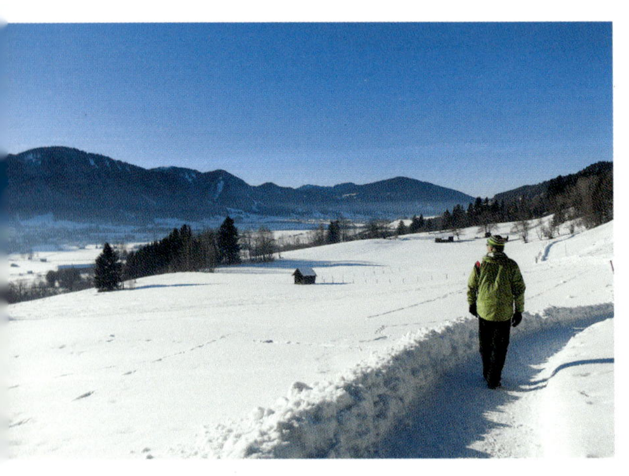

Den Auftakt unserer Wanderung bildet die vier Kilometer lange Flusspassage entlang der Ammer zwischen Unter- und Oberammergau, die mit dem im Winter nur schwach frequentierten Radweg identisch ist. Da der Wasserpegel der Ammer im Schnitt nur 40 Zentimeter beträgt und sich die Fließgeschwindigkeit aufgrund des geringen Gefälles in Grenzen hält, friert der Fluss in kalten Winterperioden partiell zu. Wer die Route abkürzen möchte, überbrückt diesen Streckenabschnitt von Unterammergau in nur sechs Minuten mit der stündlich verkehrenden Werdenfelsbahn. Der Oberammergauer Bahnhof ist nur einen Steinwurf von der Bachbrücke entfernt, an der unsere Flusspassage endet.

Von der Bachbrücke wandern wir durch den von der Lüftlmalerei geprägten Ortskern. An der Ludwig-Thoma-Straße lohnt ein kurzer Abstecher zum Pilatushaus, dessen Fassade eine beeindruckende Scheinarchitektur aufweist: Das vom berühmten Lüftlmaler Franz Seraph Zwinck geschaffene Fresko „Christus vor Pilatus" imitiert den Aufgang zum Gerichtssaal des römischen Stadthalters, und die einfachen Fenster verwandeln sich in barocke Balkone. Die „lebende" Werkstatt im Inneren des Gebäudes bildet das Zentrum für Kunsthandwerk im Ammertal.

Weiter geht es entlang der Großen Laine zum gut beschilderten Altenherrenweg. Der aufsteigende Dampf, den wir häufig kurz vor Erreichen der Laber-Bergbahn beobachten können, entweicht vom 34 Grad warmen Heißwasserbecken des Erlebnisbads WellenBerg – eine willkommene Aufwärmoption für

Der Altherrenweg wird nach Neuschneefällen stets geräumt.

eisige Wintertage (www.wellenberg-oberammergau.de)! Warm wird uns allerdings angesichts einiger steiler Aufstiegspassagen am Altherrenweg auch. Nach Passieren der erwähnten Holzskulpturen geht es abwechselnd durch Wald und über freie Wiesen nach Nordwesten. Dabei durchqueren wir mit Kainzengraben, Lainsgraben und Schnitzlergraben drei markante Taleinschnitte; beeindruckend ist hier bei entsprechender Witterung die bizarre Eisbildung an den jeweiligen Bachläufen.

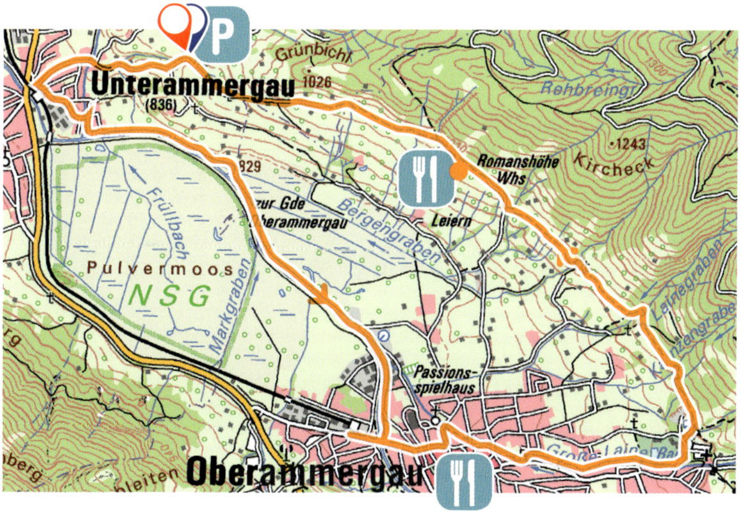

Der Berggasthof Romanshöhe liegt am höchsten Punkt der Wanderung (987 m) und empfiehlt sich für einen Zwischenstopp. Von der Sonnenterrasse genießt man die schöne Aussicht auf das Ammertal und die umliegenden Berge; hinter Oberammergau etwa überragt das Felshorn des Kofels das Tal und dahinter ist die Notkarspitze zu erkennen. Selbst Mitte Januar geht die Sonne hier erst gegen 16 Uhr unter. Bei früherem Aufbruch genießen wir mangels Bewaldung allerdings Sonne pur auf dem Schlussabschnitt nach Unterammergau. Am Ortsrand wandern wir am Grundstück des sogenannten Herrgottschnitzers vorbei.

ROUTE: UNTERAMMERGAU – AMMER – OBERAMMERGAU – ROMANSHÖHE – UNTERAMMERGAU

Vom Parkplatz Weiherweg Richtung Bahnhof und links in die Hofstadelstraße ▶ an der Kreuzung rechts auf dem Moosweg zur Ammer (Ww. Radweg Oberammergau) ▶ 4 km entlang der Ammer nach Oberammergau ▶ an der Bachbrücke nahe des Bahnhofs links ▶ im Ortszentrum links in die Theaterstraße ▶ an der Großen Laine rechts in den sog. Lainenflecken (Ww. Altherrenweg) ▶ am Bach entlang leicht ansteigend zum Laberlift ▶ Altherrenweg zur Romanshöhe ▶ dem Wegverlauf zum Parkplatz in Unterammergau folgen

GEHZEIT 3 Std.

STRECKE 11 km

HÖHENMETER 160

ANFAHRT
ÖVM Regionalbahn (RB) über Murnau nach Unterammergau
AUTO A 95 und B 2 Richtung Garmisch, in Oberau Abzweig B 23 über Ettal nach Unterammergau (alternativ: A 95 Ausfahrt Sindelsdorf, Landstraße über Murnau und Bad Kohlgrub), nördlich der Bachbrücke auf Kapellweg und Weiherweg (links abbiegen) zum Parkplatz

AUSGANGSPUNKT Parkplatz am Weiherbichl (Tageskarte 3 €)

NAVIGATION N 47.619417°, E 11.035156°

SONNENANTEIL Die Flusspassage an der Ammer liegt fast komplett in der Sonne, in Oberammergau droht ab Mittag Schatten durch den Hausberg Kofel, am Altherrenweg Wechsel aus Licht und Schatten, das Abstiegsfinale ist bei rechtzeitigem Aufbruch sehr sonnig.

CHARAKTER Einfache und aussichtsreiche Rundwanderung auf geräumten Wegen im Ammertal; nur der Altherrenweg weist kurze steilere Passagen auf.

WEGWEISER Von Unterammergau Fuß- und Radweg nach Oberammergau, ab Ortsmitte Ww. Altherrenweg/ Unterammergau

VARIANTE Die Route lässt sich bequem per Bahn (stündliche Abfahrt in Unterammergau nach Oberammergau) um gut 1 Std. (4 km) verkürzen.

EINKEHR Berggasthof Romanshöhe, Tel. 0 88 22 / 9 44 45, geöffnet 10 bis 18 Uhr, Mo. Ruhetag, im November geschlossen, www.oberammergauerland.de/romanshoehe; mehrere Cafés und Gasthöfe in Oberammergau

KARTE Kompass Wk Nr. 7 Murnau Kochel, 1:50.000

Entlang der Ammer zum PANORAMAGLÜCK

Aus der Vogelperspektive ist gut erkennbar, wie sich die Ammer südöstlich von Peißenberg wie eine riesige Schlange durch die Ebene windet, bevor der mäandernde Flusscharakter vor Weilheim deutlich nachlässt. Grund genug, den Uferweg entlang der Ammer südlich der B 472 zu verlassen und unsere Wanderung über den sonnenreichen Südhang des Guggenbergs abzukürzen. Dabei öffnet sich überraschend ein weitreichender Panoramablick bis über das Estergebirge und die Ammergauer Berge hinaus.

Da der Bahnhof im westlichen Stadtteil von Weilheim liegt, ist die Ammer rasch erreicht. Von der Flussbrücke könnten wir an beiden Ufern Richtung Süden wandern, doch das auserwählte Westufer hält mehr Tuchfühlung zum Fluss und ist in den Vormittagsstunden auch deutlich sonniger. An der nahen Kiesbank staut sich das Flusswasser kurzfristig, nachdem es über zwei Holzschwellen kaskadenartig herabgeflossen ist. In Frostperioden bilden sich hier ähnlich wie in einer Klamm bizarre Eisgebilde. Auch das Stauwasser friert dann in Ufernähe zu, was Kinder gerne für „Experimente" (hält das Eis oder nicht; Entnahme von Eisplatten) nutzen.

Ob das Eis hält? Einen Versuch ist es nahe der Weilheimer Ammerbrücke allemal wert ...

Die Route ist bis Oderding mit dem Radweg nach Peißenberg identisch. In den Wintermonaten sind hier jedoch kaum Radler unterwegs. Zudem können wir je nach Lust und Wegbeschaffenheit häufig auf parallel verlaufende Fußwege ausweichen. Mit jedem Kilometer wird die Umgebung ländlicher. Mit etwas Glück können wir einen Graureiher beobachten, der nicht nur am Fluss auf Fischfang geht, sondern auch auf den angrenzenden Wiesen wie „schockgefroren" auf Spitzmäuse oder Kleinvögel

In Frostperioden frieren die seichten Ufer der Ammer zu.

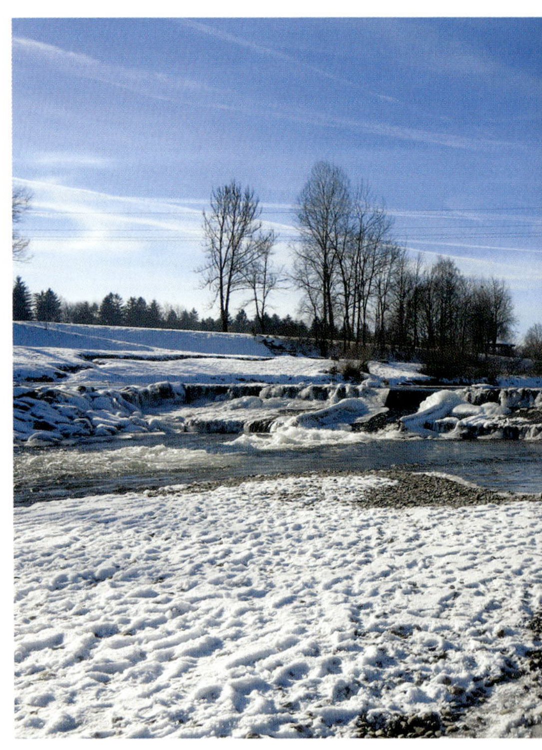

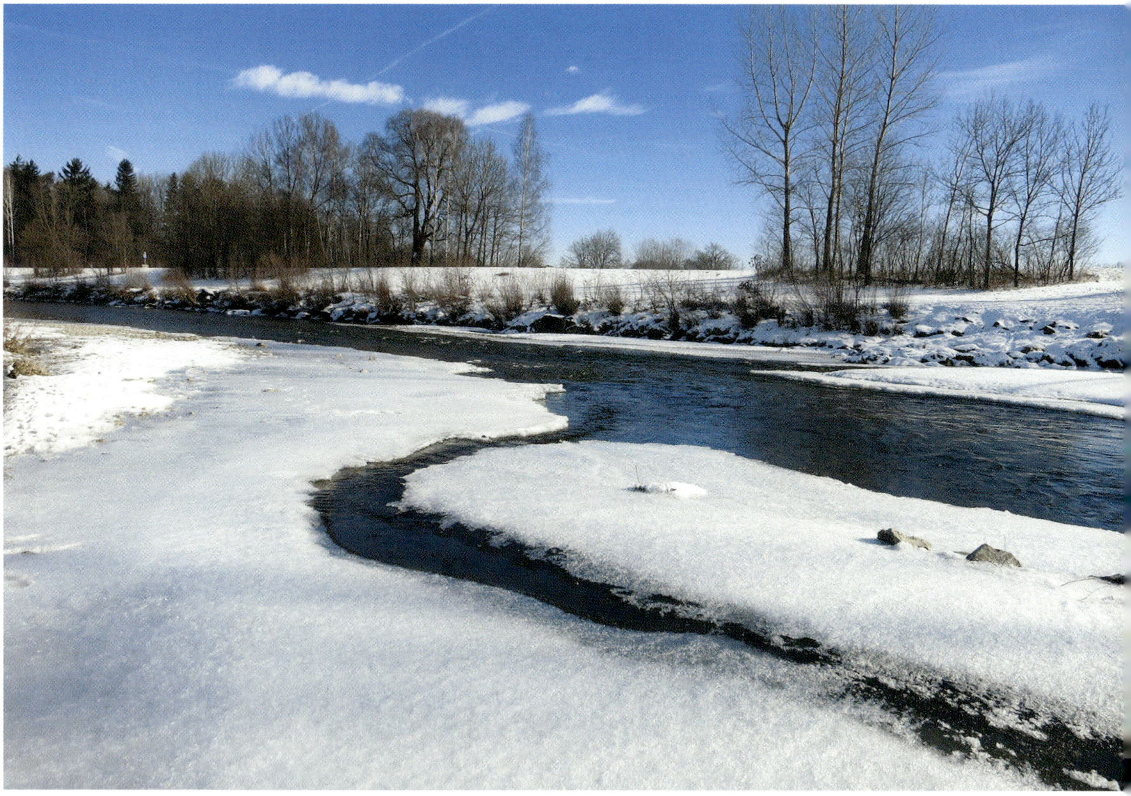

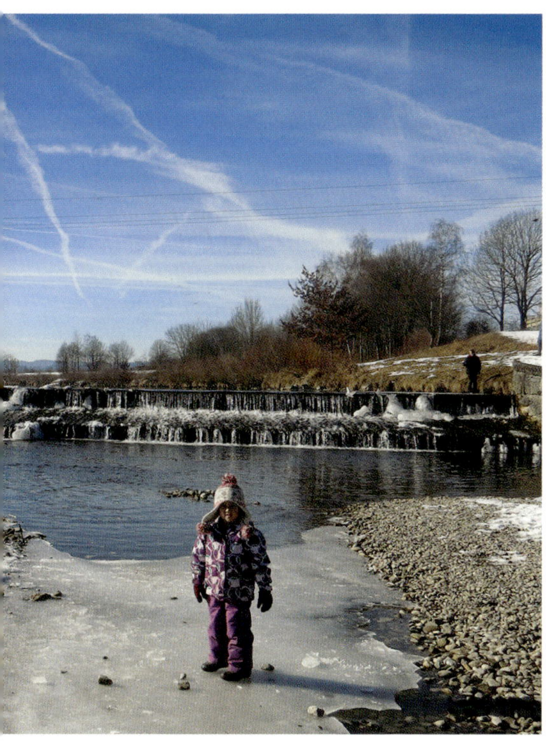

lauert, um dann blitzschnell zuzuschlagen. Seine Orientierungsflüge leitet er Flügel schwingend mit ein paar kurzen Sprüngen ein.

Kurz vor Oderding führt unsere Route erstmals vom Fluss weg. Im beschaulichen Ort stehen einige alte Bauernhöfe, die jedoch meist nur noch Wohnzwecken dienen. Ein Beispiel für moderne Landwirtschaft ist der im Jahr 1868 erbaute Albrechthof in der Unterdorfstraße 15 – ein stattliches Tuffstein-Bauernhaus –, wo die Familie Albrecht nicht nur Demeter-Milch erzeugt, sondern auch Schul- und Event-Catering sowie eine Naturheilpraxis anbietet. Auf dem Weg zurück zur Ammer wandern wir auf der Dorfstraße beim Gasthof Neuwirt vorbei, auf dessen Webseite folgender Satz zum Schmunzeln anregt: „Für schönes Wetter sorgt unser Herrgott, der uns viele Sonnentage bringt."

Der folgende Flussabschnitt an der Ammer ist durch die zunehmende Ufervegetation auch ohne Einfluss von oben etwas weniger sonnig als zuvor. Die nachlassende Sonneneinstrahlung war für uns

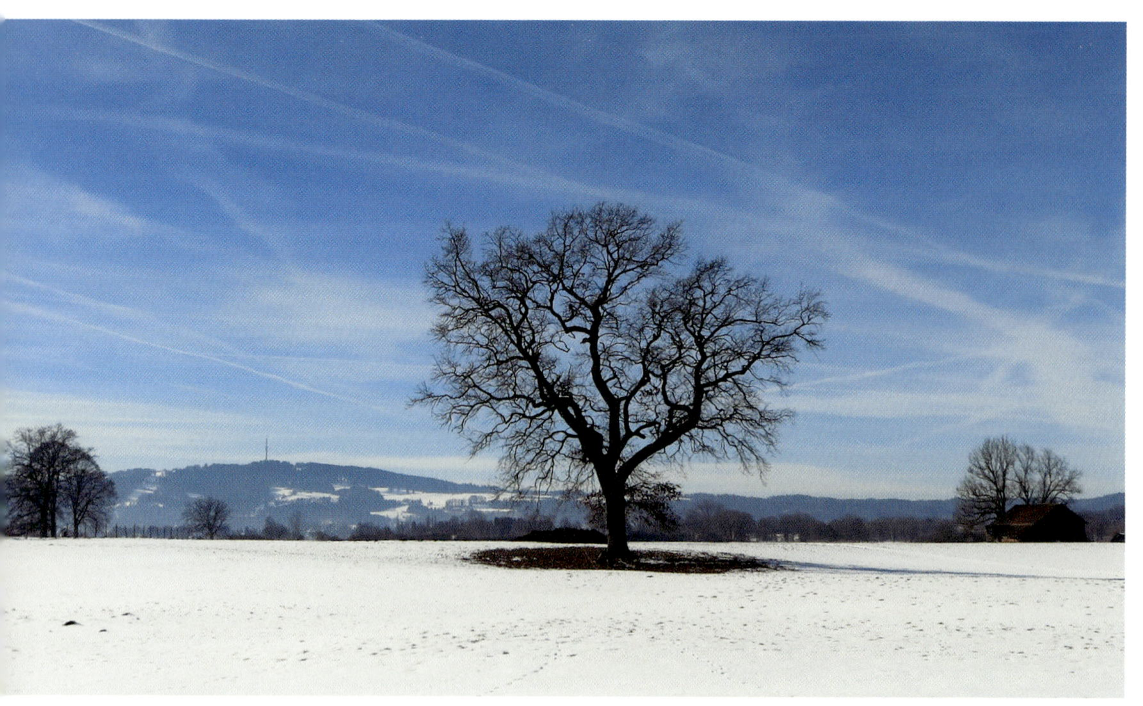

Baum-Solitär mit Blick auf Hohenpeißenberg

ein entscheidender Grund, nach Überqueren der B 472 nicht dem am mäandernden Fluss verlaufenden Ammer-Amper-Radweg zu folgen, sondern auf dem Teersträßchen Richtung Berghof zu bleiben. Dabei umwandern wir den 661 Meter hohen Guggenberg, ein Geländerücken, der uns zuvor die Sicht auf die Alpen versperrt hat. Auf der Sonnenseite des Berges genießen wir das herrliche Bergpanorama; besonders markant wirkt der Schafreiter im Südosten durch den Licht-Schatten-Wechsel an seinem auffällig langen Grat. Auch die bekannten Münchner Hausberge Jochberg, Herzogstand, Heimgarten, Krottenkopf, Wank und Hörnle, hinter dem die Zugspitze hervorlugt, lassen sich von Gipfelkennern leicht bestimmen.

An einem stattlichen Bauernhof stoßen wir auf eine kleine Kapelle, die von der Jackl-Bäuerin nach unversehrter Heimkehr ihrer Söhne aus dem Krieg zu Ehren der Muttergottes gestiftet wurde. Wir wandern direkt auf den Hohen Peißenberg mit seinem weithin sichtbaren Sendeturm am Gipfel zu. Auf der Berghalde oberhalb von Peißenberg ist unsere Route mit dem nördlichen Ausläufer des Meditations-Rundwegs identisch. Wenn hier tatsächlich so viele Orchideen blühen wie auf der Informationstafel angezeigt, lohnt es sich, im Frühsommer wiederzukehren. In der Siedlung Guggenberg führt uns ein steiler Treppenweg nach Peißenberg hinab; Vorsicht hier bei Glatteis, es wird nicht gestreut. Der Weg mündet in Sichtweite des nur 200 Meter entfernten Bahnhofs in die Hauptstraße.

Um den stündlich abfahrenden Zug (z. B. 15.31 Uhr) für die Rückfahrt abzupassen, lohnt sich allein aus Aufwärmgründen eine Einkehr im nahen Zentrum, beispielsweise im 400 Meter entfernten Gasthof Zur Sonne. Ob die Wintersonne am Nachmittag noch scheint, ist angesichts der engen Tallage eher unwahrscheinlich. Alternativ käme jeden ersten und dritten Sonntag eines Monats zwischen 13.30 und 16.30 Uhr ein Besuch des Bergbaumuseums in Frage, das im ehemaligen Bergwerksgelände untergebracht und somit nur einen Steinwurf vom Bahnhof entfernt ist – mit eindrucksvollem Rückblick auf die hundertjährige Bergbau-Tradition der Peißenberger Bevölkerung (www.peissenberg.de/bergbaumuseum).

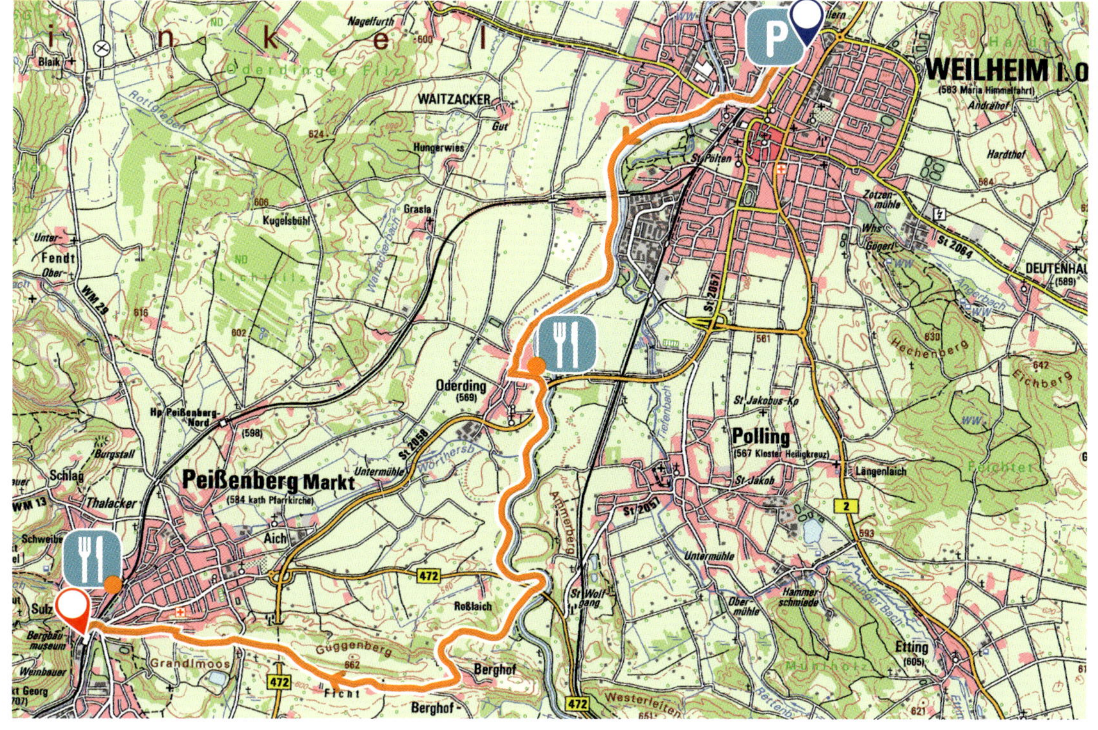

Route: Weilheim – Oderding – Penzberg

Am Bahnhof Bahnhofstraße südwärts und rechts in die Bahnhofgasse (Ww. Peißenberg) ▶ an der Gabelung links auf dem Fußweg (Treppe) zur Schützenstraße absteigen ▶ rechts durch die Unterführung zur Ammerbrücke ▶ die Brücke überqueren und rechts zum Ammerufer hinab (Ww. Wessobrunn) ▶ am Ammerufer rechts die Straße unterqueren (Ww. Peißenberg) und entlang der Ammer südwärts ▶ Unterdorfstraße nach Oderding ▶ im Ortskern links in die Dorfstraße (Ww. Polling) ▶ St2058 überqueren und entlang der Ammer südwärts ▶ an der Bachbrücke die B 472 überqueren und geradeaus der Teerstraße folgen (Ww. Berghof) ▶ am Abzweig Ammer-Amper-Radweg geradeaus (Radschild Peißenberg Mitte) ▶ an der Berghofsiedlung rechts zur Anhöhe hinauf und westwärts Richtung Peißenberg (Wanderschild Peißenberg Bahnhof) ▶ nach dem Ortsschild Markt Peißenberg an der Straßenkreuzung den Wanderweg halblinks zu einer Anhöhe empor (Ww. Meditationsweg) ▶ auf der Berghalde den Meditationsweg westwärts ▶ an der T-Kreuzung rechts in die Siedlung und links auf der Straße Guggenberg nach Westen ▶ am Ende der Straße Treppenabstieg zum Bahnhof

Gehzeit 4 Std.

Strecke 15 km

Höhenmeter 60

Anfahrt
ÖVM Regionalbahn (RB) nach Weilheim, Rückfahrt mit der Bayer. Regiobahn (BRB) nach Weilheim
Auto A 952 nach Starnberg, B 2 nach Weilheim (Bahnhof)

Ausgangspunkt Parkplatz an der Bahnhofsallee

Navigation N 47.844976°, E 11.144252°

Sonnenanteil Zwischen Weilheim und Oderding entlang der Ammer sehr viel Sonne, dann leichte Einbußen durch Uferböschung und kurze Waldpassagen, bevor von der Siedlung Berghof die sonnenreiche Schlussquerung nach Peißenberg erfolgt.

Charakter Relativ lange und bequeme Flusswanderung entlang der Ammer auf ebenen Uferwegen. Der Abschnitt über den Guggenberg wird auf einem Teersträßchen mit herrlichem Bergpanorama bewältigt.

Wegweiser Rad- und Wanderschilder nach Peißenberg (in Oderding Radschild Richtung Polling folgen!)

Einkehr Neuwirt Oderding, Tel. 08 81 / 4 01 35, www.neuwirt-oderding.de; Gasthaus Sonne, Peißenberg, Tel. 0 88 03 / 48 97 96, Di. Ruhetag, www.sonne-peissenberg.com

Karte Kompass Wk Nr. 179 Pfaffenwinkel, 1:50.000

Eiszeit im FÜNFSEENLAND

Jeden Winter warten die Freunde des Eissports geduldig auf die erste Frostperiode. Während die benachbarten großen Seen im Fünfseenland nur sehr langsam zufrieren, herrscht am Maisinger See relativ schnell Eiszeit. Begünstigt wird der Eisbildungsprozess durch die geringe Wassertiefe von durchschnittlich gerade einem Meter; in kalten Wintern wie zuletzt 2017 kann der See somit bis zum Grund durchfrieren. Bei guten Bedingungen strömen Eisstockschützen, Schlittschuhläufer, Eishockeyspieler, Spaziergänger und Sonnenanbeter aus allen Himmelsrichtungen an diesen privilegierten Ort.

Vom Parkplatz ist es nur ein Katzensprung bis zum Maisinger See, der sich aber erst zeigt, wenn wir den zweieinhalb Meter hohen Damm auf dem Treppenweg erklommen haben. Obwohl der Maisinger Seehof erst nach der Eiszeit mit Beginn der Osterferien öffnet, breiten sich bei Eis und Sonne auf der zugefrorenen Seefläche zuweilen mehr Wintersportler aus als Vögel im dichten Schilfgürtel, der den See fast komplett in Beschlag nimmt. Das sensible Areal – durch Verlandungsvorgänge hat die Seefläche im Laufe der letzten 200 Jahre um rund 80 Prozent abgenommen! – steht bereits seit 1941 unter Naturschutz. Auch die Tradition, das Seewasser jeden Oktober für den Fischfang abzulassen, wird mittlerweile nur noch alle fünf Jahre praktiziert.

Von der lebhaften und heiteren Atmosphäre auf der Eisfläche wird auch der Spaziergänger rasch

Ein Eldorado für Wintersportler: der Maisinger See

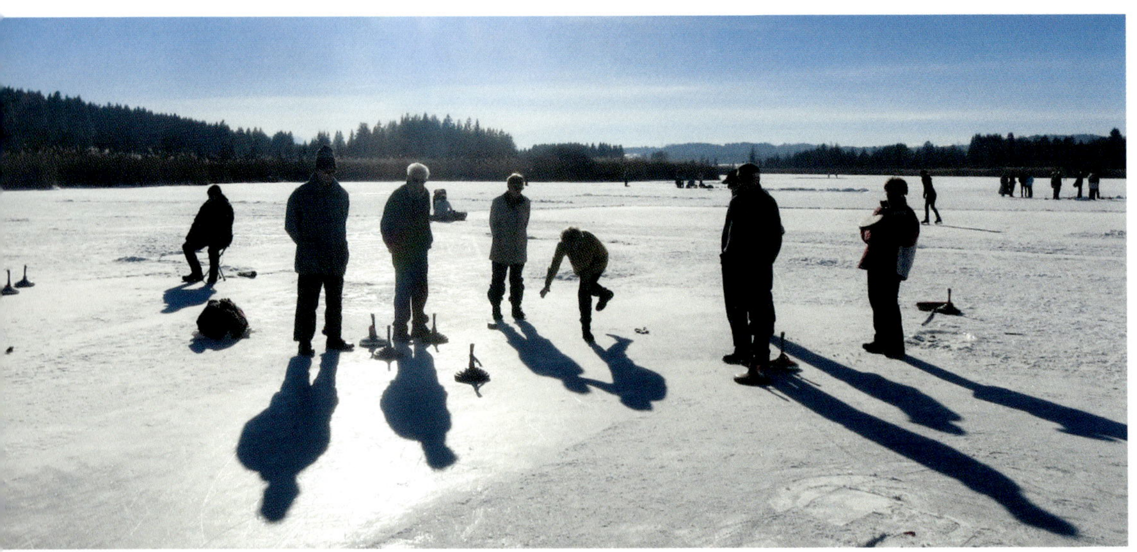

gefangen genommen. Vordergründig genießt er den Vitamin-D-Schub, den die makellos scheinende Sonne hier im Überfluss liefert. Aber es gibt auch jede Menge Aktivitäten zu beobachten: Unter der Woche belagern als Erstes die Eisstockschützen, zumeist Rentner, die Eisfläche; am Nachmittag gesellen sich dann Mütter mit Kleinkindern und Schlittschuhläufer, die etwas abseits ihre Runden drehen, hinzu; und vor Sonnenuntergang jagen Schüler beim Eishockey-Match voller Begeisterung dem Puck hinterher.

Fast könnte man hier ewig verweilen. Aber nur fast. Denn auch die Wanderrunde um den See herum bietet reichlich Freude und Abwechslung. Nach einem kurzen Waldstück geht es parallel zum Fallbach nach Süden. An der Südspitze des Sees, wo ein Ableger des Weiherbachs in den Maisinger See mündet, weitet sich die bisher eingeschränkte Fernsicht von einer Minute auf die andere. Vor uns breiten sich weiträumig besonnte Wiesen und Felder aus, und am Horizont heben sich das Karwendel- und Wettersteingebirge bizarr vom blauen Himmel ab.

Bei Jägersbrunn haben wir die Möglichkeit, die kleine Teerstraße in Richtung des Maisinger Seeufers zu verlassen und dem Pfad durch die Schilfgräser zu folgen. Den See selbst bekommen wir dabei jedoch nicht zu Gesicht, und ob sich diese Variante lohnt, ist von den Wetterbedingungen abhängig: Bei Frost bildet sich tückisches Eis auf dem Pfad und nach Regen ist der Untergrund ziemlich schmierig; bei gespurter Trasse durch den Schnee hingegen sehr empfehlenswert. Alternativ folgen wir dem bequemen Teerweg, der praktisch ohne Autoverkehr in Richtung Maising verläuft.

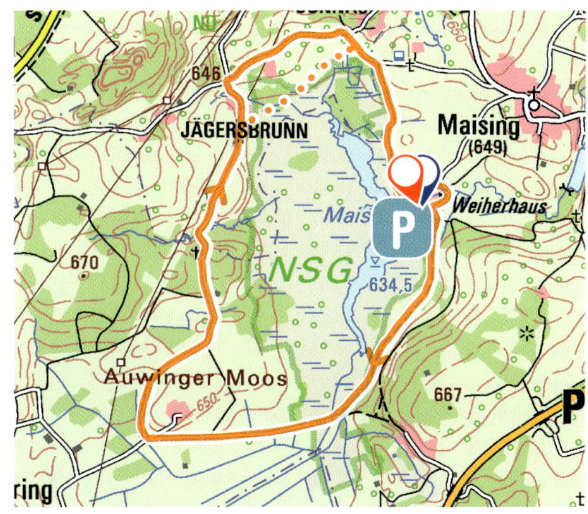

Route: Seehof (Maisinger See) – Kreuzung bei Aschering – Jägersbrunn – Seehof

Vom Wanderparkplatz zum Maisinger Seehof ▶ Seezugang über den Damm (Treppe) ▶ Wanderweg Richtung Osten (Ww. Aschering) ▶ nach 1 km an der Fallbachbrücke geradeaus (Wegbiegung) ▶ abzweigende Stichpfade in die Schilfzone ignorieren ▶ an der Kreuzung kurz vor Aschering rechts (Ww. Jägersbrunn) ▶ über Felder und eine Waldkuppe nordwärts ▶ kurz vor Jägersbrunn, falls es die Wegverhältnisse erlauben, den flachen Abhang hinab zum sichtbaren Schilfgürtel (alternativ auf dem Teerweg bleiben und rechts Richtung Maising) ▶ zurück zur Teerstraße nach Maising ▶ am Wegabzweig rechts (Ww. Maisinger See 0,9 km) und zum Wanderparkplatz am Maisinger Seehof

Gehzeit 2 Std.

Strecke 7 km

Höhenmeter 40

Anfahrt
Auto A 95 nach Starnberg, B 2 Richtung Weilheim, hinter Söcking am Verkehrskreisel rechts abbiegen (St2563) und den braunen Schildern zum Maisinger See folgen

Ausgangspunkt Parkplatz am Maisinger See

Navigation N 47.982154°, E 11.282688°

Sonnenanteil Sonne pur auf dem Maisinger See; falls keine „Eiszeit" herrscht, schöner Sonnenplatz am Ufer! Bei der Rundwanderung abgesehen vom Waldstück vor Jägerbrunn gleichfalls sehr viel Sonne

Charakter Abwechslungsreiche, relativ kurze Runde um den Maisinger See. Richtung Süden gut befestigte Wege mit Panoramablick, auf dem Rückweg Teerstraße über Jägersbrunn mit der Option, auf den Pfad am Schilfufer auszuweichen (Glätte und Feuchtigkeit beachten)

Wegweiser Die Zwischenetappenziele Aschering und Jägersbrunn sind beschildert.

Karte Kompass Wk Nr. 180 Starnberger See Ammersee, 1:50.000

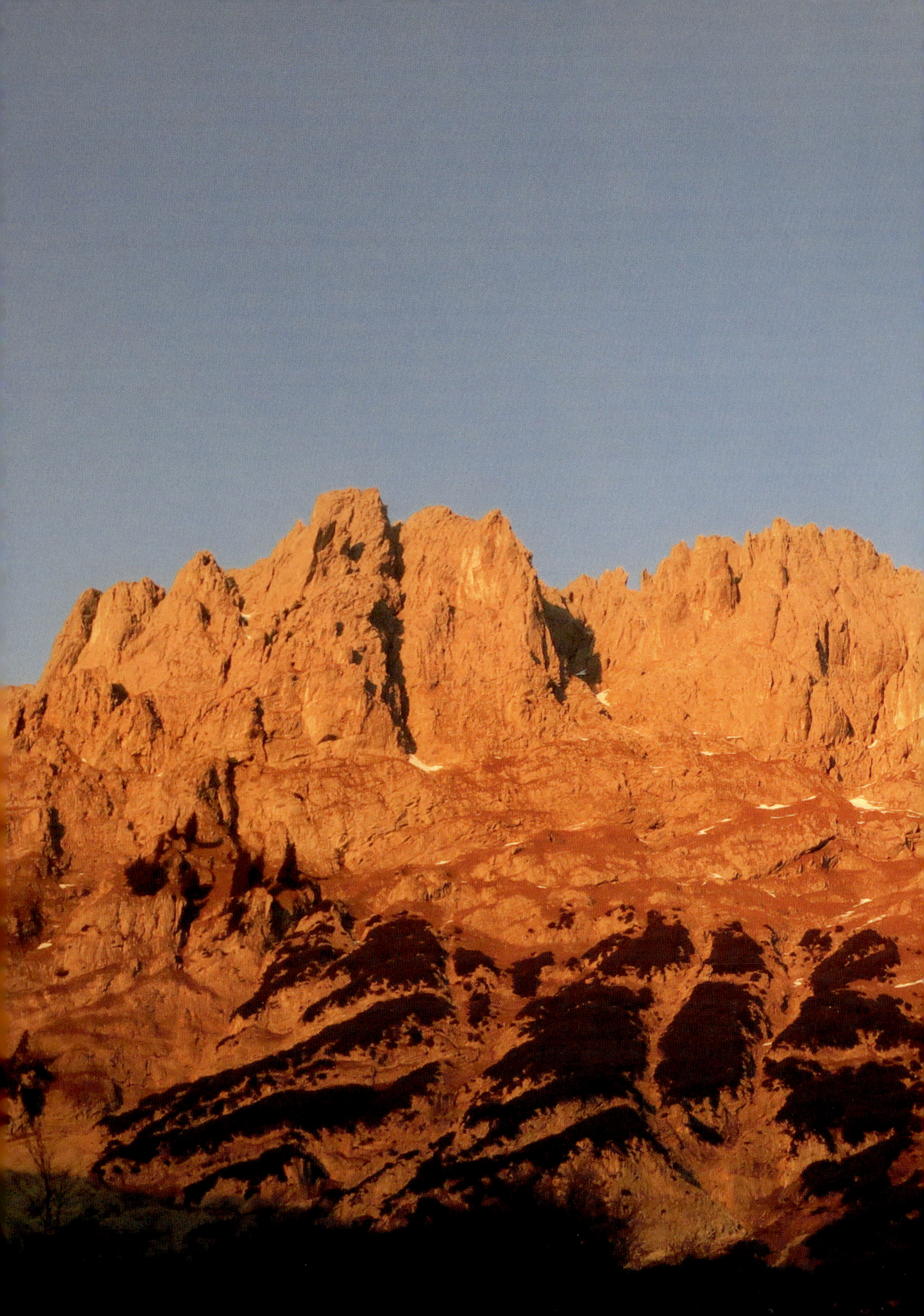

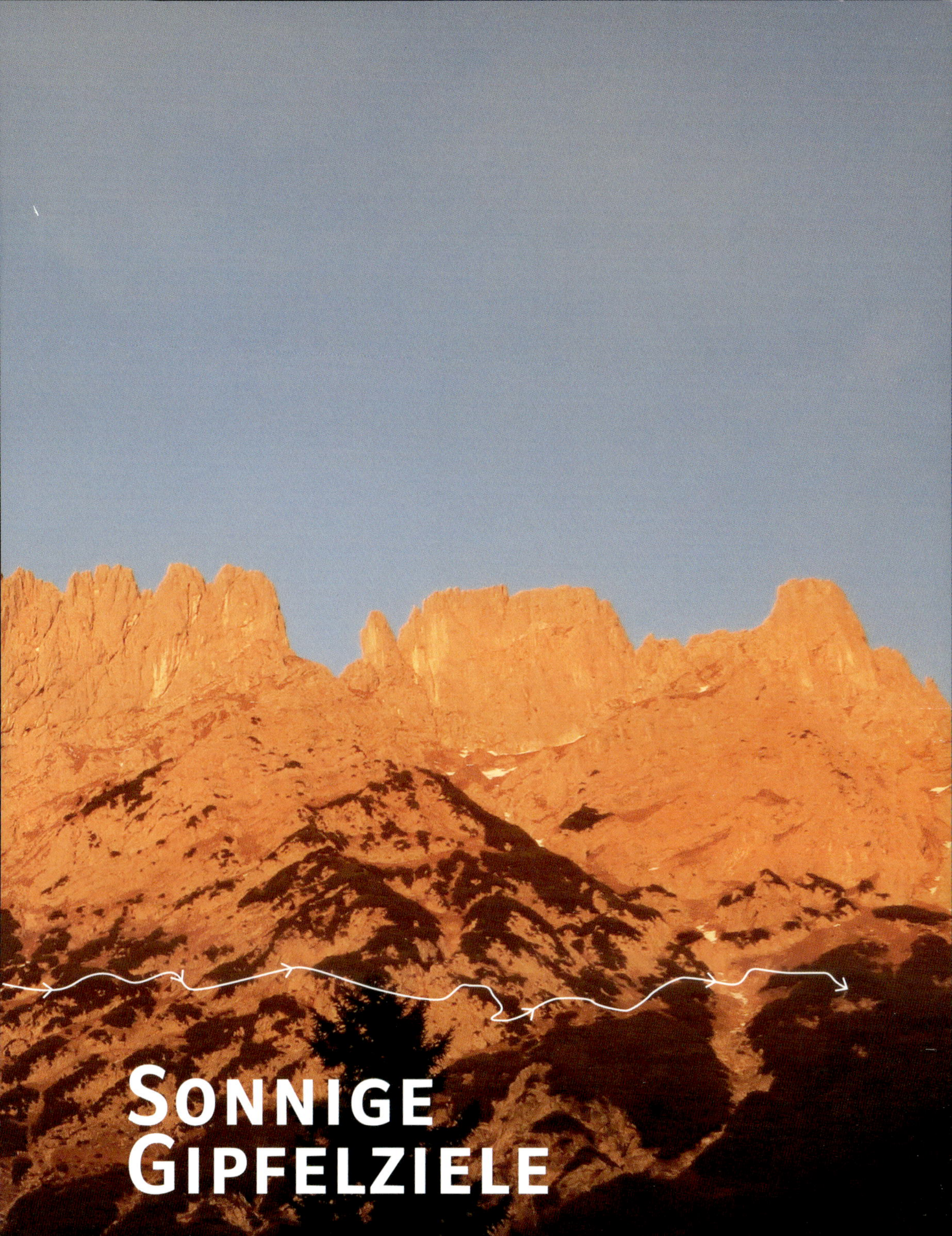

Sonnige Gipfelziele

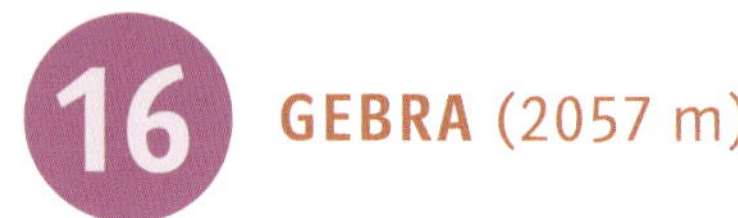

16 GEBRA (2057 m)

PREISELBEEREN im Dezember

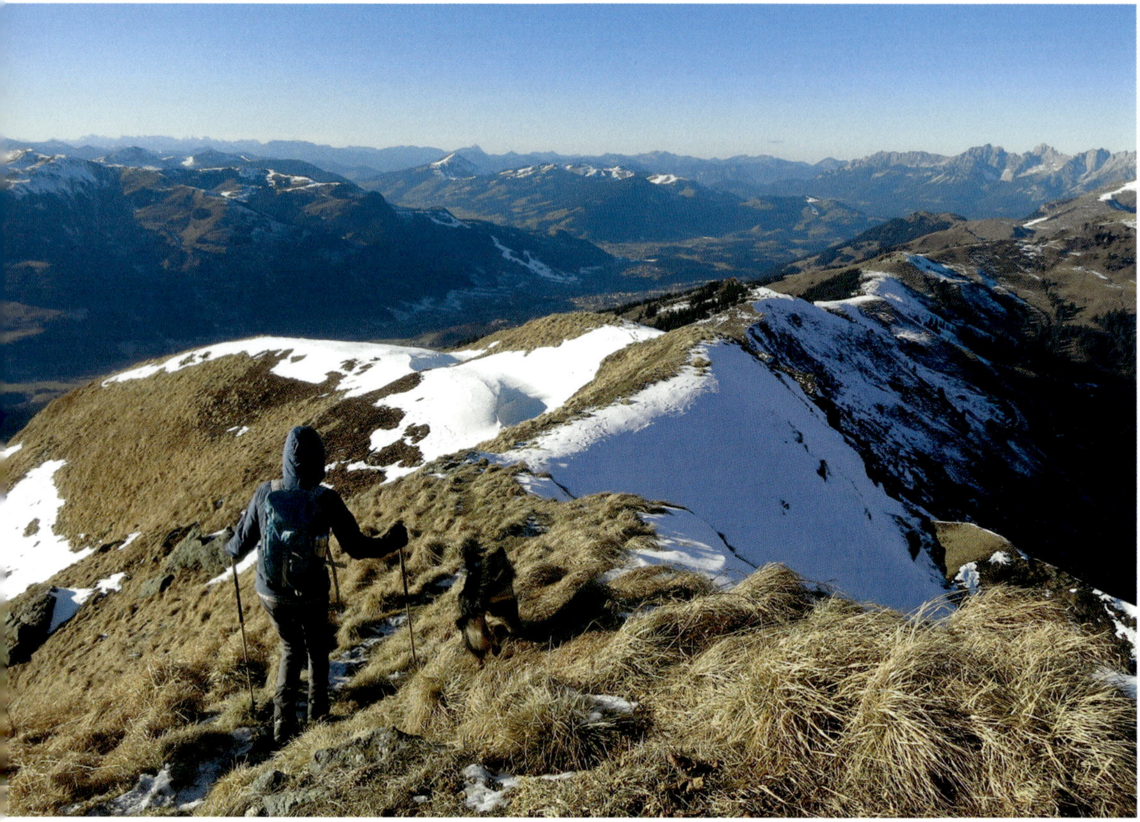

Grüne Weihnachten hat es in den Tälern ja schon immer gegeben, doch dass im Dezember die besonnten Berghänge nach den ersten Schneefällen ausapern und Gipfelbesteigungen jenseits der 2000-Meter-Grenze ohne lästiges „Schneegestapfe" erlauben, ist dann doch eine überraschende Pointe des Klimawandels. Spätestens bei der Verkostung halbgefrorener Preisel- und Blaubeeren – welch süße und wohlschmeckende Beigabe zu unserer Brotzeit! – reiben wir uns verwundert die Augen: „Hallo, heute ist Nikolaustag, und wir ernten frisches Obst am Berg!"

Gipfelpose mit Hündin Fiebi, die ihre erste Bergtour mit Bravour meistert.

Herrlicher Blick auf die Kitzbüheler Alpen und das Kaisergebirge beim Abstieg vom Gebra

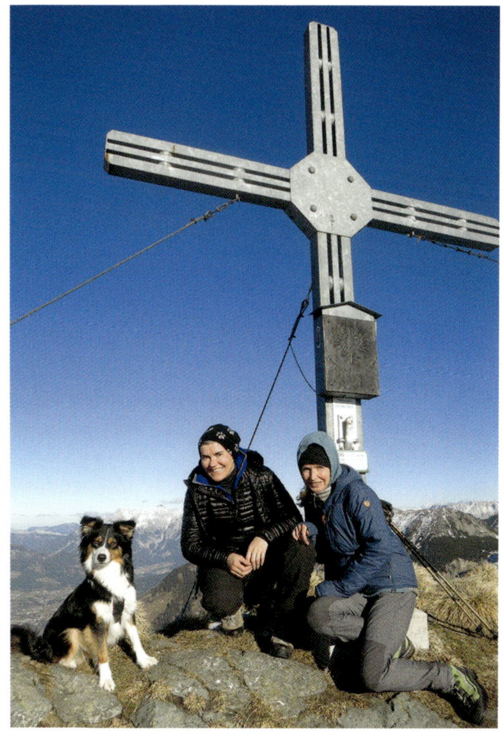

Von den in der Folge vorgestellten Winter-Sonnen-Gipfeln ist der Gebra unser Vorzeigeberg, weil der Normalweg von Süden unglaublich geschickt über sanfte Wiesen zwischen den durchaus vorhandenen Waldstücken verläuft. Insofern lohnt sich jeder Kilometer der verhältnismäßig langen Anfahrt. Der Auftakt durch den Wildalmgraben mag noch schattig sein, weil der Laubkogel mit seinen steilen Nordhängen die schräg stehende Sonne abhält. Doch mit jeder Minute entfernen wir uns aus der Talmulde, der Weg wendet sich nach Südosten und erste Sonnenstrahlen erwärmen Körper und Gemüt. Spätestens beim baumfreien Anstieg zur Hochwildalmhütte kommen wir – die formschöne Berggestalt des Bischofs im Bick – auf Betriebstemperatur.

„Kehre lieber heute auf der Wildalm ein, als morgen beim Therapeuten zu sein," steht auf der Tafel vor der Hütte. Nicht nur die Stammgäste, die am Wochenende zu diesem aussichtsreichen Ort pilgern, machen sich den Spruch zueigen. Bewirtet werden sie von Karin und Wolfgang, die sich mit der Almhütte einen Traum verwirklicht haben und selbst sportlich aktiv sind; Karin ist Tiroler Bergwanderführerin und Wellnesstrainerin, und Wolfgang weiß sicher die eine oder andere Anekdote zu seiner aktiven Profifußballkarriere bei Borussia Dortmund oder bei der österreichischen Fußballnationalmannschaft zu erzählen. Wenn die beiden die Almhütte unter der Woche schließen und die Wettervorhersage passt, stellen sie für durstige Wanderer Getränke im Trog mit der „Kassa" bereit.

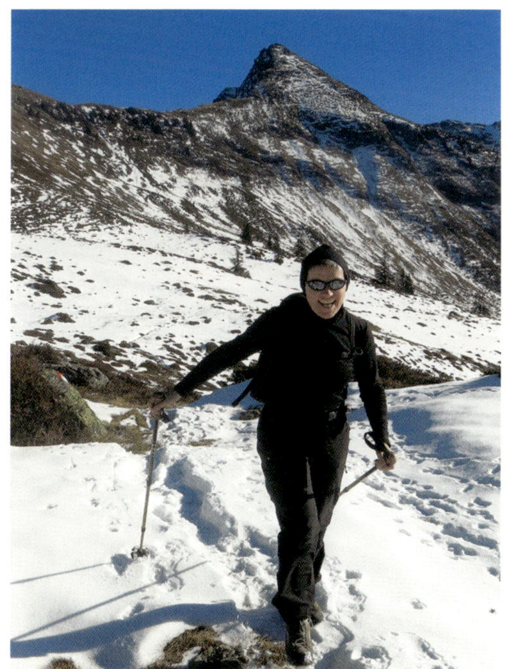

Oberhalb der Hochwildalmhütte wandern wir, beim Anmarsch zum Berg nicht abzusehen, in eine Art Hochplateau. Mangels direkter Sonneneinstrahlung kann sich hier der Schnee länger halten als in den steilen Südhängen des Gebra. Zwischen einzelnen

Mal unter der Woche ins Blaue fahren – da lacht das Wanderherz.

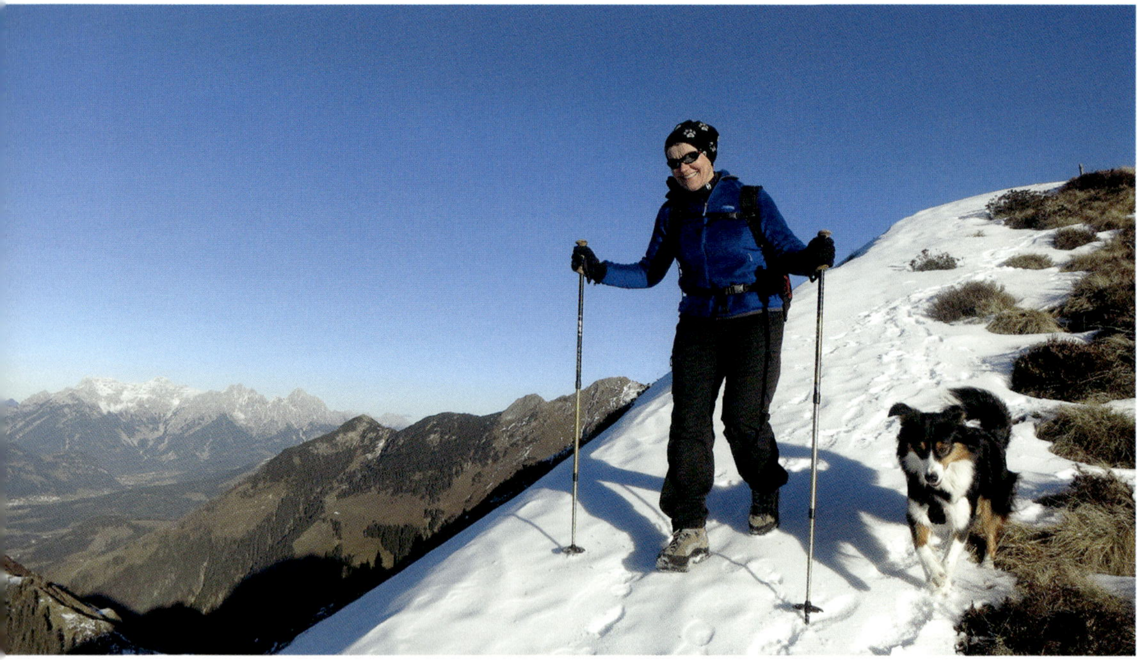

Schneefeldern liegt auch unsere Fundstelle für die halbgefrorenen Blau- und Preiselbeeren, die in ihrem gegorenen Zustand sehr geschmacksintensiv sind. Fiebi interessiert sich weniger für die Beeren als für den kühlenden Schnee; voller Freude wälzt sie sich in der weißen Pracht. Es ist die erste größere Wanderung für den jungen und agilen Australien Shepherd, und er wird sie inklusive der Zugabe über den Gaisbergsattel mit Bravour bestehen.

Als etwas heikel könnte sich der Schlussanstieg zum Gebra erweisen, da der Weg in die Nordwestflanke führt und sich hier gerade bei schneearmen Verhältnissen häufig Eis bildet. Alternativ weichen wir am Fuß des Gipfelaufbaus auf den nahen Grat aus und steigen dort auf Pfadspuren an einzelnen Felstürmen vorbei empor. Kurz unterhalb des Gipfels treffen wir wieder auf den Normalweg. Auf dem engen, steil nach Norden abbrechenden Gipfel bietet eine provisorische Sitzbank unerwarteten Komfort. Großartig ist die Gipfelkulisse vom Wilden Kaiser über die Loferer und Leonganger Steinberge, das Steinerne Meer und die Hohen Tauern bis zum Großen Rettenstein.

Für den Rückweg bietet sich bei günstigen Bedingungen von der Einsattelung zwischen Großem und Kleinem Gebra die reizvolle Variante über das Gebrajoch an.

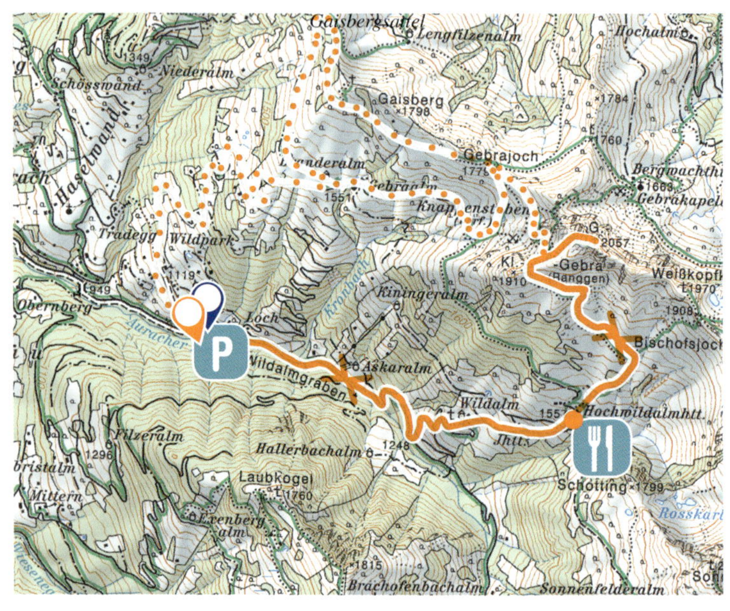

Um die Wette strahlend:
Sonnenhang am Gebrajoch

Entscheidend ist, ob der Weg durch die anfangs steile Nordwestflanke des Gebra bis zum Joch nachvollziehbar und ohne Risiko (Lawinengefahr, Vereisung!) begehbar ist; bei Schnee ohne klarer Trasse fällt die Orientierung schwer. Zur Belohnung für die kurze schattige Abstiegspassage wartet mit dem Fieberbrunner Höhenweg ein Genusswanderweg erster Güte; denn bevor der eigentliche Abstieg zum Wildpark erfolgt, verlieren wir bei der Querung zum Gaisbergsattel nur geringfügig an Höhe und können das herrliche Bergpanorama inklusive der uns ins Gesicht scheinenden Nachmittagssonne vollauf genießen. In einer weit ausholenden Kehre geht es mit Blickrichtung Gebra zur Brandneralm hinab. Selbst wenn unser Gipfel bereits in das rötliche Licht des Sonnenuntergangs getaucht sein sollte, schaffen wir den Rückweg über den Wildpark zum Parkplatz auf bequemen Almwegen noch mit dem letzten Tageslicht.

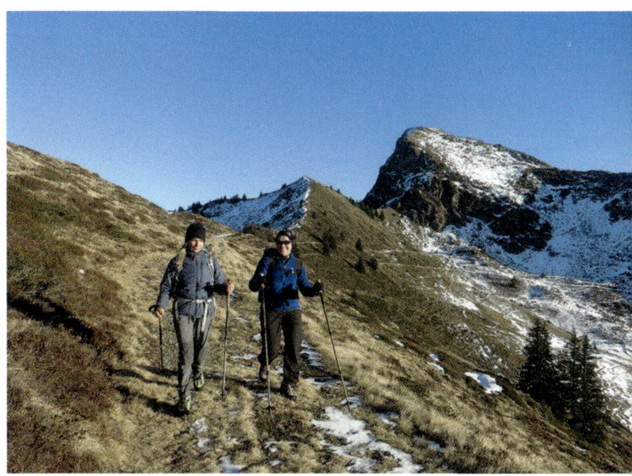

Der Fieberbrunner Höhenweg als reizvolle Abstiegsvariante; im Hintergrund der Gebra

Route: Parkplatz – Hochwildalm – Gebra und zurück

Vom Parkplatz (949 m) auf dem breiten Forstweg ca. ½ Std. am Auracher Bach talein (Abkürzung an einer Stelle möglich) ▶ an der Weggabelung (1248 m) links (Ww. Gebra, Hochwildalm) ▶ den breiten Almweg in der ersten Kehre links verlassen und auf dem alten Almweg zur Wildalm (Almkreuz) empor ▶ oberhalb der Alm den Fahrweg verlassen und auf steilem Graspfad (Markierungsholz) direkt zur Hochwildalm (1557 m) ▶ an der Alm rechts und nach ca. 15 Min. Hanganstieg links dem markierten Steig folgen (Ww. Gebra) ▶ über ein Hochplateau und einen kurzen Steilhang die Südhänge des Gebra westwärts queren und wenige Meter zur Einsattelung am Gebra (Wegkreuz; 1900 m) hinauf ▶ auf dem nordwestseitigen Steig oder auf dem Gratrücken, einzelne Felstürme an geeigneter Stelle umgehend, zum Gipfelkreuz des Gebra (2057 m) ▶ Abstieg auf derselben Route

Gehzeit 5 Std.

Höhenmeter 1000

Anfahrt
Auto Inntalautobahn A 12 Ausfahrt Kufstein Süd, über St. Johann und Kitzbühel bis Aurach, im Ort Abzweig über Wildaurach Richtung Wildtierpark, Parkplatz an der markanten Kehre unterhalb des Wildparks (3,5 km ab Aurach)

Navigation N 47.4088631°, E 12.4611192°

Sonnenanteil Nur der Wildalmgraben liegt meist im Schatten, ansonsten Sonne pur fast während des gesamten Anstiegs! Bei der Abstiegsvariante über den Gaisbergsattel kurze Waldpassagen

Charakter Nach kurzweiligem Warmup am Auracher Bach geht es über mäßig steile Wiesen zur Hochwildalm. Ab hier angenehmer Südostanstieg zum Gipfelgrat des Gebra, der etwas Trittsicherheit und Schwindelfreiheit erfordert. Grandiose Gipfelschau!

Wegweiser Hochwildalm und Gebra sind bestens beschildert.

Variante Im Abstieg an der Weggabelung zwischen Großem und Kleinem Gebra (1900 m) die steile Nordwestflanke zum Gebrajoch (1779 m) hinab und hier wahlweise direkt über Knappenstuben und Gebraalm (Ww. Wildpark 1 ½ Std.) oder auf dem Fieberbrunner Höhenweg westwärts und am Gaisbergsattel (1683 m) links abzweigend zur Brandneralm (1551 m) und über den Wildpark (1119 m) zum Parkplatz (ca. 1 Std. länger)

Einkehr Hochwildalm (1557 m), Tel. +43 / 6 76 / 3 03 36 31, Sa. / So. sowie Mi. (abends) geöffnet, www.hochwildalm.at

Karte Kompass-Wk Nr. 29 Kitzbüheler Alpen, 1:50.000

17 **SONNTAGSHORN** (1961 m)

LOGENPLÄTZE auf dem Sonnendach

Das Sonntagshorn ist mit 1961 Metern gleichzeitig der höchste und südlichste Gipfel der Chiemgauer Alpen. Eigentlich könnte der Berg auch „Sonnenhorn" heißen, da sich sein Name von „Sonnendach" ableitet; die Ähnlichkeit des Gipfelaufbaus zu einem Dach ist aus der Vogelperspektive von Süden in der Tat gegeben. Durch die moderate Neigung des Gipfeldachs strahlt die Wintersonne fast im 90-Grad-Winkel auf die Wiese unter dem Gipfelkreuz, was in Liegeposition zu einem Maximum an Wärme führt. Kein Wunder also, dass der Gipfel-Ansturm an den klassischen Sonnen-Sonntagen beeindruckende Ausmaße annimmt.

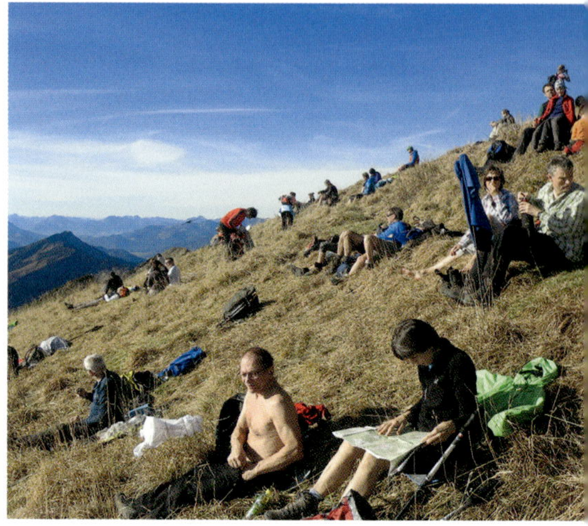

Es sind noch Platzkarten zu vergeben: Sonnenanbeter am Sonntagshorn

Wer den Berg als kühne Felspyramide von Norden her kennt, ist ob des einfachen Serpentinenanstiegs an dessen Südseite überrascht. Nach dem gut drei Kilometer langen Forstweg-Abschnitt zur Hochalm öffnet sich ein großzügiger Talkessel mit mehreren Almhütten. Die Jausenstation ist an der wehenden Flagge rasch zu erkennen. Normalerweise hat sie im November bereits zu, doch an diesem Vorzeige-Sonntag mit den ungewöhnlich warmen Temperaturen verkauft die Hüttenwirtin Getränke und Imbisse an die durstige und hungrige Wanderschaft. Ab Weihnachten hat die Almhütte dann sogar täglich geöffnet. Bei guter Schneelage bietet sich dann die beliebte Wander-Einkehr-Rodel-Kombination an; Schlitten können ausgeliehen werden, solange der Vorrat reicht.

Doch Schnee ist an diesem Novembertag so fern wie die Pinzgauer Kaspressknödel, die zu Öffnungszeiten der Almhütte auf der Speisekarte stehen. Oberhalb des Almgeländes zweigt ein Steig zur Perchthöhe ab, bevor der Schlussanstieg in weit ausholenden Serpentinen entlang der sonnenbeschienenen Südhänge erfolgt. Nach dem Wärmestau in den Latschenfeldern erfasst uns erst an der Gratschneide wieder ein kühles Lüfterl.

„Hier geht`s ja zu wie am Stachus", hört man eine Wanderin am Gipfel sagen. Bei der Auswertung meiner Weitwinkel-Aufnahmen am „Gipfeldach" zähle ich 50 Wanderer – auf einem Bild. Familien und Kleingruppen machen es sich unterhalb des Gipfelkreuzes, die grandiose Aussicht auf die Reither, Loferer und Leonganger Steinberge sowie die

Berchtesgadener Alpen und das Kaisergebirge genießend, auf den sanften Wiesenmatten bequem; die braunen Graspolster bieten höchsten Sitz- und Liegekomfort. Platz ist hier wahrlich genug, man muss sich nicht auf die Pelle rücken. Dabei hoffen manche „oben ohne" auf eine Portion Gipfelbräune.

Beim Abstieg zieht sich die Wanderkarawane dann weit auseinander. Wir lassen uns viel Zeit und genießen jede Minute. Die Sonnenterrasse an der Hochalm verlassen wir nicht, bevor die Sonne hinter dem Wilden Kaiser untergegangen ist. Der restliche Abstieg zum Parkplatz ist kurz genug, um nicht in die Dunkelheit zu kommen. Dabei sind wir dann plötzlich auch ganz allein.

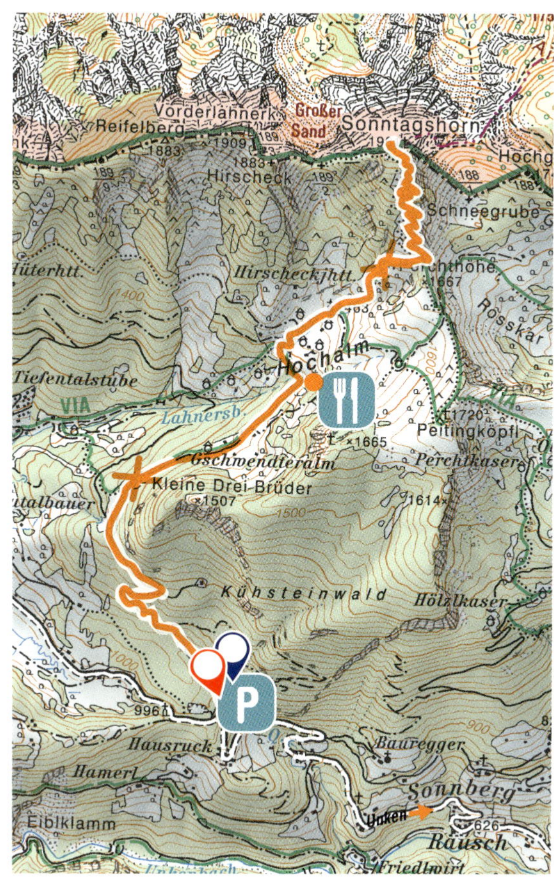

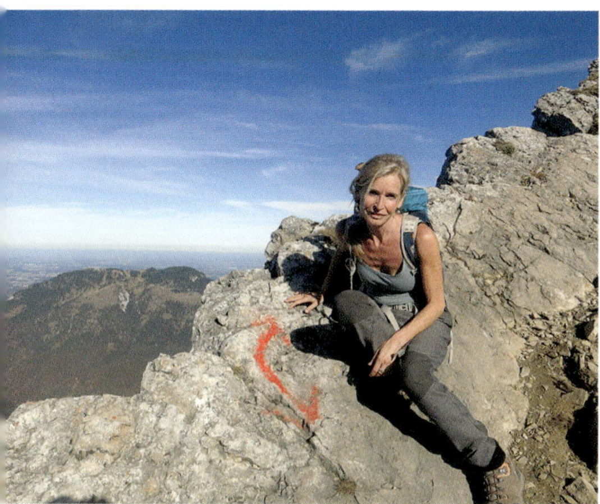

Sonnenpose am Gipfelgrat des Sonntagshorns

ROUTE: PARKPLATZ P 1 – HOCHALM – PERCHTHÖHE – SONNTAGSHORN UND ZURÜCK

Vom Parkplatz (980 m) den Forstweg erst in NW-, dann NO-Richtung zur Hochalm (1460 m) empor ▶ Anstieg über freie Wiesenhänge und durch lichten Wald zur Perchthöhe (1767 m) ▶ in zahlreichen, weit ausholenden Serpentinen zuletzt über den kurzen Grat zum Gipfel des Sonntagshorns (1961 m) ▶ Abstieg auf derselben Route

GEHZEIT 4 ½ Std.

HÖHENMETER 1000

ANFAHRT
AUTO A 8 Ausfahrt Siegsdorf, B 306 und B 305 nach Schneizlreuth, B 21 nach Unken, Abzweig in den Ort und auf beschilderter Straße in das Heutal

AUSGANGSPUNKT Parkplatz Nr. 1 im Heutal

NAVIGATION N 47.652697°, E 12.682556°

SONNENANTEIL Bis zur Hochalm überwiegt das Waldgelände mit einzelnen sonnigen Passagen, dann sehr viel Sonne auf den südwestlich ausgerichteten Hängen

CHARAKTER Bis zur Hochalm breiter Fahrweg, der für die Rodler bei Schnee präpariert wird. Der Gipfelanstieg erfolgt auf einem im oberen Abschnitt sehr moderat ansteigendem Serpentinenweg.

WEGWEISER Das Sonntagshorn ist bestens beschildert, die Orientierung dank des weiten Geländeüberblicks einfach.

EINKEHR Hochalm, Tel. +43 / 6 64 / 4 53 36 66, ab Weihnachten täglich geöffnet, www.hochalm-unken.at

KARTE DAV Wanderkarte Chiemgauer Alpen Ost Sonntagshorn, 1:25.000

Im Bann des WILDEN KAISERS

Die Murmeltiere dämmern längst in ihrem wohlverdienten Winterschlaf, einzig die nimmersatten Bergdohlen drehen in Erwartung der Brotzeit machenden Wanderer noch eifrig ihre Runden. Zwischen den Brotkrümeln lassen die letzten Fransen-Enziane ihre Blütenköpfe hängen, und die Silberdisteln passen sich im Zuge der Verwelkung farblich dem braunen Erdboden an. Doch wie stark ist der Kontrast zwischen dem kräftigen Himmelblau und den weißen Kalkfelsen der Kaiser-Südwände, die, von der schrägen Sonne bestrahlt, wie ein überdimensionaler Scheinwerfer wirken! Und nordseitig bilden die Felsgipfel des Wilden Kaisers ein pittoreskes Schattengebirge, das man so krass auch nur während der kalten Jahreszeit erlebt.

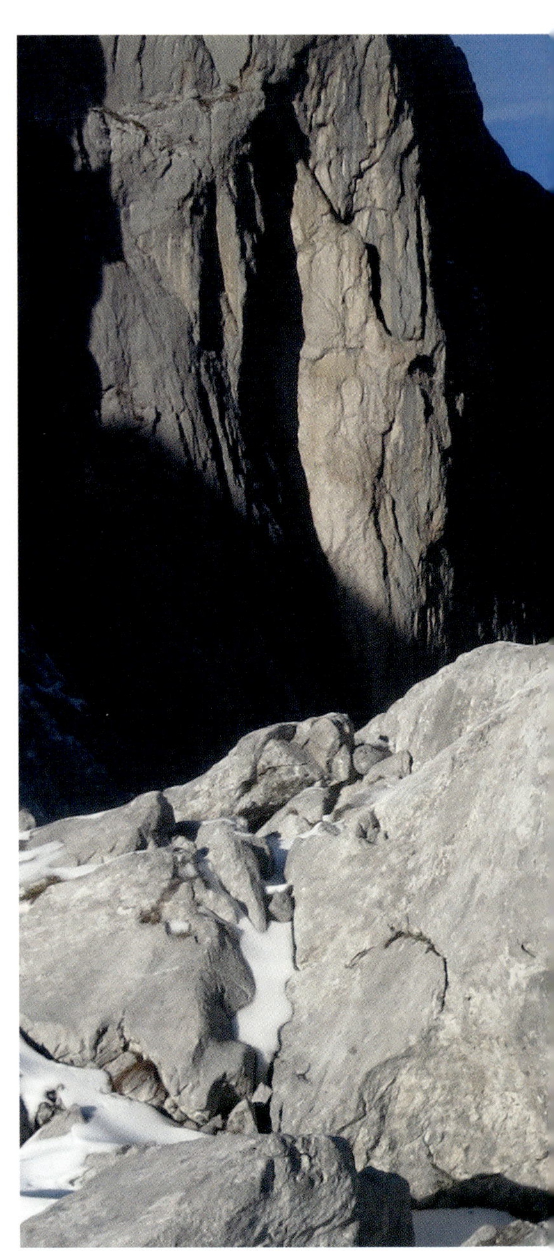

Das markante Ellmauer Tor ist die tiefste Einkerbung im Hauptkamm des Wilden Kaisers und somit schon von Weitem gut zu erkennen. Während im Sommer die meisten Wanderer das Tor von Norden über die angenehm kühle Steinerne Rinne erklimmen, ist im Winterhalbjahr der von der Sonne begünstigte Südanstieg über das Kübelkar eine sehr lohnende Option. Ein letztes Aufbäumen vor dem Winter: In den letzten Jahren konnte man dank der Schneearmut bis in den Dezember hinein nicht nur die bekannte Scharte, sondern mit der Hinteren Goinger Halt auch einen prominenten Zweitausender-Gipfel des Wilden Kaisers gefahrlos besteigen. Allerdings sei an dieser Stelle angemerkt, dass es sich dabei um eine anspruchsvolle Tour handelt, die Bergerfahrung und Trittsicherheit erfordert. Im Zweifel lieber abbrechen; schöne Rast- und Umkehrpunkte gibt es auf der Strecke zur Genüge – selbst die Weggabelung am Abzweig des Much-Wieler-Steigs lohnt sich bereits.

Obwohl der Anstieg zum Ellmauer Tor von unten weg einsehbar ist und die Route sehr direkt verläuft, ist die Zeitberechnung auf den Wegweisern durchgängig zu optimistisch; einen Schnitt von 500 Höhenmetern pro Stunde im Anstieg zu bewältigen, ist schon auf trockenen Sommerwegen eine sportliche Leistung. Ganz

Starke Kontraste am Ellmauer Tor: rechts die sonnigen Ausläufer der Hinteren Goinger Halt, links die schattigen Wände der Fleischbank

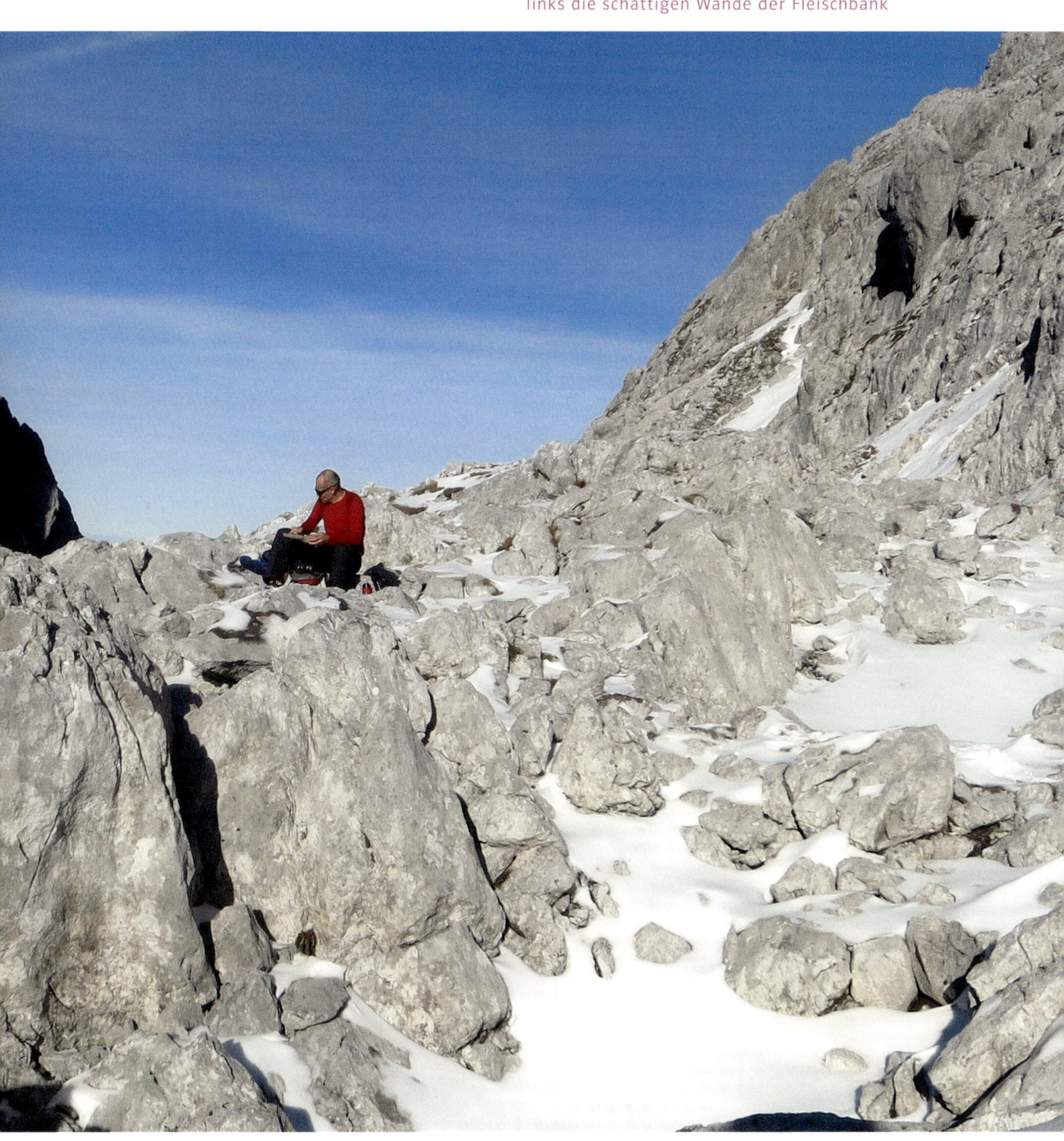

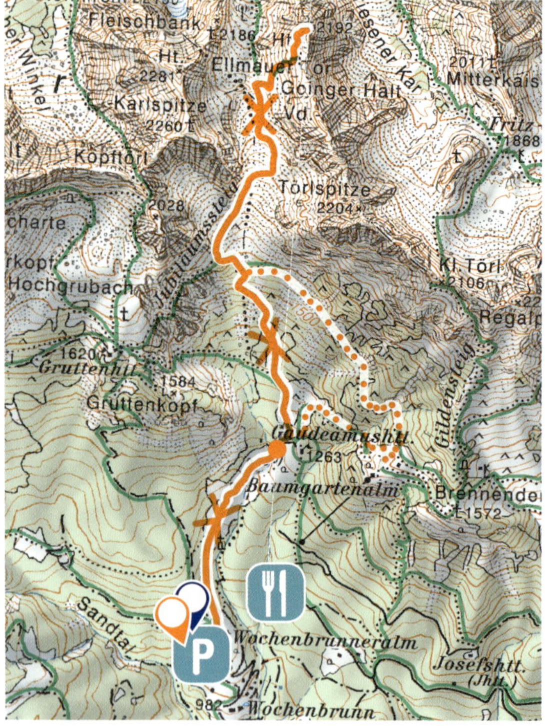

Der Much-Wieler-Steig führt abwechslungsreich durch kleine Bachschluchten.

so schnee- und eisfrei wie der weite Kessel von unten her wirkt, ist unsere Route spätestens im Dezember mit Sicherheit nicht; die herbstlichen Kaltlufteinbrüche haben, gut versteckt, ihre Spuren hinterlassen. So gilt es spätestens in den Latschenfeldern immer wieder, vereiste Passagen zu umgehen. Der drahtseilgesicherte Quergang an der Karlspitze erweist sich dank der Steilheit und direkter Sonneneinstrahlung glücklicherweise als trocken und somit leicht passierbar; auf dem relativ flachen Schlusshang hält sich der Altschnee jedoch mit Vorliebe. Am Ellmauer Tor wundern wir uns über die Höhenangabe von 2078 Metern am Wegweiser; das dürfte, sofern die Alpenvereinskarten richtig sind, mitnichten stimmen.

Auch ohne die Zweitausender-Marke zu knacken, ist das Ellmauer Tor mit seinen zahlreichen „Brotzeitfelsen" ein äußerst lohnendes Ziel – obwohl hier im Gegensatz zu den Rastplätzen im Anstieg meist ein kühles Lüfterl weht. Grandios ist der Blick nach Süden zu den Hohen Tauern. Aber noch faszinierender ist die imposante Felskulisse in unmittelbarer Nähe der fotogenen Scharte. Die nach dem Erstbesteiger Dülfer benannte Ostwand der Fleischbank etwa zählt zu den beliebtesten Kletterrouten der Ostalpen. Warum sich ein Einzelwanderer unsicher durch die schattige, schneebedeckte Steilrinne der benachbarten Hinteren Karlspitze quält, bleibt uns rastenden Sonnengenießern ein Rätsel.

„Sollen wir den Gipfel wagen?", frage ich in unsere kleine Runde. „Ich richte mich da ganz nach Euch", erwidert Reinhold, der als einziger Grödel im Gepäck hat. Einen Versuch ist es wert. Die vereinzelten Schneefelder sind zwar nicht tief, aber relativ hart gefroren; die schwache Dezembersonne vermag sie nicht mehr richtig aufzutauen. Im flacheren Gelände kann man die heiklen Passagen gut umgehen, doch spätestens im mit Eis gefüllten Felskamin hilft auch die Eisenkette wenig; wir müssen in die umliegenden Felsen ausweichen, deren Tritte und Absätze jedoch ebenso mit einer Eisglasur überzogen sind. Wenig später erreichen wir als Einzige an diesem Sonnentag den Gipfel und freuen uns über eine überwältigende Aussicht, auch wenn der östliche Ausläufer der Hauptkette zwischen Ackerlspitze und der Vorderen Goinger Halt den Blick nach Süden versperrt. Im Osten sind jenseits der Loferer Steinberge die Berchtesgadener Alpen und der Hochkönig zu erkennen, während im Norden zwischen Fleischbank und Predigtstuhl ein schönes Chiemgau-Panorama mit Chiemsee zu bewundern ist.

Viel Zeit für die Bewunderung bleibt nicht, da wir den Abstieg zum Ellmauer Tor schaffen wollen, bevor der Schatten einfällt und der leichte Tauprozess wieder einfriert. Das schaffen wir problemlos, und von einer kurzen Schattenpassage unterhalb der Karlspitze abgesehen verläuft auch unser restlicher Abstieg fast komplett in der Sonne. Dabei entscheiden wir uns am Wegkreuz der ersten Mulde für die Zugabe Much-Wieler-Steig, der inklusive Gegenanstieg im weiten Bogen um den Talkessel herumführt und uns das kaiserliche Panorama somit noch länger genießen lässt. An der Gaudeamushütte blicken wir nicht nur auf einen abenteuerlichen Wandertag, sondern auch auf das in der Abendsonne rötlich leuchtende Kaisergebirge zurück.

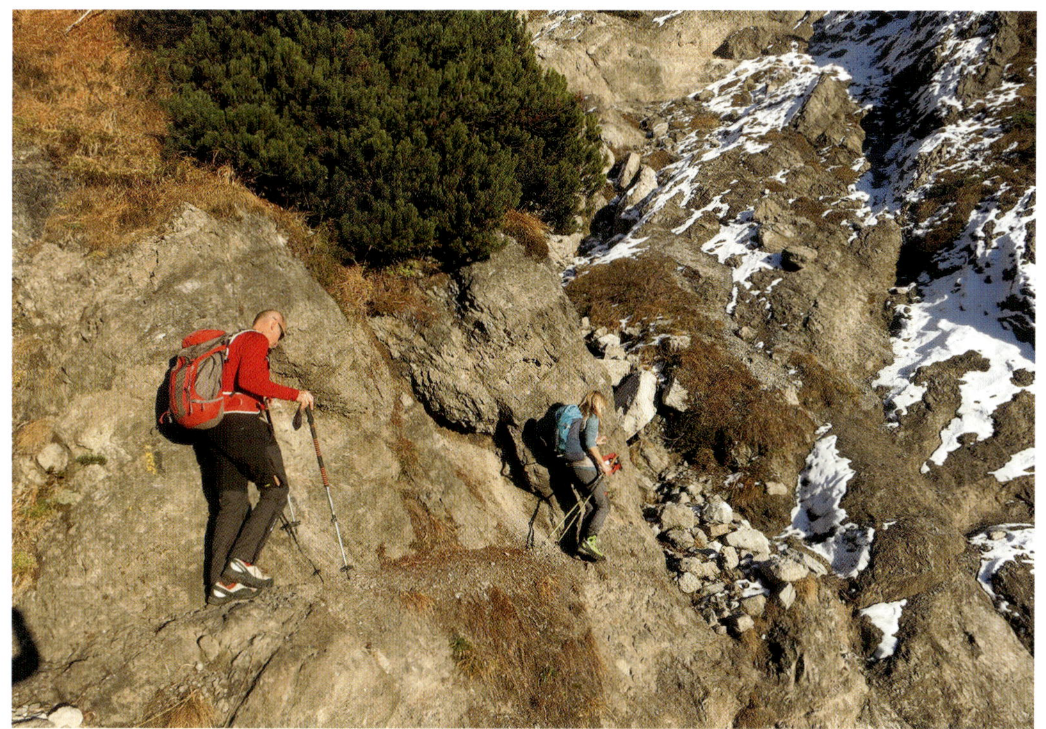

Route: Wochenbrunner Alm – Gaudeamushütte – Ellmauer Tor – Hintere Goinger Halt und zurück

Vom Parkplatz (1085 m) auf dem Fahrweg zur Gaudeamushütte (1263 m) ▶ an der Hütte links Richtung Bergkessel (Ww. Ellmauer Tor; Achtung: nicht versehentlich den oberen Weg Richtung Ackerlhütte nehmen!) ▶ Anstieg durch lichten Wald und zunehmend steil durch den Latschengürtel ▶ an der Kreuzung 1. Mulde (1562 m) links ▶ an der Kreuzung Jubiläumssteig (1625 m) rechts ▶ die steilen Felsausläufer der Karlspitze queren (Drahtseile!) und über eine Geländestufe zum Ellmauer Tor (1997 m) ▶ rechts über eine kleine Felsstufe in die Westflanke der Hinteren Goinger Halt und auf teils abschüssigem Steig (Eisenkette in einem Kamin!) zum Gipfel (2192 m) ▶ Abstieg auf derselben Route oder Variante

Gehzeit 5 ½ Std.

Höhenmeter 1180

Anfahrt
Auto Inntalautobahn A 12 Ausfahrt Kufstein Süd, B 173 und 178 nach Ellmau, auf Höhe des Ortskerns links in den Teerweg, nach wenigen Metern halbrechts der Beschilderung zur Wochenbrunner Alm folgen

Ausgangspunkt Großer Wanderparkplatz etwas oberhalb der Wochenbrunner Alm

Navigation N 47.541759°, E 12.319643°

Sonnenanteil Bereits beim Anstieg zur Gaudeamushütte lichtet sich der Wald rasch, anschließend fast ungetrübte Sonneneinstrahlung inklusive Wärmespeicher (Latschen).

Charakter Bis zur Kreuzung 1. Mulde handelt es sich um eine einfache Wanderung, dann nehmen die Schwierigkeiten v.a. bei viel Schnee oder Eisglätte zu. Zu beachten sind die Querung an der Karlspitze Richtung Ellmauer Tor und leichte Kletterpassagen an der Hinteren Goinger Halt (Drahtseile).

Wegweiser Das Ellmauer Tor ist bestens beschildert, auch der gut markierte Gipfelanstieg ist bei aperen Verhältnissen nicht zu verfehlen.

Variante Im unteren Abstiegsbereich ist der Much-Wieler-Steig dank der nachmittäglichen Sonneneinstrahlung eine lohnende Alternative. Der aussichtsreiche Steig zweigt an der Kreuzung 1. Mulde (1562 m, Ww. Ackerlhütte) ab und weist geringe Gegensteigungen auf. An der Kreuzung Freiberghütte (1514 m) zweigen wir dann rechts zur Gaudeamushütte ab (+ 45 Min./100 Hm).

Einkehr Wochenbrunner Alm, Tel. +43 / 53 58 / 21 80, tägl. ab Mitte Dezember, www.wochenbrunn.com

Karte Kompass-Wk Nr. 9 Kaisergebirge, 1:50.000

19 **WILDALPJOCH** (1720 m)

Sonne vom Parkplatz weg

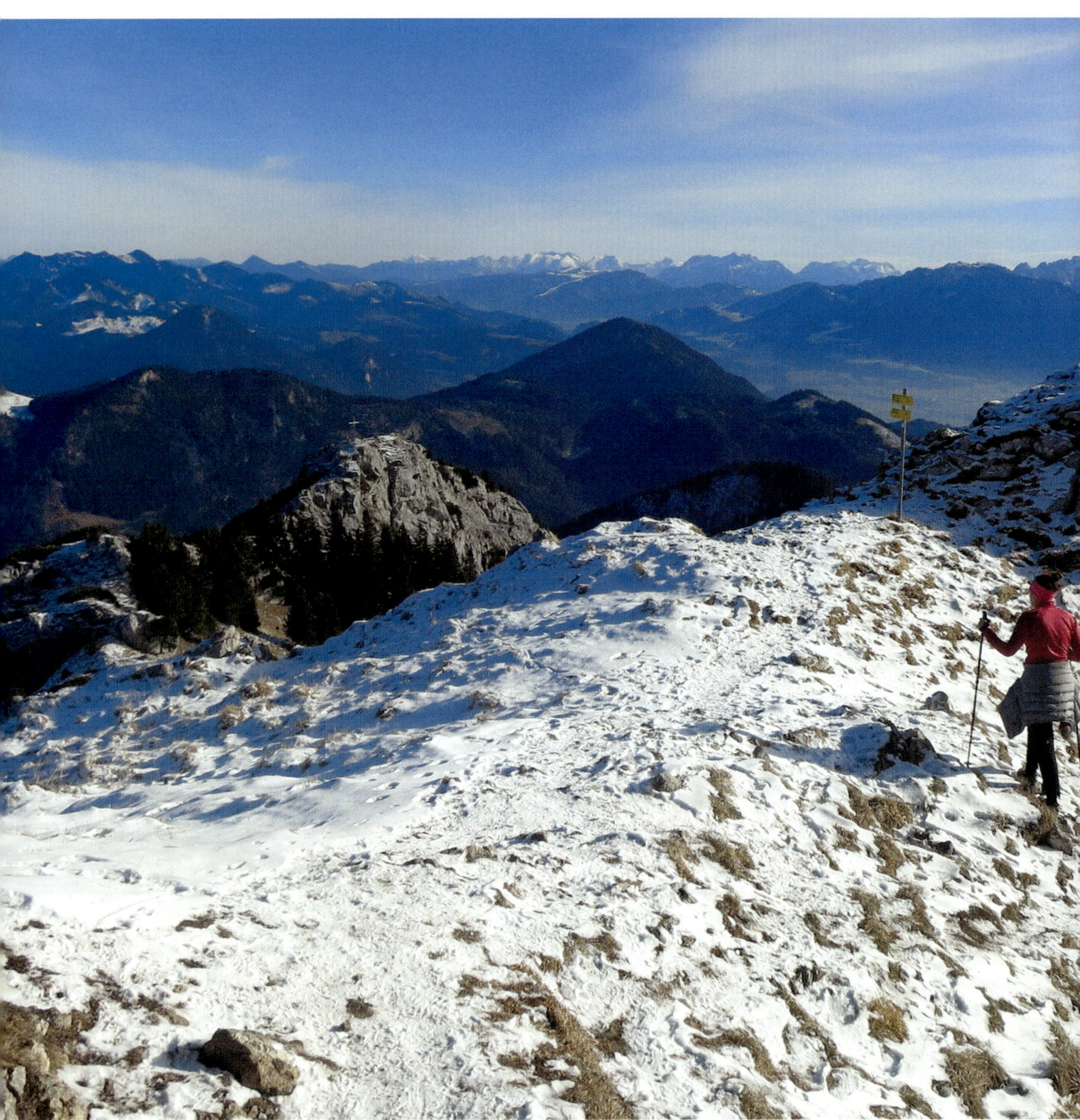

Jeder kennt das Phänomen, dass es im Winter eine Zeitlang braucht, um auf Betriebstemperatur zu kommen, da der Ausgangsort im Schatten liegt und es in den Talnischen noch frostiger ist als in den inversionsbegünstigten Höhenlagen. So gesehen verdient der Parkplatz am Wildalpjoch ein „Sonderlob": Er liegt komplett in der Sonne, kein Frösteln beim Schnüren der Schuhe, große Vorfreude auf eine satte Vitamin-D-Zufuhr vom Anfang bis zum Ende der Tour. Denn unabhängig vom Parkplatz ist das Wildalpjoch der Geheimtipp unter den Sonnenwanderungen des Mangfallgebirges.

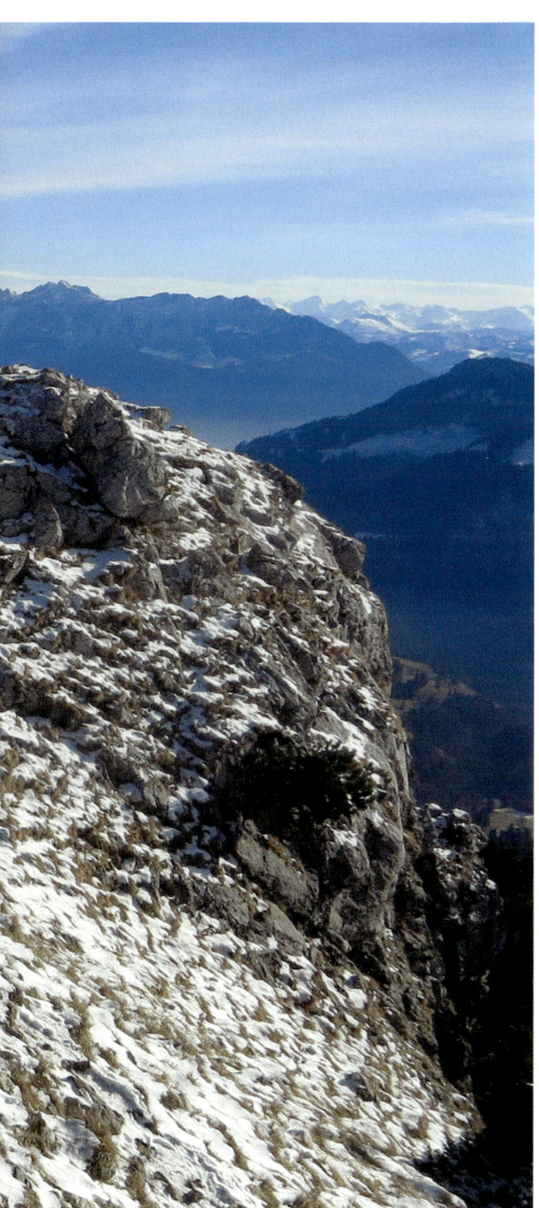

Das Wildalpjoch liegt vis-à-vis des bekannten Sudelfelder Skigebiets. Weiße Schneebänder ziehen sich vom Gipfelkamm des Großen Traithen bis zum Unteren Sudelfeld hinab. „Müssen wir Skifahren um jeden Preis?", fragt sich nicht nur der Alpenverein. Lange war zwischen Politik, Umweltverbänden und Vereinen darüber gestritten worden, ob die Anlage eines künstlichen Speichersees für die gezielte Beschneiung der Pisten in Zeiten des Klimawandels Sinn ergibt oder nicht. Selbst *Tirol Werbung* hat erkannt, dass der Trend zum Wandern kaum aufzuhalten ist. Einen Tag, nachdem ich bei einem Workshop in Innsbruck einen Expertenvortrag zu den Vorlieben des deutschen Winterwanderers halten durfte, wächst mit Blick auf die erbärmliche Schneelage, die sonnenüberfluteten Berghänge und das weitreichende Panorama in mir die Erkenntnis: Ja, lasst den Winter Winter sein, wenn es schneit; und baut die Schneekanonen ab wie Gorbatschow einst die nuklearen Mittelstreckenraken in Zeiten der Perestrojka ...

Das Wildalpjoch hat mit der Kandelaberfichte auch eine botanische Besonderheit zu bieten. Hierbei handelt es sich um eine Fichtenart, bei der aus dem Hauptstamm eines Baumes zumindest ein sehr kräftiger Nebenstamm parallel in die Höhe wächst und im Habitus somit einem Kerzenständer ähnelt. Dieses Phänomen entsteht, wenn ein bereits erstarkter Baum durch Blitzschlag oder Schneebruch seinen Gipfeltrieb verliert und Seitenstränge Sekundär-

Ankunft am Gipfel des Wildalpjochs mit Blick auf die Kaserwand (Vordergrund) sowie auf die Chiemgauer und Kitzbüheler Alpen am östlichen Horizont

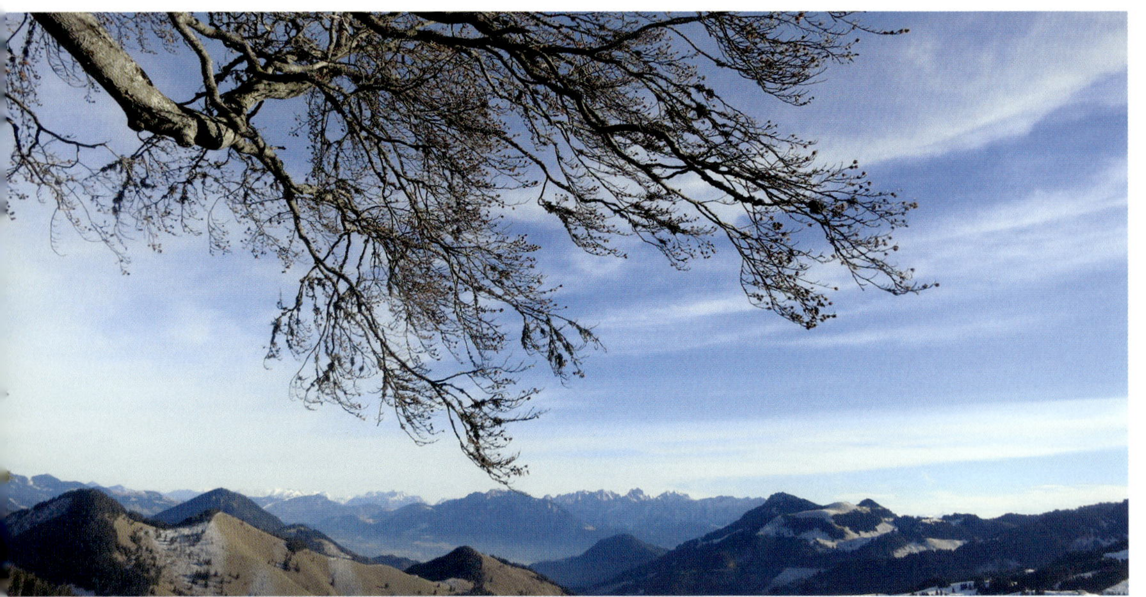

Das Sonnenprivileg bleibt uns auch im Abstieg erhalten.

wipfel bilden. Der erste Fund auf dieser Wanderung ist auch gleich einer der bedeutsamsten: Nach der Weggabelung auf dem Geländerücken entdecken wir hinter einer Buchengruppe linkerhand ein stattliches Exemplar! Anfangs erkennen wir nur die Basis des knorrigen Stamms, da einige teils kahle Seitenäste die Sicht versperren. Doch aus der Nähe offenbart sich das wirre Stamm-und-Astgebilde eindrucksvoll. Die teils moosbedeckten Auswulste am Stamm lassen auf ein hohes Alter schließen. Die Reste eines abgebrochenen Astes lehnen friedvoll am Baum.

Etwas oberhalb haben wir die Wahl zwischen einem für Privatautos gesperrten Teerweg und dem abkürzenden Steig. Vor Erreichen der Lacheralm steht eine weitere Kandelaberfichte direkt am Wegesrand, dieses Mal auf Anhieb als eine solche erkennbar. An diesem Baum kann man den einst an der Spitze abgebrochenen Hauptstamm erahnen; an der hangabwärts geneigten Seite haben sich gleich drei stramme Nebenstämme gebildet, die von einem auffallend mächtigen Wurzelwerk gestützt werden.

Nach Passieren der Alm endet der Fahrweg. Kurz darauf erreichen wir oberhalb eines zur Brotzeit einladenden Felsens eine Privathütte, die wir für unseren Rundweg links passieren müssen. Im lichten Wald halten wir uns an einer Weggabelung abermals links; der rechte Steig würde auch zum Verbindungsgrat zwischen Seewand und Wildalpjoch führen, ist aber steiler und schattiger. Anschließend durchschreiten wir, mit Blickrichtung Gipfelkreuz der Seewand, die für die bayerischen Alpen typische Latschenkiefer-Zone, die sich oberhalb der Baumgrenze ansiedelt. Die robusten Zweige der Latschen helfen uns am insgesamt flachen Westgrat über etwaige vereiste Wegpassagen hinweg. Nach Überschreitung eines Geländebuckels wird das Gelände felsiger. Beim Rückblick nach Westen taucht der Wendelstein eindrucksvoll hinter den vorgelagerten Wanderzielen Soinwand und Lacherspitz (siehe Tour 20) auf, und vor uns ist das Wildalmjoch-Gipfelkreuz bereits sichtbar.

Vom Gipfel öffnet sich ein weitumfassendes Panorama über das Mangfallgebirge bis zu den Chiemgauer Bergen, zum Kaisergebirge, zu den Kitzbüheler Alpen, Hohen Tauern und Zillertaler Alpen. Es ist immer wieder erstaunlich, welch hervorragende Aussichtslogen die relativ niedrigen Gipfel der bayerischen Voralpen darstellen. Am liebsten würde man hier Stunden sitzen, doch der kühle Wind treibt an diesem Tag zum baldigen Aufbruch: Es ist ja immerhin Ende November …

Beim Abstieg bieten sich ausreichend Gelegenheiten, das Panorama nochmals ausgiebig zu genießen. Der bequeme Wiesenpfad – im Sommer eine Einladung zum Barfußwandern – führt direkt auf die benachbarte Käserwand (1683 m) zu. Für den luftigen Abstecher auf den nahen Felsgipfel müssen trockene Bedingungen herrschen; die Kletterei ist zwar einfach, am Ende jedoch leicht ausgesetzt. Anschließend führt der Abstieg durch den Waldgürtel zur Lacheralm zurück.

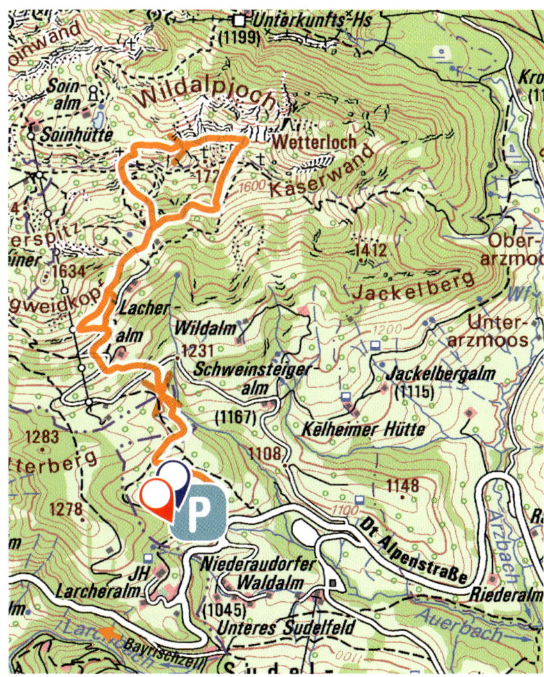

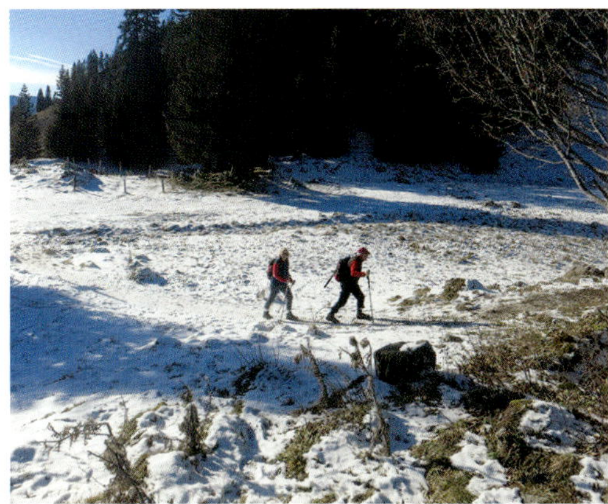

Wanderer oberhalb der Lacheralm

Route: Parkplatz Unteres Sudelfeld – Lacheralm – Wildalpjoch – Lacheralm – Parkplatz Unteres Sudelfeld

Vom Wanderparkplatz (1080 m) den Weg am Bach entlang und in einer weiten Rechtskehre bergan ▶ an der Weggabelung links an der markanten Kandelaberfichte vorbei ▶ auf dem Teerweg (Abkürzungen möglich) zur Lacheralm (1425 m) ▶ am Ende des Fahrwegs an der Weggabelung rechts (Ww. Wildalpjoch) ▶ unterhalb der kleinen Privathütte die linke (westliche) Steigvariante Richtung Wildalpspitz wählen (kein Ww.!) ▶ im lichten Wald an einer unmarkierten Weggabelung links ▶ am Gratrücken (1625 m) rechts zum Wildalpjoch (1720 m) ▶ Abstieg in östliche Richtung (Ww. Käserwand) ▶ unterhalb der Käserwand rechts über Wiesen und durch Wald zur Lacheralm hinab ▶ auf der Anstiegsroute zum Parkplatz zurück

Gehzeit 4 Std.

Höhenmeter 670

Anfahrt
Auto A 8 Ausfahrt Weyarn, B 307 über Schliersee und Bayrischzell zum Sudelfeld, Parkplatz 800 m nach der Passhöhe

Ausgangspunkt Parkplatz an der B 307 am Unteren Sudelfeld

Navigation N 47.684632°, E 12.036467°

Sonnenanteil Vom Parkplatz weg bis zur Lacheralm fast durchgehend sonnig. Beim Anstieg zum Wildalpjoch lichter Wald, bei der Gipfelüberschreitung wieder Sonne pur. Im Abstieg zur Lacheralm kurze Waldpassage

Charakter Bis zur Lacheralm einfache Bergwanderung auf soliden Steigen oder Fahrwegen. Der Gipfelrundweg weist auch steilere Pfadpassagen auf, die bei Vereisung oder großer Feuchtigkeit unangenehm sein können.

Wegweiser Im Aufstieg Wildalpjoch, im Abstieg Käserwand und Unteres Sudelfeld gut beschildert

Karte Kompass Wanderkarte Nr. 8, Tegernsee Schliersee, 1:50.000

SONNENABSTIEG am Wendelstein

Nur sieben Minuten benötigt die Seilbahn für die Überwindung der knapp 1000 Höhenmeter von Osterhofen bis zur Bergstation am Fuß des mächtigen Wendelsteins. Welch Gelegenheit, sich quasi in Windeseile in sonnige Höhen chauffieren zu lassen, sei es aus Mangel an Zeit oder einfach aus Bequemlichkeit. Ab Ende November verkehrt die Wendelsteinbahn regelmäßig auch den ganzen Winter über, wobei bei guten Pistenbedingungen die Skifahrer in der Überzahl sind. Die Talabfahrt ist aufgrund der durch die Sonneneinstrahlung rasch ausapernden Südhänge, wenn überhaupt, nur an wenigen Wochen im Jahr möglich, sodass die Wanderer spätestens unterhalb der Wendelsteinalm meist unter sich sind.

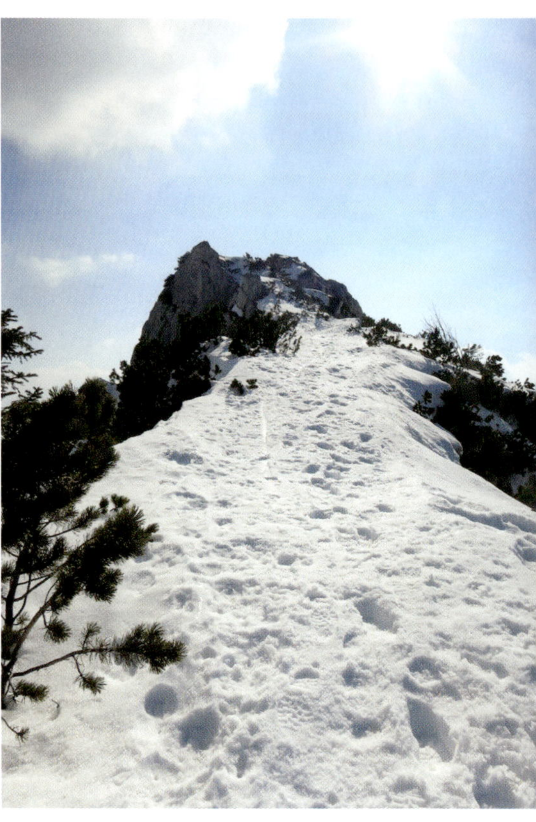

Auch der Gipfelweg zum 1838 Meter hohen Wendelstein wäre natürlich eine lohnende Option, doch ist dieser wegen seiner Exponiertheit – der treppenförmig angelegte Weg führt durch steiles Felsgelände und ist durch Schneerutsche oft partiell verschüttet – im Winter meist gesperrt. Zwar benötigen wir auch für unseren Alternativgipfel Lacherspitz brauchbare Bedingungen, also zumindest eine gespurte Schneetrasse, aber das Gelände ist hier weniger steil. Doch zuvor heißt es erstmal in Ruhe ankommen und den überwältigenden Ausblick auf die Bergwelt genießen. Allein auf der Terrasse des Wendelsteinhauses, das bereits im Jahr 1883 gegründet wurde und somit die älteste bayerische Bergwirtschaft ist, finden etwa 300 Leute Platz; und wem es zu kalt wird, der weicht in das Panoramarestaurant aus.

Einzig die kurze Steilstufe in Richtung Zeller Scharte verläuft in einem schattigen Kessel. Auf Höhe der Wendelsteinhöhle können wir die über hochalpines Gelände verlaufende Trasse der Zahnradbahn bewundern, die vom Talort Brannenburg

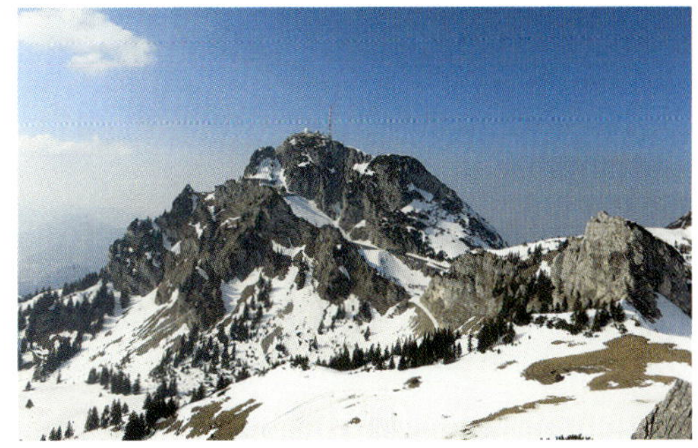

Dominante Berggestalt:
der Wendelstein vom Lacherspitz

auf einer Strecke von zehn Kilometern insgesamt sieben Tunnels, acht Galerien und zwölf Brücken passiert. Nicht minder imposant ist die Querung der Kesselwand, ein eindrucksvolles Felsgebilde mit, sofern man genau hinschaut und sich von der Phantasie leiten lässt, Gesichtern von Menschen, Tieren und Fabelwesen in der Wand. Beim Aufstieg zum Lacherspitz umwandern wir das bizarre Massiv und blicken respektvoll auf das kühn auf einem Felsen thronende Gipfelkreuz. Auch unser Gipfel ist im oberen Bereich felsig, doch hier müssen wir allenfalls kurz Hand anlegen, um ihn zu erklimmen und den herrlichen Blick in das Leitzachtal zu genießen.

Orientierungspunkt für den Abstieg ist die flache Grasmulde am Ausstieg des Lacherlifts. Bei Schnee ist es meist einfacher, alternativ zur Anstiegsroute am Rand der Piste direkt in das Wendelsteinalm-Plateau abzusteigen.

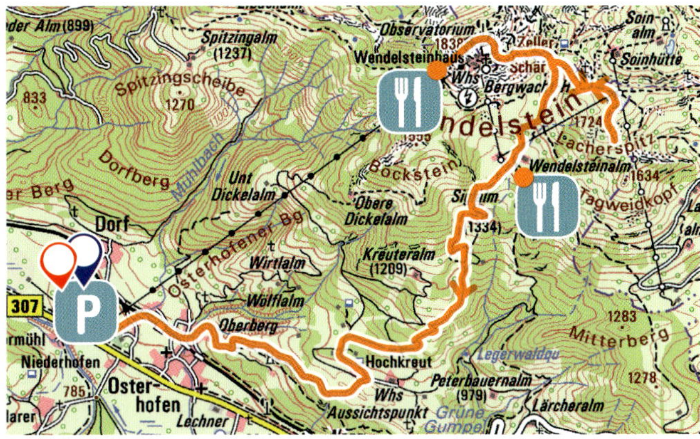

Im Gipfelbereich ähnelt der Lacherspitz einer kleinen Felsbastion.

Route: Wendelsteinhaus – Zeller Scharte – Lacherspitz – Wendelsteinalm – Hochkreuth – Osterhofen

Vom Wendelsteinhaus (1724 m) ostwärts steil in die Zeller Scharte (1611 m) absteigen ▶ unterhalb der Kesselwand leicht absteigend queren ▶ an der Weggabelung links (1580 m, Ww. Lacherspitz) ▶ den Westhang zur Einsattelung an der Kesselwand (1665 m) empor und südwärts, den Lacher-Schlepplift passierend, entlang des Gratrückens zum Lacherspitz (1724 m) ▶ zurück zur Skipiste und wahlweise an deren Rand oder über die Aufstiegsroute zur Wendelsteinalm (1420 m) absteigen ▶ entlang der Skipiste zur Siglalm (1334 m) und westlich der Steilpassage durch den Wald absteigen ▶ auf dem Karrenweg nach Hochkreuth hinab ▶ am Siglhof die Teerstraße rechts nach Osterhofen (Ww. Talstation Wendelstein) ▶ hinter dem Bahnhof durch die Unterführung und am Mühlberg zur Talstation (792 m)

Gehzeit 3 ½ Std.

Höhenmeter 150 (Abstieg: 1080)

Anfahrt
ÖVM Bayerische Oberlandbahn (BOB) nach Osterhofen
Auto A 8 Ausfahrt Weyarn, B 307 über Schliersee nach Osterhofen

Ausgangspunkt Parkplatz an der Talstation der Wendelsteinbahn (Info: Tel. 0 80 34/30 80, www.wendelsteinbahn.de)

Navigation N 47.68800°, E 11.97973°

Sonnenanteil Oberhalb der Wendelsteinalm insgesamt sehr viel Sonne, unterhalb der Siglalm folgen zwei kürzere Waldpassagen, dann bis in Tallage allenfalls lichter Wald

Charakter Insgesamt bequeme Abstiegstour mit nur wenig steileren Passagen. Unterhalb der Siglhütte geht der Steig in einen Karrenweg über, von Hochkreuth bis Osterhofen Teerstraße

Wegweiser Abstieg nach Osterhofen im oberen Bereich nicht lückenlos beschildert (Ww. blau Osterhofen Seilbahn Talstation bzw. gelb Osterhofen über Hochkreuth), doch die Orientierung im Gelände ist einfach. Gipfel-Abstecher Lacherspitz beschildert

Einkehr Wendelsteinhaus, Tel. 0 80 23 / 4 04, ab Ende November täglich geöffnet; Wendelsteinalm (sporadisch an schönen Wochenenden geöffnet)

Karte Kompass Wanderkarte Nr. 8, Tegernsee Schliersee, 1:50.000

21 **RISSERKOGEL** (1826 m)

Anspruchsvolle GIPFEL-SOLO-RUNDE

Bereits der Normalweg zum Risserkogel ist im Winterhalbjahr je nach Bedingungen eine alpine Herausforderung, da er über den langgezogenen, leicht ausgesetzten Westgrat mit leichten Kletterstellen zum Gipfel führt. Von der Orientierung her noch anspruchsvoller ist die Querung über das Rißgrabenkar nebst Anstieg von Süden, da diese Route anfangs nicht markiert und der Pfad nicht immer klar erkennbar ist. Als Belohnung für unseren Pioniergeist werden wir mit einer großartigen Bergüberschreitung belohnt, die ein hohes Maß an Spannung, Abwechslung und Glücksgefühl zu bieten hat.

Ein sonniger Märztag. Der Schnee hat sich südseitig bereits bis in die Gipfelregionen zurückgezogen; die Gelegenheit, die Risserkogel-Überschreitung mit Freude und Genuss anzugehen. Was ich am Wanderparkplatz nicht ahnen kann: Ich werde an diesem wolkenlosen Sonnentag von einem Förster in der Langenau abgesehen keiner einzigen Menschenseele begegnen! „Free solo" am Berg! Klar, es ist Dienstag und nicht Sonntag, da müssen die meisten arbeiten, aber was habe ich nicht schon unter der Woche für Anstürme auf die bayerischen Hausberge erlebt? Wissen die meisten nicht, dass die Südhänge am Risser-

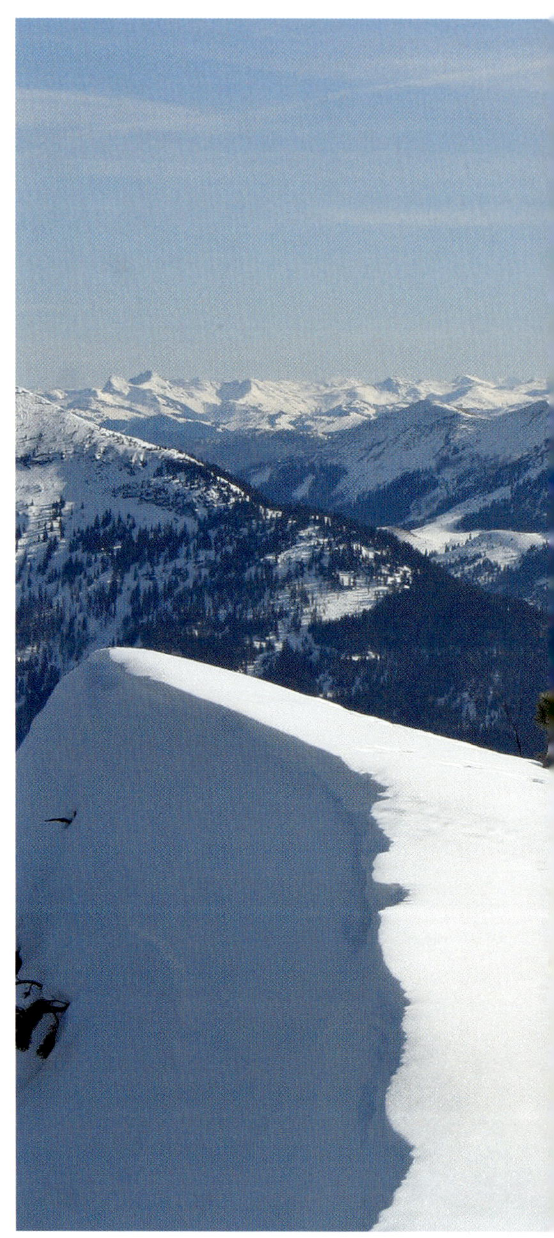

Gipfelankömmlinge, jedoch von Norden mit Skiern, bei einer früheren Besteigung; im Hintergrund die Hohen Tauern mit dem Großglockner

kogel durch die Sonneneinstrahlung relativ rasch ausapern? Oder ist die Tour zu lang, zu schwer? Oder ist die Meidung dieses Vorzeigebergs der Tatsache geschuldet, dass es hier, von der Schwaigeralm in Parkplatznähe abgesehen, keine Einkehr gibt?

Mir soll es Recht sein. Der Risserkogel ist einer meiner Lieblings-Sonnenberge, gerade im Winterhalbjahr, weil bereits der Anstieg zur Ableitenalm, erst am Sagenbach entlang, später in den tiefen Hirschlahnergraben blickend, ein landschaftliches Erlebnis ist. Vor Jahren habe ich mich nach zu starkem Neuschnee mit dem Grubereck begnügt, ein anderes Mal war ich zu spät losgegangen und mir am Nachmittag die Lawinengefahr am über 30 Grad steilen Südhang zu groß, und vor meinem Nepal-Trekking diente der Berg zu Trainingszwecken. Ohne ein gewisses Maß an Bergerfahrung und Kondition ist die Tour allerdings nicht zu empfehlen, wobei bereits

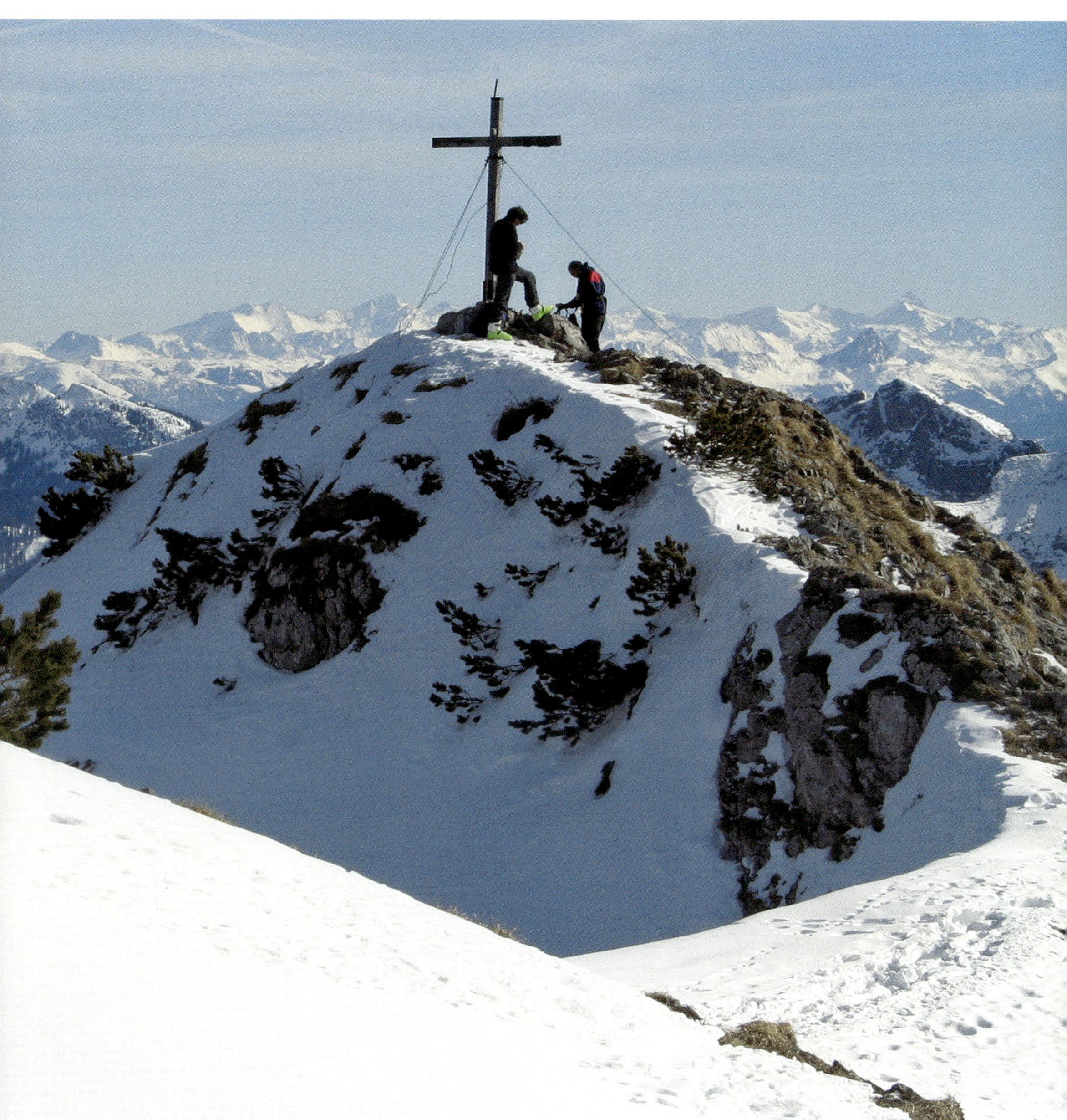

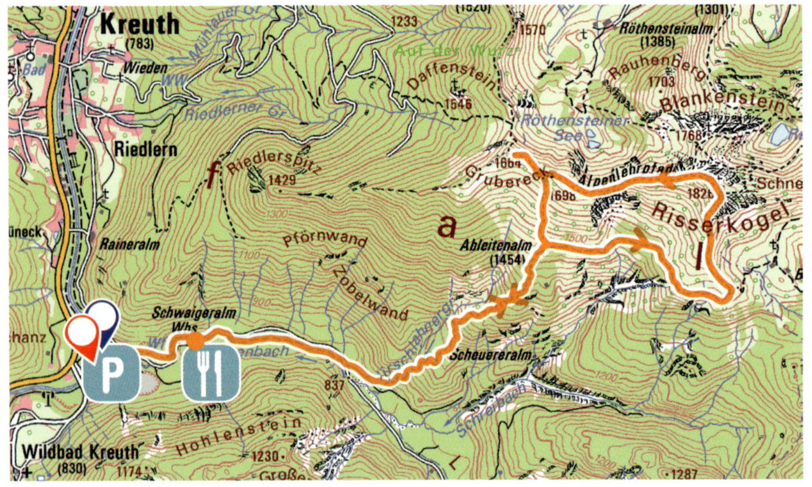

das Grubereck auch ohne Gipfelrunde ein lohnendes Ziel darstellt. Der März ist ideal für eine Besteigung, vor allem wenn es nachts gefriert und der Altschnee bis Mittag noch hart und somit einbruchsicher ist. Und wenn wie heute bereits ein Hauch von Frühling zu verspüren ist, mit den das Auge verwöhnenden Leberblümchen-, Pestwurz-, Schneeheide- und Seidelbast-Blüten am Wegesrand – willkommene Farbtupfer auf den immer noch braunen Bergwiesen.

Ein Entscheidungskriterium für den Anstieg über Rißgrabenkar und Südgrat ist die Schneelage an der Ableitenhütte: Bis auf ein paar Restschneefelder ist alles abgetaut, vorhandene Schneefelder sind zuverlässig gespurt. Würde man bei jedem zweiten Schritt einsinken, würde sich bereits die Querung als zu kräftezehrend erweisen. Im Wiesengelände der ehemaligen Rißalm setzt die steile Südflanke zum gut 300 Meter höheren Gipfel an. Anfangs geht es noch moderat ansteigend in die Höhe, dann teils auf allen Vieren, Stufen in den langsam auftauenden Schnee schlagend, durch enge Latschengassen. Knapp unterhalb des Gipfels ist mir noch der Blick in die schräg

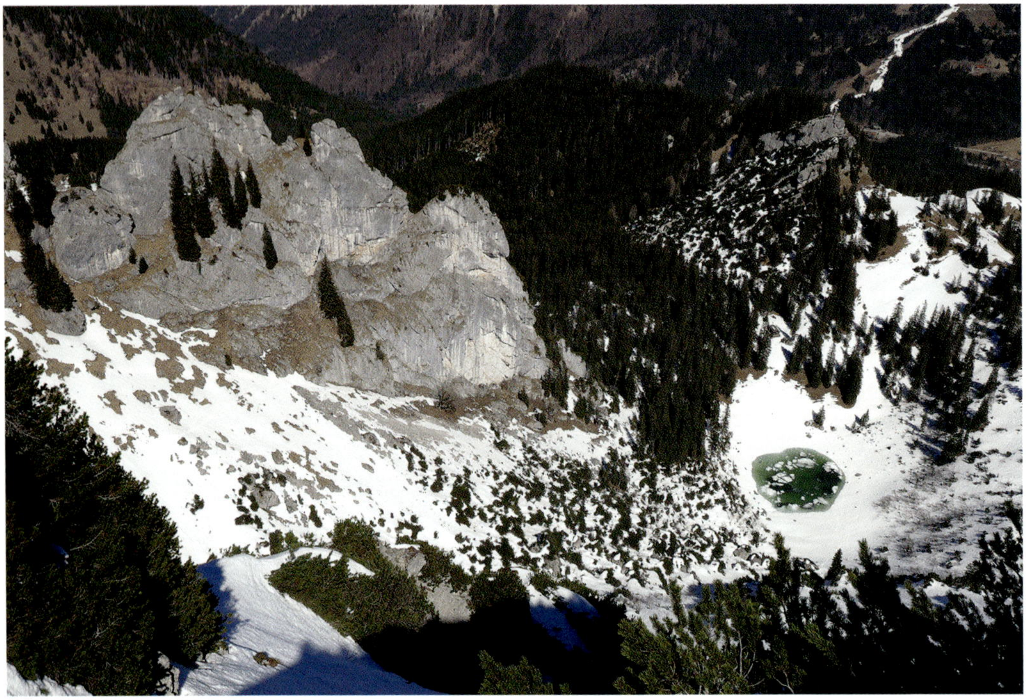

Herrlicher Tiefblick zu Blankenstein und Riederecksee vom Westgrat des Risserkogels

abfallende Ostwand des Risserkogels vergönnt, dann erreiche ich das hölzerne Gipfelkreuz.

Falls es am Gipfel zu sehr winden sollte – zwischen den angrenzenden Latschen gibt es mit Sicherheit wärmere Brotzeitplätze. Welch Bergpanorama: Allein der Blick auf die Hohen Tauern sowie auf das Karwendel-, Wetterstein- und Mangfallgebirge ist großartig! Nicht minder eindrücklich ist der Tiefblick im Verlauf des Westgrat-Abstiegs: Auf dem grünen Riederecksee treiben Eisschollen, während die Röthensteiner Seen noch vollkommen eisbedeckt sind; zwischen den Seen ragt der Kletterfelsen Blankenstein in die Höhe, dahinter sind die Tegernseer Hausberge Setzberg und Wallberg zu erkennen (siehe Tour 38). Meist südlich der Gratkante geht es stufenweise durch Latschengassen hinab, Drahtseile helfen über leichte Kletterfelsen hinweg. Wir bleiben solange auf dem Gratrücken, bis wir das Baumgrenze-Schild des Alpenlehpfads passiert haben und auf den Schilderbaum des Wegabzweigs in Richtung Ableitenalm stoßen.

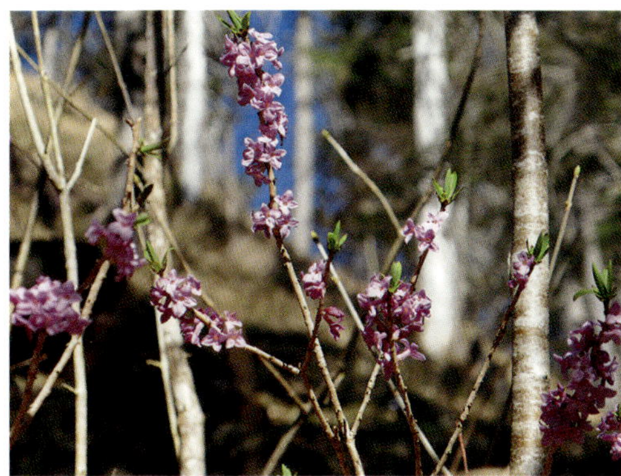

Ein Hauch von Frühling: Seidelbast am Wegesrand

Route: Wildbad Kreuth – Schwaigeralm – Ableitenalm – Rissgrabenkar – Risserkogel – Ableitenalm – Schwaigeralm – Wildbad Kreuth

Vom Parkplatz (795 m) wahlweise auf dem Fahrweg oder auf dem Sepp-Resch-Weg über den Wasserfall zur Schwaigeralm (813 m) ▶ nicht auf dem Fahrweg, sondern auf dem schmaleren Fußweg am Sagenbach entlang talein (Ww. Risserkogel) ▶ bei Einmündung in den Fahrweg (837 m) zweigt links der gut markierte, teilweise über steile Geländeabschnitte führende Steig über die Scheuereralm (1042 m) zur Ableitenalm (1454 m) ab ▶ an der Alm nicht dem Ww. Richtung Risserkogel (blauer Richtungspfeil) folgen, sondern nach rechts auf dem deutlich erkennbaren Pfad anfangs höhengleich, dann leicht absteigend in das Rißgrabenkar queren (Quelle, kein Ww.; 1440 m) ▶ nach kurzem Anstieg an der folgenden Weggabelung rechts halten (kein Ww.!) ▶ an der grasigen Hangkante links (Ww. Risserkogel; 1520 m) ▶ auf dem Gratrücken zunehmend steil durch Latschengassen zum Risserkogel (1826 m) empor ▶ Abstieg zwischen Latschen und über kleine Felsrinnen entlang des Westgrats (leichte Kletterstellen, Ww. Ableitenalm) ▶ an der Weggabelung vor dem Grubereck (Ww. Schwaigeralm) links über steile Wiesen zur Ableitenalm und auf der Aufstiegsroute zum Parkplatz zurück

Gehzeit 6 Std.

Höhenmeter 1230

Anfahrt
ÖVM Bayerische Oberlandbahn (BOB) nach Tegernsee, RVO-Bus 9556 nach Wildbad Kreuth
Auto B 307 über Tegernsee bis Wildbad Kreuth, links auf den großen Wanderparkplatz, dahinter die Bachbrücke überqueren und links Richtung Schwaigeralm

Ausgangspunkt Parkplatz unterhalb der Schwaigeralm

Navigation N 47.626829°, E 11.752899°

Sonnenanteil Am Sagenbach ist es eher schattig, bevor der halbschattige Anstieg durch lichten Wald zur Ableitenalm erfolgt. Durchgehend sonnig sind die Südhänge am Risserkogel sowie der Abstieg auf dem Westgrat und vom Grubereck zur Ableitenalm.

Charakter Bis zur Ableitenalm geht es auf gut markierten Wegen die mäßig steilen Südhänge empor. Oberhalb der Alm steiles Wiesengelände, daher nur bei günstiger Schnee- und Lawinenlage machbar! Die Querung durch das Rißgrabenkar erfordert Orientierungssinn, die Gratüberschreitung Trittsicherheit.

Wegweiser Lückenlose Beschilderung

Variante Bei winterlichen Verhältnissen ist auch das aussichtsreiche Grubereck (1664 m) eine lohnende Option, das wir von der Ableitenalm in einer halben Stunde erreichen (insgesamt ca. 250 Hm und 1½ Std. Gehzeit weniger).

Einkehr Schwaigeralm, Tel. 0 80 29 / 2 72, Mi. Ruhetag, www.schwaigeralm.de

Karte Kompass Wanderkarte Nr. 8, Tegernsee Schliersee, 1:50.000

Imposante GIPFELWECHTE

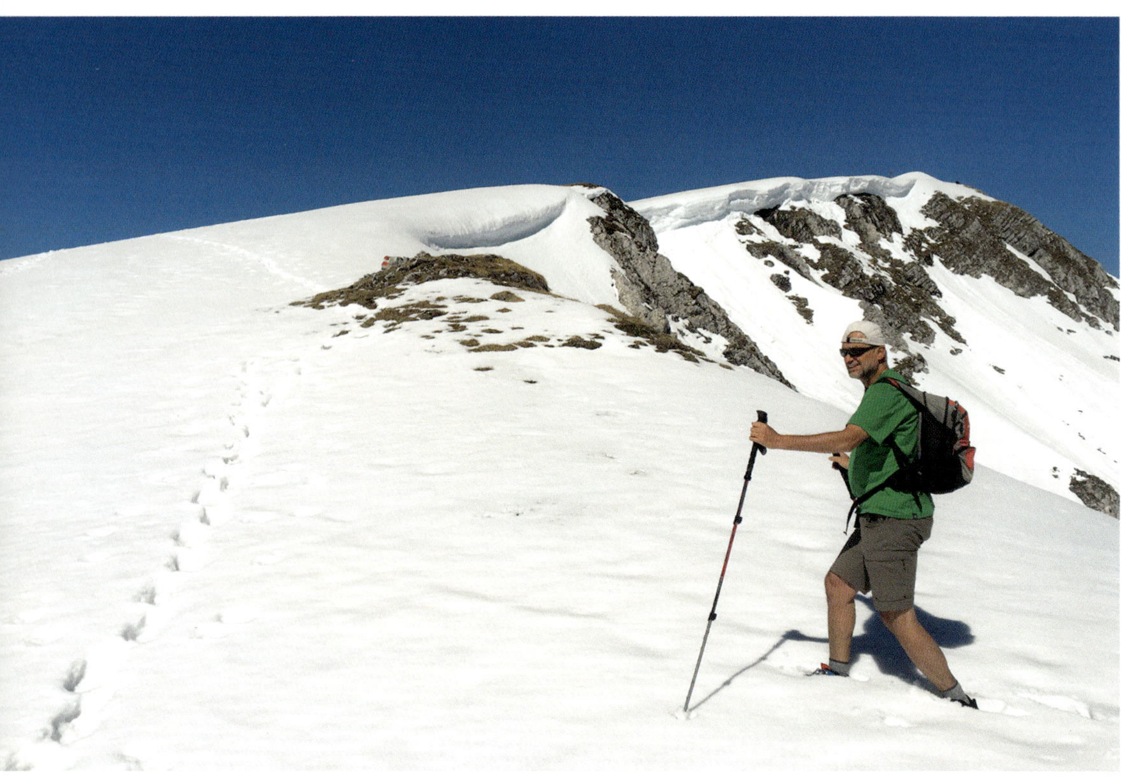

Würde es einen Wettbewerb für die schönste Gipfelwechte der Nordalpen geben – der Unnutz könnte sich mit guten Erfolgsaussichten bewerben! Denn hoch über dem Achensee sind die Voraussetzungen für die Wechtenbildung perfekt: Der Gipfelgrat ist nach Westen zu recht flach, um ostwärts abrupt in steiles Gelände abzubrechen; somit kann der Wind den perfekten Anlauf nehmen, um den Schnee über die Abbruchkante hinweg in eindrucksvollen Mengen zu verfrachten. Der Wanderer kann das eindrucksvolle Schneewechten-Gebilde, das wie eine riesige Welle über den Gipfelkamm schwappt, beim Anstieg in Augenschein nehmen, da der Grat in Gipfelnähe eine fotogene Biegung vornimmt.

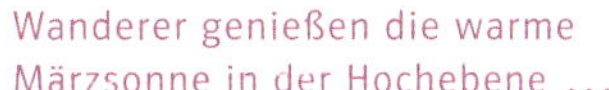
Wanderer genießen die warme Märzsonne in der Hochebene …

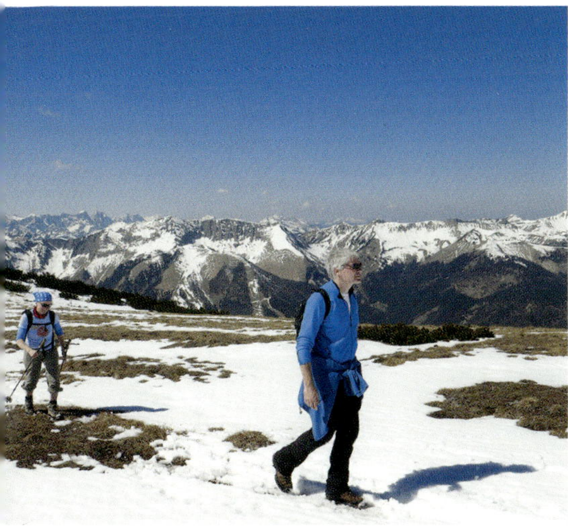

… und am flachen Gipfelhang.

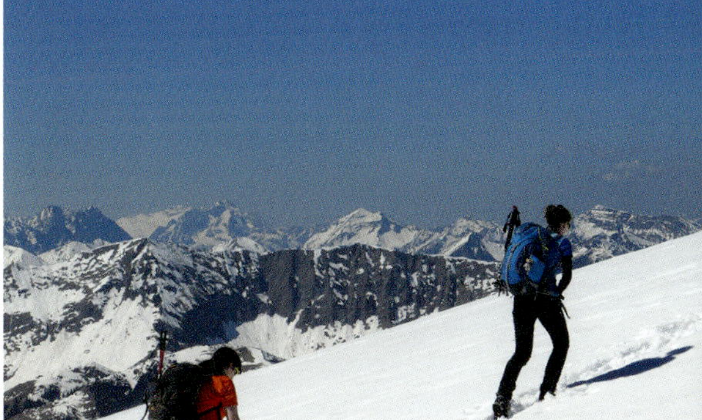

Freude pur beim Anblick der Wechte, die sich eindrucksvoll bis zum Gipfel hochzieht.

Angesichts seiner solitären Premium-Sonnenlage hätte der Unnutz einen schöneren Namen verdient. Das in Nord-Süd-Richtung verlaufende Bergmassiv besteht aus den drei Gipfeln Hinterunnutz (2007 m), Hochunnutz (2075 m) und Vorderunnutz (2078 m); die Besteigung aller Gipfel wird von einer äußerst lohnenden Gratwanderung gekrönt, die jedoch nur im Sommerhalbjahr zu empfehlen ist. Im Winterhalbjahr begnügen wir uns mit dem südseitigen Anstieg auf den Vorderunnutz, der zu den großartigsten Aussichtskanzeln von Tirol zählt.

Der direkte Anstieg beginnt an der Nordspitze des Achensees vis-à-vis des Hotels Fischerwirt (gebührenpflichtiger Parkplatz), wobei die Bundesstraße in einem kleinen Tunnel unterquert wird. Angesichts des regen Zustroms an Seespaziergängern und Café-Besuchern – der Fischerwirt ist freilich eine Option für einen genussvollen Ausklang der Tour mangels Einkehr an unserer Strecke! – an diesem Traumwetter-Sonntag bevorzugen wir jedoch den kleinen Umweg von der etwas nördlich gelegenen Parkbucht direkt an der Bundesstraße. Nach kurzer Querung zweigt der schöne Waldsteig vom Forstweg ab und mündet in die direkte Aufstiegsroute.

Vor allem vormittags hält sich die Sonneneinstrahlung im lichten Wald noch in Grenzen, da der Hang nach Westen ausgerichtet ist. Wir gewinnen auf dem bequemen Waldboden rasch an Höhe. Im Klaustalgraben queren wir einen Quellbach, an dem wir in der verhalten durch die Baumwipfel durchscheinenden Märzsonne frische Brunnenkresse ernten und damit unsere spätere Gipfelbrotzeit bereichern. Mit Erreichen der sonnigen Köglalm weitet sich erstmals unser Geländeblick; imposant ragt die formschöne Seekarspitze über dem Achensee in die Höhe. Die Alm ist zu dieser Jahreszeit leider geschlossen, aber eine kurze Pause ist hier fast obligat.

Oberhalb der Köglalm ändert sich der Charakter der Wanderung. Die Route führt über den steilen Latschenrücken in die Höhe, in dem die direkt einfallende Sonne reichlich Wärme speichert. In der trockenen Wärme fühlt sich auch der Brombeer-Zipfelfalter wohl, der an diesem Vorfrühlingstag munter zwischen den Zweigen hin und her flattert; er ist an seiner grasgrünen Flügelunterseite leicht zu erkennen. Für Lucky, den uns begleitenden Golden Retriever, ist der Wärmestau zwischen den Latschen hingegen eine Herausforderung; dankbar nutzt er

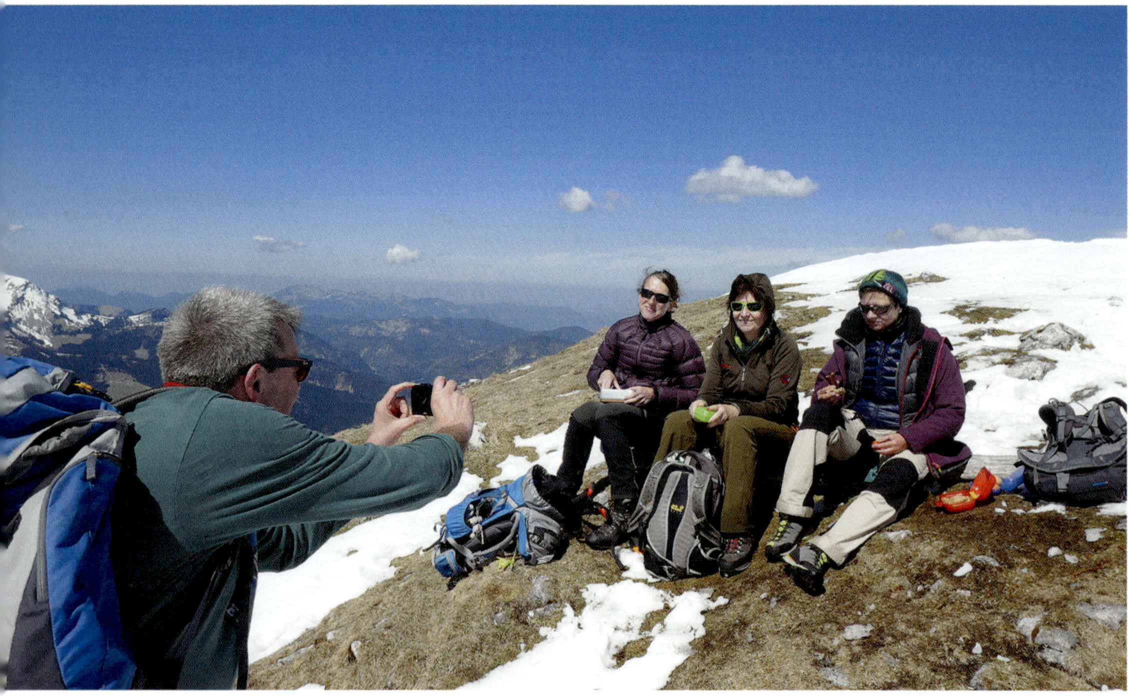

Ein Fotograf für dieses Damen-Trio ist schnell gefunden.

die Schneefelder am Wegesrand zur Kühlung. Er teilt seine Kräfte ebenso behutsam ein wie seine Halter Maria und Paul, die den langen Berganstieg trotz des geringen Bergtrainings problemlos meistern.

Ein letzter Geländebuckel noch, dann lichtet sich der Latschengürtel und der Blick auf unseren Gipfel wird frei. War der Schnee in den steilen Latschengassen bereits weitgehend weggetaut, in den flachen Mulden hält er sich in respektablen Mengen.

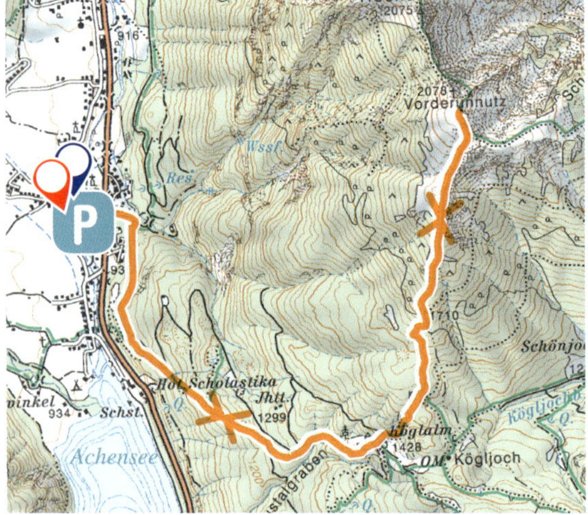

Kleine Wanderkarawane beim Abstieg in Richtung Achensee

Was der Wind in diesem alpinen Gelände in Form von Schneeverwehungen anstellt, erkennen wir am Gipfelhang: Während die leicht eingebettete Seite dick mit Schnee gefüllt ist, wandern wir rechts davon praktisch schneefrei bis zur Gipfelschulter. Von hier blicken wir in die sich meterhoch über der steilen Bergflanke türmende Schneewechte, der wir bei unserem finalen Gratanstieg nicht zu nahe kommen sollten; selbst berühmten Bergsteigern wie Hermann Buhl, Erstbesteiger der Nanga Parbat, wurde ein Wechtenbruch bereits zum Verhängnis – wenngleich in steilerem Gelände.

Doch auch eine weitere Besonderheit hat der Vorderunnutz zu bieten: Im Spiegel der flachen Wintersonne glitzert der Achensee ab Mittag oder frühem Nachmittag wie tausend Wunderkerzen – was für ein Naturspektakel! Je näher unsere Wanderung an der winterlichen Sonnenwende stattfindet, desto schräger fällt das Sonnenlicht ein, was den Glitzereffekt nochmals verstärkt. An diesem warmen Märztag kommt einem die erste Strophe von Ingrid Herta Drewings Gedicht „Frühling am See" in den Sinn: „Hell glänzend spielt das Licht hier auf dem See, ein Glitzertanz von tausend Brillanten. Die Sonne gleißend strahlt aus ihrer Höh, und weckt den Frühling auf in unsren Landen." Zweifelsfrei sind diese Zeilen auch auf die Wintermonate zu übertragen.

Oberhalb des Sees ragen die dunklen Karwendelketten mit ihren zackig-spitzen Gipfeln in den Himmel. Dass der Vorderunnutz ein großartiger Aussichtsberg ist, muss aufgrund seiner exponierten Lage kaum erwähnt werden. Auch der Blick in das südlich angrenzende Rofangebirge ist großartig, weiter im Süden tauchen die Zillertaler Alpen auf und nordwestlich hinter dem markanten Guffert sind links der Blauberggrat und rechts das Trainsjoch (siehe Tour 36) auszumachen. Auch während des Abstiegs – ein Hochgenuss mit Blick in die Nachmittagssonne! – genießen wir das herrliche Panorama.

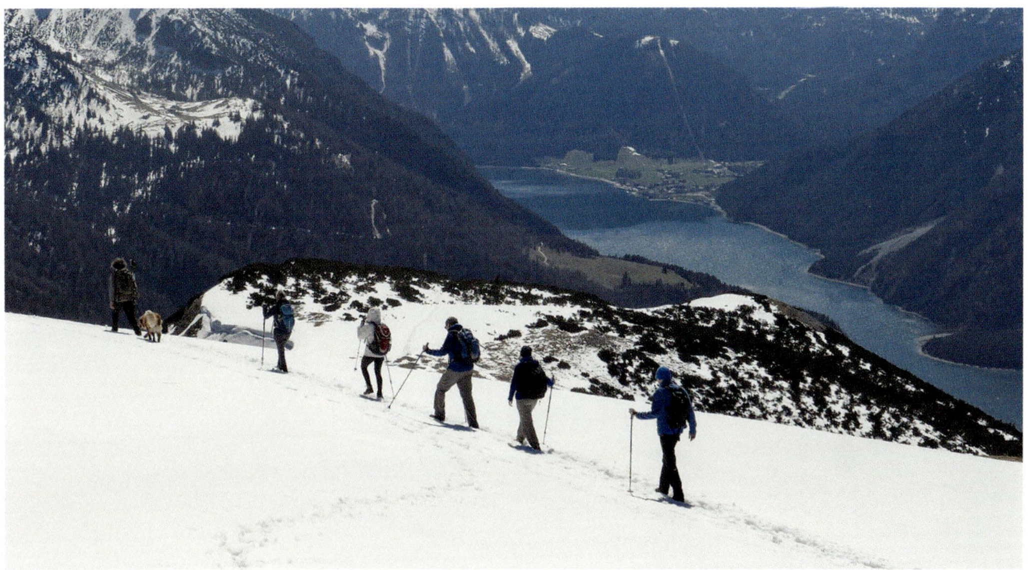

Route: Achensee – Köglalm – Kögljoch – Vorderunnutz und zurück

Vom Parkplatz bei Achenkirch (938 m) den Fahrweg bergwärts (Ww. Unnutz) ▶ nach einer Flachpassage zweigt rechts unser schöner Waldpfad ab ▶ Anstieg durch den lichten Wald, den Fahrweg einmal kreuzend, zur Köglalm (1428 m) ▶ an der Alm erst auf dem Fahrweg etwas bergan, dann in den leicht bewaldeten Steig zum Kögljoch (1487 m) abzweigen ▶ erst durch Wald, dann am breiten Gratrücken steil durch Latschen zu einem Geländekopf empor (1710 m) ▶ über flache Wiesen nordwärts zuletzt etwas anteigend auf den Gipfel des Vorderunnutz (2078 m) ▶ Abstieg auf derselben Route

Gehzeit 6 Std.

Höhenmeter 1170

Anfahrt
Auto B 307 über Tegernsee oder B 13 ab Bad Tölz über den Sylvensteinspeicher Richtung Achensee, B 181 bis 400 m vor der Ausfahrt Achenkirch Süd

Ausgangspunkt Kostenfreier Parkplatz an der linken Seite der B 181 nach dem Hotel Cordial

Navigation N 47.508994°, E 11.708332°

Sonnenanteil Unterhalb der Köglalm und bei der Querung zum steilen Latschenanstieg teils eingeschränkte Sonneneinstrahlung durch lichten Wald, rund um die Köglalm und ab etwa 1600 Meter Höhe Sonne pur.

Charakter Anstieg zur Köglalm auf bequemen Waldwegen; in den Latschen wird das Gelände zwar steiler, aber es ist einfach zu meistern. Das flache Gipfelbecken nebst Gratzustieg ist das Sahnehäubchen dieser aussichtsreichen Wanderung.

Wegweiser Der Unnutz ist bestens beschildert, die Orientierung einfach.

Karte Kompass Wanderkarte Nr. 027, Achensee, 1:35.000

SPRITZTOUR zum Aussichtspunkt

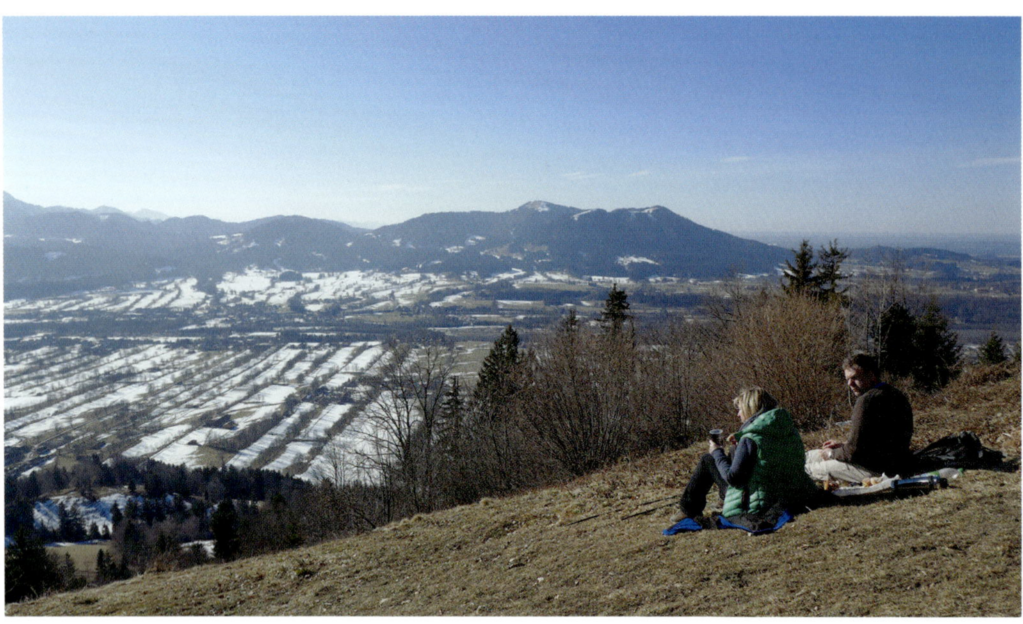

Die Talebene zwischen Gaißach und Lenggries ist von einer Heckenlandschaft aus hohen Sträuchern und Bäumen geprägt, die zur Begrenzung von Weideflächen angelegt wurde. Jede Tratn (Bergwiese) wird von einem anderen Bauern zwecks Beweidung durch Jungvieh oder zur Heuernte betrieben, deshalb die Parzellentrennung und Tafeln entlang der Strecke, die auf Privateigentum hinweisen. Da die Hänge am Schürfenkopf stark von der Sonne verwöhnt werden, bezeichnen die Einheimischen unser Wanderziel als „Goaßara Sunntradn"; die Landschaftsform der Tratn steht unter Naturdenkmal-Schutz. Die Streckenlänge von etwa sechs Kilometern ist so überschaubar, dass die Wanderung auch zum Sonnenuntergang eine lohnende Option ist.

Beim Anstieg wandern wir an der Riedel-Linde vorbei. Das signifikante Baumdenkmal weist eine einzigartige Kandelaberform auf, die durch den durch Nassschnee verursachten Astbruch im Oktober 2013 jedoch arg gelitten hat. Somit klafft heute über dem mächtigen Stammsockel, der einen Umfang von mehr als neun Metern aufweist, eine größere Lücke. Falls der dicke Aststrang seine Verletzung nicht schließen kann, droht eine Mulmhöhlenbildung mit Pilz- und Insektenbefall. Für den immer noch vor Kraft strotzenden Baum, der über ein ausladendes Kronendach verfügt, könnte dies fatale Konsequenzen haben. Der Mitteltrieb muss übrigens schon vor vielen Jahrhunderten auseinandergebrochen sein, sonst hätte sich diese seltene Wuchsform nicht ergeben.

Die Riedel-Linde ist vom Wanderparkplatz nur rund 700 Meter entfernt. Unterwegs passieren wir eine Obstwiese mit Anbau von fünf verschiedenen Apfelsorten. Beim weiteren Anstieg fallen die Holzstadel auf, in denen im Sommer zum Teil Heu eingelagert wird. Die ansässigen Bauern kämpfen um die Respektierung ihres Privatgrunds und riegeln ihn mit Zäunen ab. Der heutige Sonntratnsteig ist ein Kompromiss, der im Gegensatz zu früher am Grundstückrand des Eigentümers entlangführt und mit der zuständigen Gemeinde mühsam ausgefochten wurde. So ist auch die Gipfelwiese am Schürfenkopf – der Gipfel selbst liegt versteckt im Wald – nur schwer zugänglich, obwohl das Betretungsverbot offiziell nur für das Sommerhalbjahr gilt.

Weitreichender Blick in das Isartal inklusive Tölzer Bergpanorama am Aussichtspunkt unterhalb des Schürfenkopfs

Etwas unterhalb der Gipfelwiese lädt ein markanter Aussichtspunkt mit Sitzbänken und einer mäßig geneigten Grasfläche zum Verweilen ein. Von hier genießen wir den Blick in das Isartal mit dem Karwendelgebirge im Hintergrund. Der Himmel über dem Brauneck ist an guten Thermiktagen voller Gleitschirmflieger (siehe Tour 39). Die wesentlich markantere Form weist jedoch die benachbarte Benediktenwand auf.

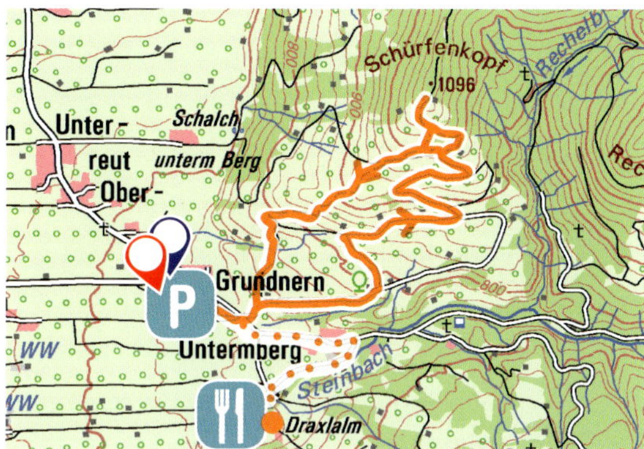

Route: Parkplatz Grundnern – Riedel-Linde – Aussichtspunkt am Schürfenkopf – Parkplatz Grundnern

Vom Parkplatz (720 m) wenige Meter südöstlich und links in den Wanderweg einbiegen (Ww. Sonntratnsteig) ▶ an der Apfelbaumwiese rechts (Ww. Sonntratnweg) und 500 m ostwärts zur Riedel-Linde (785 m) ▶ nach Passieren des Baums an der Weggabelung links und über sanfte Wiesenhänge aufwärts ▶ auf der Anhöhe (880 m) an der Weggabelung links ▶ nach zwei Kehren die Almwiese queren und im Wald (Gatter) rechts den Steig empor (nicht auf die Almwiese ausweichen; grünes Hinweisschild: Privatgrund – bitte nutzen Sie den angelegten Steig; 980 m) ▶ nach kurzem Waldanstieg rechts und im Bogen an einem Holzstadel vorbei ▶ bei Einmündung in den markierten Sonntratnsteig rechts die Steilstufe teils treppenartig empor ▶ Umkehrpunkt an der Gipfelwiese des Schürfenkopfs (Aussichtspunkt; 1080 m) ▶ Abstieg auf dem Sonntratnsteig

Gehzeit 2 Std.

Höhenmeter 400

Anfahrt
ÖVM Bayerische Oberlandbahn (BOB) nach Obergries, zu Fuß über Kellern zum Parkplatz Grundnern (2 ½ km)
Auto A 95 / B 11 oder A 8 / B 13 nach Bad Tölz, B 13 Richtung Lenggries Ausfahrt Untergries, Lenggrieser Straße kurz südwärts und links auf dem Riedweg nach Mühl, rechts in die Untermbergstraße nach Grundnern

Ausgangspunkt Gebührenpflichtiger Wanderparkplatz nach Grundnern

Navigation N 47.712606°, E 11.58819°

Sonnenanteil Dank der nur sporadischen Bewaldung sehr viel Sonne im Auf- und Abstieg

Charakter Kurze Rundwanderung auf schönen Wiesenwegen mit herrlichen Ausblicken in das Isartal. Aufgrund der geringen Höhe und Sonneneinstrahlung oft den ganzen Winter über möglich!

Einkehr/Variante Einen schönen Ausklang der Wanderung bietet die an einem Kinderskilift gelegene Draxlalm (www.draxl-alm.de), oft am Nachmittag noch in der Sonne, vom Parkplatz wahlweise zu Fuß in 10 Minuten oder per Auto zu erreichen.

Wegweiser Aufstieg im Mittelteil nicht beschildert bzw. markiert, Abstieg auf dem Sonntratnsteig

Karte Kompass Wanderkarte Nr. 182, Isarwinkel, 1:50.000

SONNENBALKON über dem Loisachtal

Die bayerische Zugspitzbahn schwärmt auf ihrer Webseite von der „Magie des Panoramabergs" und vom „sonnenverwöhnten Winterparadies". Da die von ihr betriebene Wankbahn im Zeitraum November bis März jedoch nur zu Ferienzeiten verkehrt, teilen sich die Winterwanderer abseits vom Weihnachts- und Faschingstrubel den Wank allenfalls mit vereinzelten Skitourengehern, die noch dazu nicht über die sonnendurchflutete Südwestflanke, sondern von Norden ansteigen. Angesichts des herrlichen Bergpanoramas ist auch das Manko der Gipfelverbauung durch Seilbahn und Funkantenne leicht zu verschmerzen – zumal die Wanderung mit der wenig begangenen Abstiegsroute zu einer perfekten Rundtour abgerundet wird.

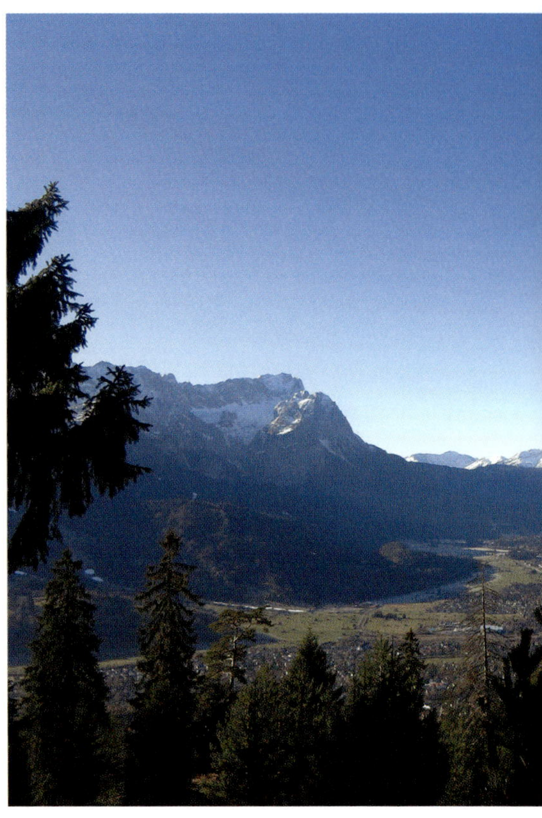

Außerhalb der Ferienzeiten wirkt das großzügige Parkareal an der Wankbahn-Talstation etwas überdimensioniert. Nach Einstellung des Skibetriebs wurden die Betriebskapazitäten der Bahn deutlich heruntergefahren. Wer sich für die Nutzung der Bahn in den Schulferien entscheidet, sollte unsere Aufstiegsroute als Abstieg nehmen und ab der Mittelstation auf dem neu errichteten Sunnweg nach Garmisch-Partenkirchen absteigen; Letzterer ist auch eine lohnende Option für eine deutlich kürzere Sonnenwanderung am Wank (siehe Variante).

Unser Anstieg führt nach wenigen Minuten am Kletterwald vorbei, der Anfang November schließt, für Gruppen ab zehn Personen nach Voranmeldung aber auch an jedem beliebigen Termin im Winter öffnen würde. Nach dem schattigen Auftakt wendet sich der inzwischen breitere Wanderweg langsam der Sonnenseite des Berges zu. Der Wald wird lichter, und spätestens in der Steilpassage des Kesselgrabens kommen wir ordentlich ins Schwitzen. An der Weggabelung nahe der Mittelstation stoßen wir auf den Sunnweg, dem wir leicht ansteigend durch den

An der Daxkapelle können wir den Sonnenuntergang (im Dezember hinter der Zugspitze) in aller Ruhe abwarten.

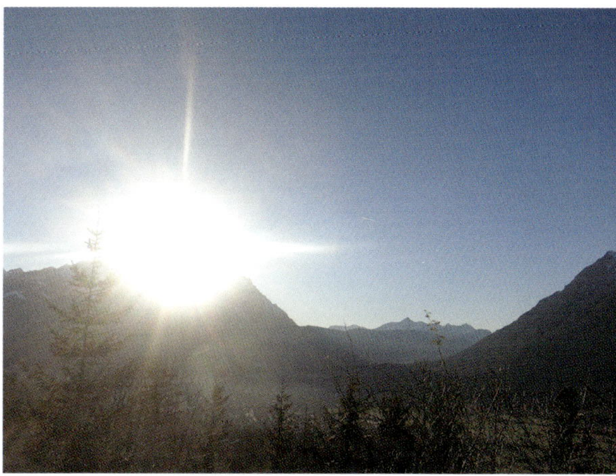

Und immer wieder der Blick auf die dominante Zugspitze. Im Hintergrund das Felshorn des Kühnen Daniels; die Hütte markiert die Mittelstation.

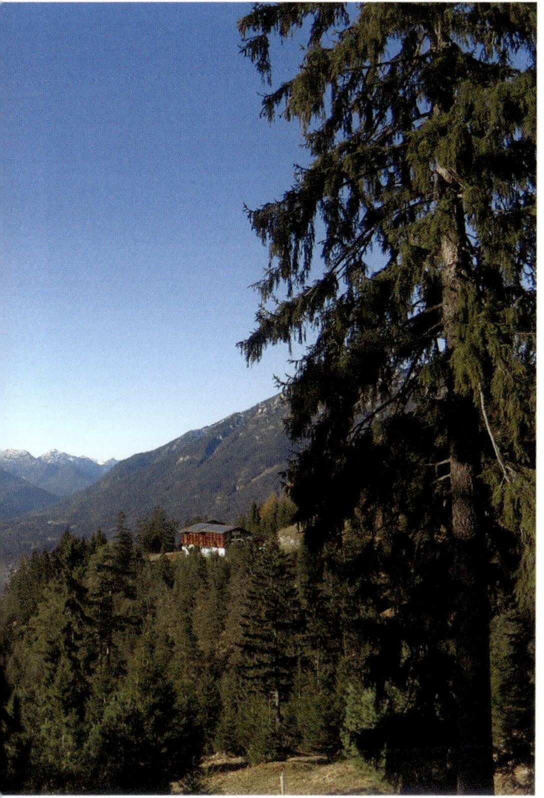

Graben folgen und oberhalb der Schafweide wieder verlassen. Schade eigentlich, denn die Lehrtafel der tiefer gelegenen Station 4 widmet sich exakt dem Thema des vorliegenden Buchs: „Die Sonne ist Grundlage für das Leben auf der Erde. Sie liefert uns nicht nur Nahrung und Energie, sie hat auch großen Einfluss auf unser physisches und psychisches Wohlbefinden."

Zwar sind von der Weggabelung noch rund 600 Höhenmeter bis zum Gipfel zu bewältigen, doch der sich in vielen Serpentinen den sonnigen Hang hochwindende Steig führt moderat in die Höhe und ist ein Genussweg erster Güte. Dabei durchkämmen wir den von teils knorrigen Bergkiefern dominierten lichten Bergwald, auch Schneeheide-Kiefernwald genannt, der den Plattenkalk als Bodengrundlage liebt und bayernweit in dieser ausgedehnten Form seinesgleichen sucht. Die Erkundung der auf dem Kalk-Magerrasen beheimateten Flora wie Strauch-Kronwicke, Filzige Zwergmispel oder Schlauch-Enzian müssen wir dann ebenso wie die Begegnung mit dem stark gefährdeten Gelbringfalter auf den Sommer verschieben; eine kleine Sichtungs-Chance im Winterhalbjahr gibt es hingegen für das scheue Birkhuhn, das im Estergebirge – wenngleich eher im einsameren Gebiet rund um die Weilheimer Hütte und den Krottenkopf – einen gesunden Bestand hat.

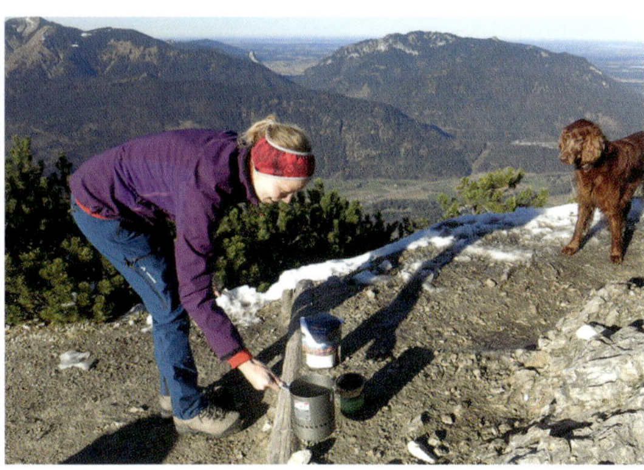

Alternative zur klassischen Brotzeit auf dem Eckenberg: Wanderin mit Gaskocher …

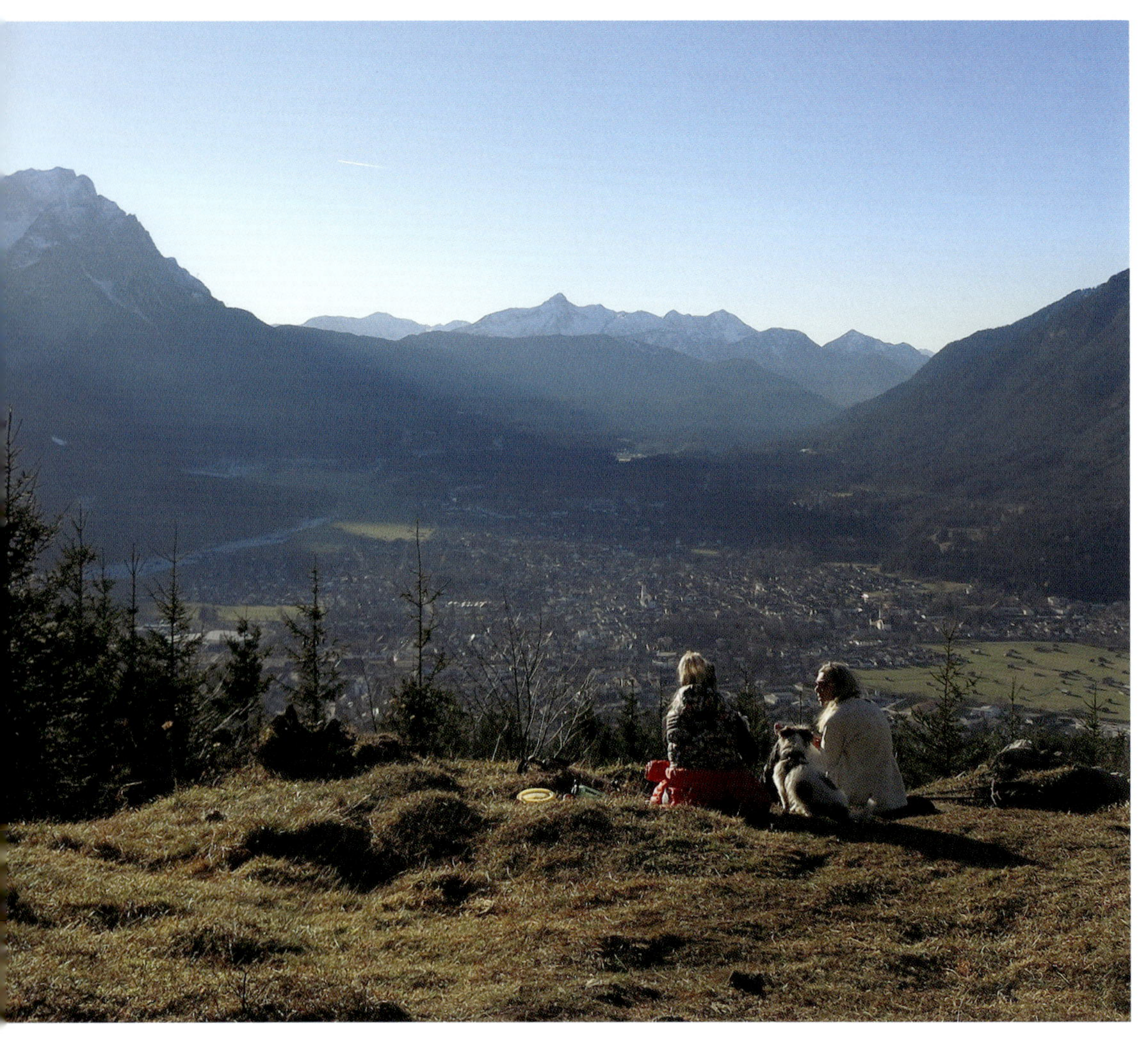

Dieser herrliche Blick auf Garmisch-Partenkirchen ergibt sich beim Abstieg im Lauf der Querung zur Daxkapelle.

Nach der finalen Latschenpassage erreichen wir die Gipfelregion des Wanks. Das Gipfelkreuz selbst ist vom Wankhaus verdeckt, das nach einer Umbauphase – wie der Wirt stolz betont – wieder an 365 Tagen im Jahr geöffnet hat; auch Übernachtungen sollen ab 2018 oder später wieder möglich sein. An der Alpenvereinshütte ist eine Webkamera installiert, die uns wertvolle Informationen über den Istzustand des aktuellen Wettergeschehens liefert (www.foto-webcam.eu/webcam/wank): Der Blick ist nach Südosten Richtung Wettersteingebirge mit Dreitor-, Zug- und Alpspitze sowie Ammergauer Berge mit Daniel und Kramer gerichtet; nicht im Bild ist die eindrucksvolle Karwendelkette im Osten. „Kaum ein Berg bietet so viele Ausblicke wie der Wank", steht auf der Panoramatafel unterhalb der Hütte. Imposant ist auch der Tiefblick auf das Häusermeer von Garmisch-Partenkirchen.

Dank seiner hervorragenden Thermik gilt der Wank auch in der Gleitschirm- und Drachenflieger-Szene als Traumberg. Als Problem erweist sich im Winter jedoch die außerhalb der Ferien geschlossene Wankbahn, denn „Walk and Fly", also der Anmarsch zu Fuß mit dem relativ schweren Gepäck nebst Flug ins Tal, stellt eine Extra-Herausforderung dar. Als Startplatz wird die südöstlich gelegene Wiese oder die Rampe neben der Bergstation ge-

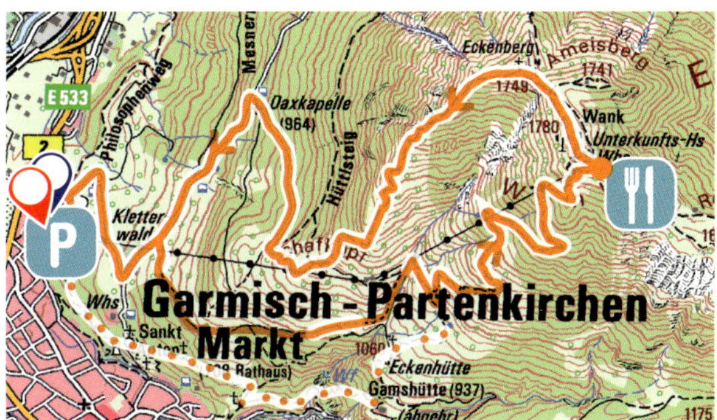

nutzt, der Landeplatz liegt wahlweise auf der Gschwandtnerwiese oder im Garmischer Talkessel. Zuschauerplätze gibt es auf den weitläufigen Wiesen zur Genüge.

Unsere Abstiegsroute, die nur bei gespurten Verhältnissen zu empfehlen ist, beginnt am weithin sichtbaren Kreuz des Eckenbergs, der weder auf den AV-Karten noch Wegweisern erwähnt ist. Hierfür steigen wir mit Blickrichtung Estergebirge nordwärts in eine flache Einsattelung ab und steigen die Hälfte der verlorenen Höhenmeter wieder empor. Neben dem Kreuz ist eine weitere Panoramatafel installiert, der Ort Farchant liegt uns im Loisachtal direkt zu Füßen. Der klar erkennbare Steig verläuft anfangs stets in Kammnähe mit Blick in den tief eingeschnittenen Graben und verliert rasch an Höhe. Dann münden wir in den Fahrweg zur Daxkapelle ein, die noch am späten Nachmittag von der Sonne verwöhnt wird.

Route: Parkplatz Wankbahn – Wank – Eckenberg – Daxkapelle – Parkplatz Wankbahn

Vom Parkplatz (815 m) den Steig am Klettergarten vorbei bergan (Schild Zum Wank) ▶ an der Weggabelung rechts (Ww. Wank/Eckenhütte; W5) ▶ entlang der flachen Südausläufer des Schafkopfs leicht ansteigend nach Osten queren ▶ an der Y-Kreuzung in freiem Wiesengelände links halten (kein Ww.; 1020 m) und auf schönem Bergpfad steil entlang des Kesselgrabens empor ▶ an der Weggabelung rechts (Ww. Wank; Sunnweg; 1155 m) ▶ den Sunnweg verlassen und auf bequemem Serpentinenweg zum Wankhaus (1780 m) ▶ den Wank-Gipfel in nördlicher Richtung überschreiten (Ww. Esterbergalm) ▶ in der flachen Einsattelung (1724 m) nicht geradeaus in Richtung Esterbergalm, sondern links abzweigen (kein Ww.!) und zum sichtbaren Kreuz des Eckenbergs (1749 m) ▶ den Gipfel überschreiten und entlang der steilen Hangkante oberhalb des tiefen Grabens absteigen ▶ bei Einmündung in den breiten Weg rechts (Ww. Wankbahn Talstation; 1150 m) ▶ auf der Forststraße nordwärts zur Daxkapelle (964 m) absteigen ▶ an der Kapelle links zur Talstation der Wankbahn

Gehzeit 5 Std.

Höhenmeter 1030

Anfahrt

ÖVM Regionalbahn (RB) nach Garmisch-Partenkirchen, Bus 3 bzw. Bus 5 zur Wankbahn

Auto A 95 und A 2 nach Partenkirchen, vor Erreichen des Ortszentrums links in die Münchner Straße und den Schildern zur Wankbahn folgen

Ausgangspunkt Gebührenpflichtiger Parkplatz an der Talstation der Wankbahn

Navigation N 47.505079°, E 11.107244°

Sonnenanteil Im unteren Abschnitt ist der Wald noch etwas dichter, doch dann kommt die Sonne zwischen den Bäumen immer mehr durch. In höheren Regionen sehr viel Sonne, durchgehend schattig ist lediglich die Abstiegsquerung zur Daxalm.

Charakter Insgesamt eine relativ lange, aber durchwegs einfache Wanderung auf meist bequemen Wegen mit anhaltend großartiger Aussicht auf das Wettersteingebirge. Abstieg nur bei trockenen oder gespurten Verhältnissen zu empfehlen

Wegweiser Anstieg zum Wank bis auf eine Weggabelung gut beschildert, Abstieg zur Talstation hingegen erst im unteren Abschnitt; die Wegführung ist jedoch klar, und die Orientierung ab dem Eckenberg-Kreuz einfach.

Variante Zwischen der Hasentalstraße (von der Talstation auf dem Philosophenweg über die Wallfahrtskirche Sankt Anton erreichbar) und der Mittelstation der Wankbahn verläuft der Sunnweg – ein Erlebnis- und Lehrpfad am Sonnenberg Wank mit sechs Stationen und einer Sonnenuhr am Wegesrand. Von Letzterer wird die Faukaschlucht wahlweise auf einer Hängebrücke überquert oder auf einem Pfad umgangen, bevor man über Gams- und Eckenhütte sowie die Schafweide zur Mittelstation gelangt (500 Hm, ca. 2½ Std. inkl. Abstieg über Daxkapelle).

Einkehr Wankhaus, Tel. 0 88 21 / 5 62 01, täglich geöffnet; Sonnenalm, geöffnet in den Weihnachts- und Faschingsferien

Karte AV Wanderkarte BY9 Estergebirge, 1:25.000

25 FRIEDERSPITZ (2049 m)

Schönster GRASBERG weit und breit

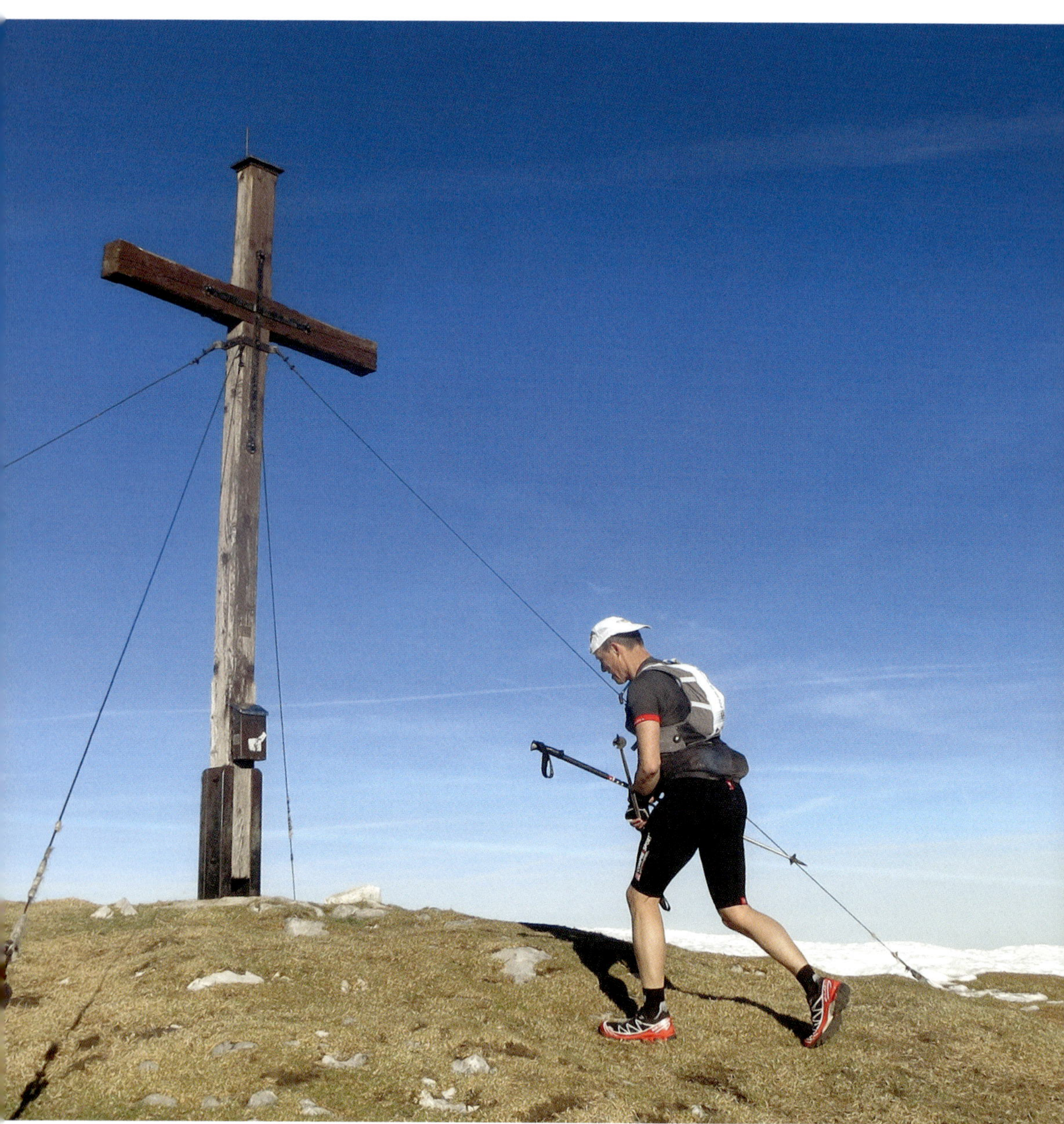

Beim Anblick aus der Vogelperspektive zeigt sich der Friederspitz als der schönste Grasberg der Ammergauer Alpen: Kein anderer Gipfel hat ähnlich großzügige Wiesen zu bieten! In der Hochebene zwischen Friederspitz und dem 1952 Meter hohen Lausbichel ist das Gelände so flach, dass man hier problemlos Volleyball oder Frisbee spielen könnte. Auch die baumfreien Bergschneisen an der Ost- und Südseite des Berges, durch die unsere von Wiesen umgebene Anstiegs- und Abstiegsroute zum Teil verläuft, sind von oben klar auszumachen. Insgesamt verwöhnt uns die technisch einfache, aber relativ lange Rundtour am Frieder mit großzügiger Sonnenbestrahlung und fulminanten, stetig wechselnden Ausblicken.

Je früher wir aufbrechen, desto frischer ist der Anstieg auf dem Fahrweg in Richtung Rotmoosalm, da der steile Bergkamm zwischen Rauheck und Hoher Ziegspitz das Schwarzenbachtal lange Zeit beschattet. Erst im Hochplateau unterhalb der Rothmoosalm begrüßt uns in der Regel die Sonne und taut langsam jene Eisplatten auf, die sich auf dem flachen Forstweg in Zuge der Nachtfröste häufig bilden. Unterhalb des Rotmoos-Sattels verlassen wir die in Richtung Linderhof führende Route, die im Sommer von zahlreichen Mountainbikern frequentiert wird.

Nach dem 4-km-Warmup auf dem Forstweg beginnt die Wanderung zunehmend Spaß zu machen. Der weiche Waldpfad führt in großzügigen Kehren behutsam in die Höhe, die Baumkronen lichten sich und immer mehr Sonnenlicht dringt durch das Geäst. Auf etwa 1440 Metern Höhe dann Sonne pur in einer großen Waldschneise, in der eine junge Fichtenkultur nachwächst; vermutlich hat hier vor Jahren ein Orkan eine Schneise der Verwüstung geschlagen. Wenige Minuten später erreichen wir die unbewirtschaftete Friederalm.

Falls oberhalb der Alm größere Schneefelder zu passieren sind, könnte sich die Orientierung mangels Wegsichtung erschweren. Doch der Anstieg ist für uns Sonnenfreunde wie geschaffen, weicht er

Und forschen Schrittes dem Friederspitz entgegen …

doch den schattigen Nordhängen des gegenüberliegenden Geländerückens geschickt aus: Wichtig ist, dass wir uns nach der flachen Wegpassage im Bergkessel – hier wandern wir direkt auf den Friederspitz zu! – rechts in Richtung des besonnten Latschenfelds halten; in der kleinen Einsattelung am Südostgrat des Friederspitz queren wir den halbschattigen, oft schneebedeckten Hang südwärts, um unser Gipfelziel dann über den weitläufigen Grashang zu besteigen.

Eigentlich handelt es sich beim Frieder um ein doppelgipfliges Bergmassiv: Nördlich des Friederspitz zeichnet sich der Verbindungsgrat zum nur vier Meter höheren Frieder ab; im Winterhalbjahr aber stellt der Übergang für uns aufgrund der Steilheit im schattigen Nordteil meist eine zu große Herausforderung dar. Zumal am Friederspitz ob der unzähligen Sitz- und Logenplätze ohnehin nur noch ein Wohlfühl-Grinsen angesagt ist! Das Panorama ist vom mächtigen Wettersteingebirge mit der Zugspitze geprägt, die jedoch den weiteren Blick nach Süden versperrt. Zwischen Mieminger Bergen und Lechtaler Alpen lugen im Süden die Ötztaler Alpen hervor, im Westen tauchen Allgäuer Alpen und Tannheimer Berge auf und im Osten zeigen sich zwischen der Mittenwalder Karwendelkette und dem Estergebirge die Soiernspitze, der Schafreuter und der Guffert von ihrer schönsten Seite; selbst der Wilde Kaiser ist in Hintergrund noch zu erspähen. Beeindruckend ist auch der Blick in die zerfurchten Wände und wilden Kare der benachbarten Schellschlicht, Kreuzspitzl und Kreuzspitze.

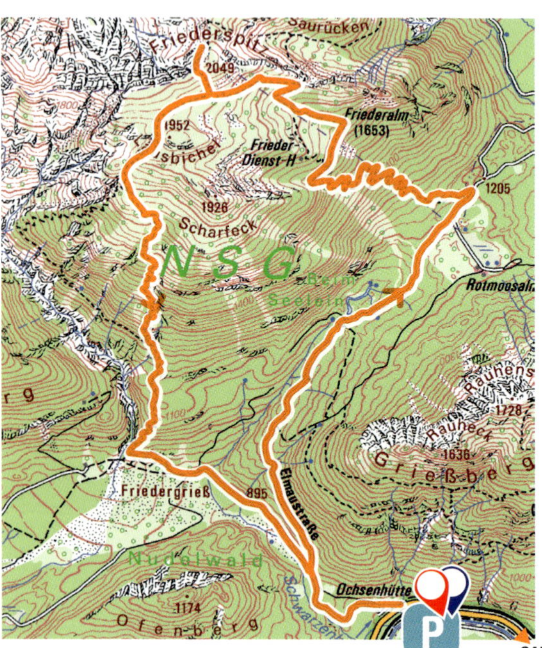

Im Abstieg genießen wir bis zuletzt die wärmenden Sonnenstrahlen. Der Wiesenpfad verschwindet abschnittweise fast im hohen Gras, nur Steigspuren sind erkennbar. An dieser Stelle ist also Vorsicht geboten. Letzten Sommer sind Freunde von uns – allerdings im Aufstieg am Friedergrieß – vom rechten Weg abgekommen. Eigentlich wollten sie auf dem flachen Wiesenplateau unterhalb des Gipfels nächtigen, doch dann kam ihnen die Dunkelheit dazwischen und sie campierten inmitten der steilen Wiesen in unbequemer Schräglage. Im Winter wären vergleichbare Irrungen und Wirrungen unverzeihlich. Als Orientierungshilfe für unsere Wanderrichtung dienen die Zugspitze und das weitläufige Friedergrieß, das sich, je tiefer wir steigen, immer eindrucksvoller öffnet.

Im Friedergrieß treffen mit Friederlaine und Schwarzenbach zwei Flüsse aufeinander, die im weitläufigen Schuttkegel jedoch abschnittweise versickern. Der Schutt ist ständig in Bewegung und schafft somit die Lebensgrundlage der Spirke, eine aufrechte Bergkiefer, die normalerweise nur in den Südwestalpen wächst. Auch der vom Aussterben bedrohte Lorbeerbaum – ein wahrer Überlebenskünstler – findet hier eines seiner letzten Rückzuggebiete.

Ein Schmunzeln ruft der Warnhinweis auf der Infotafel der Bayerischen Forstverwaltung hervor, wonach das Betreten dieses Naturwaldreservats auf eigene Gefahr erfolge, da hier „jederzeit morsche Äste herabfallen und modernde Bäume umfallen können". Zu diesem Zeitpunkt befinden wir uns bereits im Talboden des Friedergrieß, und der Parkplatz an der Ochsenhütte ist nur noch einen kleinen Gegenanstieg und einen halben Kilometer Auslaufen auf der Forststraße entfernt.

Angesichts der herrlichen Aussicht und des schönen Wiesenplateaus kann man für das Foto schon mal in den Laufschritt übergehen …

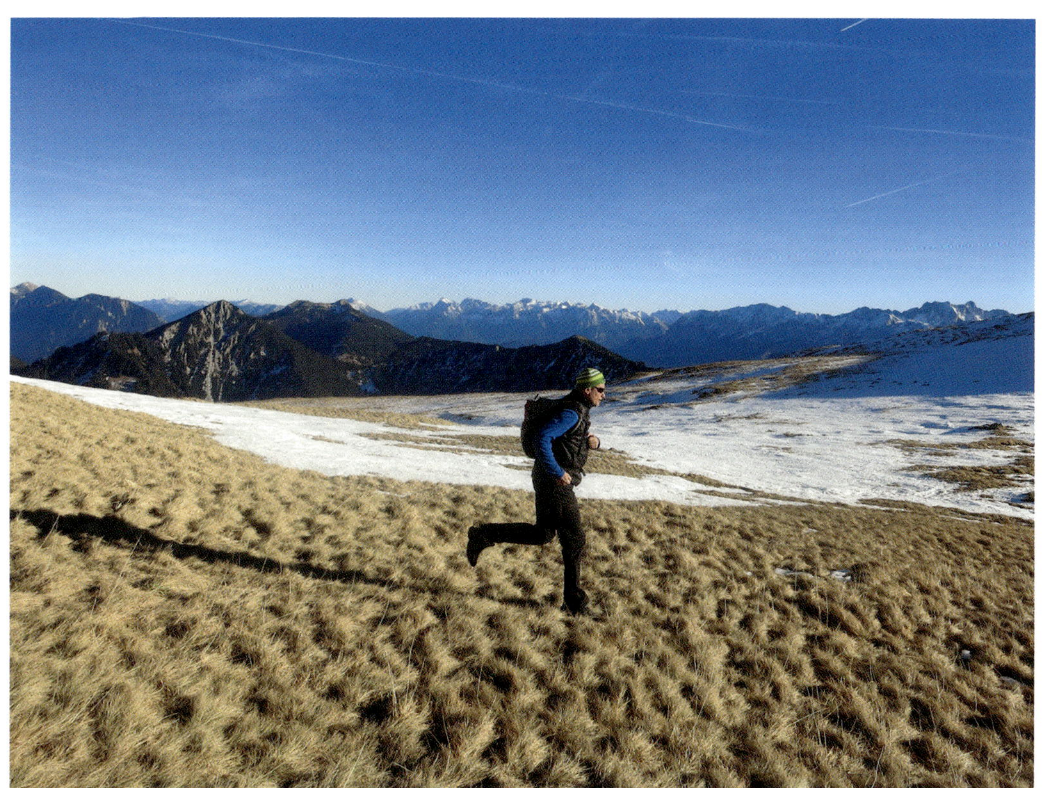

Route: Parkplatz Ochsenhütte – Friederalm – Friederspitz – Friedergriess – Parkplatz Ochsenhütte

Vom Parkplatz (805 m) den Forstweg mäßig steil bergan (Ww. Rotmoos-Steppbergalm) ▶ an der Weggabelung geradeaus auf dem Forstweg bleiben (Ww. Linderhof/Frieder) ▶ am Abzweig Kramer geradeaus (Ww. Linderhof) ▶ nach leichtem Abstieg zweigt links unser Steig ab (Ww. Friederspitz; 1190 m) ▶ erst flach, dann bequem ansteigend in vielen Kehren durch den zunehmend lichten Wald zur Friederalm (1653 m) ▶ links an der Alm vorbei und im Bergkessel rechts teils durch Latschen zu einer kleinen Einsattelung (1780 m) empor ▶ der Gipfelaufbau des Frieder wird südwärts gequert, bevor der Schlussanstieg über den Südostrücken erfolgt ▶ am Friederspitz-Kreuz (2049 m) auf Pfadspuren in die Hochebene hinabsteigen ▶ der Pfad führt mit leichtem Gegenanstieg rechts am Geländekopf Lausbichel (1952 m) vorbei und in vielen Kehren absteigend nach Süden (keine Ww.!) ▶ an der T-Kreuzung im Friedergrieß links in den bewaldeten Querweg (rote Baummarkierung; 960 m) ▶ an der Weggabelung bei der Einmündung in die Forststraße geradeaus (Ww. Ochsenhütte)

Gehzeit 6 Std.

Höhenmeter 1250

Anfahrt

Auto A 95 und B 2 Richtung Garmisch-Partenkirchen, nach dem Tunnel rechts Richtung Fernpass, B 23 bis zur Ochsenhütte (3 km vor Griesen)

Ausgangspunkt Parkplatz Ochsenhütte

Navigation N 47.484557°, E 10.976486°

Sonnenanteil Aufstieg durch das Schwarzenbachtal ziemlich schattig, Ostanstieg zum Frieder recht sonnig, oberhalb der Friederalm sogar ungetrübt; erst im Abstieg Richtung Friedergrieß wird der Wald unterhalb von 1400 m wieder etwas dichter.

Charakter Nach dem 4 km-Auftakt auf dem Elmau-Fahrweg verläuft die lange Wanderung bis in den Talboden durchgehend auf malerischen Wald- und Wiesenpfaden, die bei viel Schnee und Feuchtigkeit jedoch nicht zu empfehlen sind!

Wegweiser Der Aufstieg ist von der Wegführung klar und ausreichend beschildert bzw. markiert; die Abstiegsroute hingegen ist bis zum Friedergrieß unmarkiert und im oberen Grasbereich nicht leicht zu finden (Pfadspuren).

Karte Kompass Wanderkarte Nr. 05, Oberammergau und Ammertal, 1:35.000

26 **KOHLBERGSPITZE** (2202 m)

ALPIN-VARIANTE
über den Zingerstein

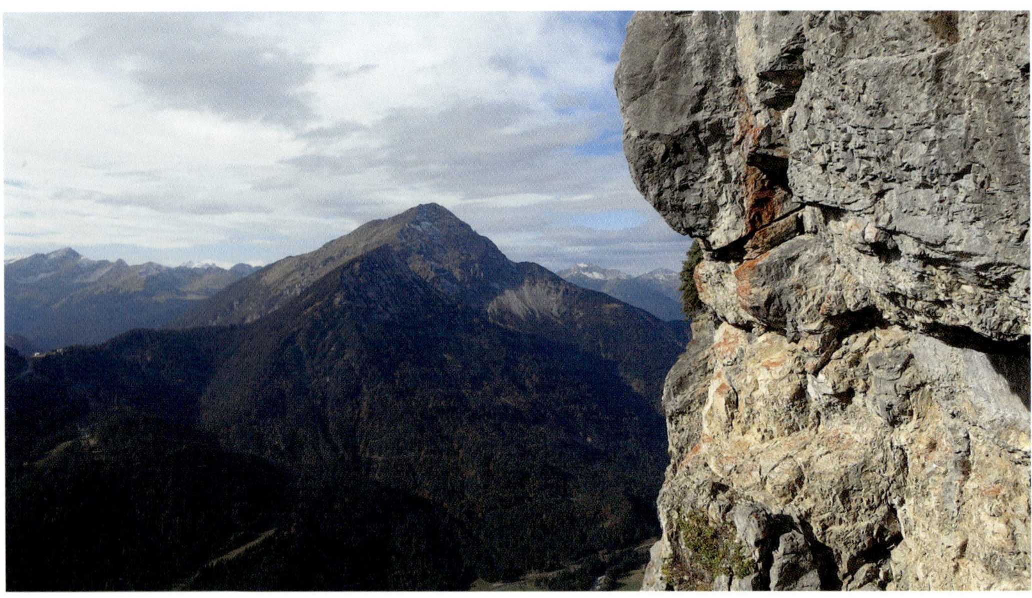

Einen Schönheitswettbewerb würde sie nicht gewinnen, die durch Lawinenverbauungen in ein künstliches Korsett gezwängte Kohlbergspitze; doch wer den optischen Makel in Gipfelnähe als nicht zu gravierend betrachtet, kann die abwechslungsreiche Wanderung an diesem unbekannten Sonnenberg in vollsten Zügen genießen. Richtig abenteuerlich wird die Tour unter Einbezug des benachbarten Zingersteins, dessen Südwestflanke von einer wildromantischen Felslandschaft durchzogen ist. Diese spannende Alpin-Variante sollte jedoch nur von erfahrenen Wanderern bei günstigen Bedingungen im Anstieg bewältigt werden.

Ein schöner Sonntag im November. Herbstsonne und Föhn haben den einen Meter Neuschnee von Oktober längst wieder dahinschmelzen lassen. Nur in den Nordhängen sind noch Schneereste auszumachen, doch unsere Rundtour an Zingerstein und Kohlbergspitze verläuft ausschließlich in südlich ausgerichteten Bergflanken. Und dass selbst oberhalb von 2000 Metern Höhe dort kein Schnee mehr liegt, haben wir während der Anfahrt von Lermoos einsehen können. Somit ist die Entscheidung gefallen: Wir können beim Aufstieg zur Kohlbergspitze die steile Wegvariante über den Zingerstein in Angriff nehmen!

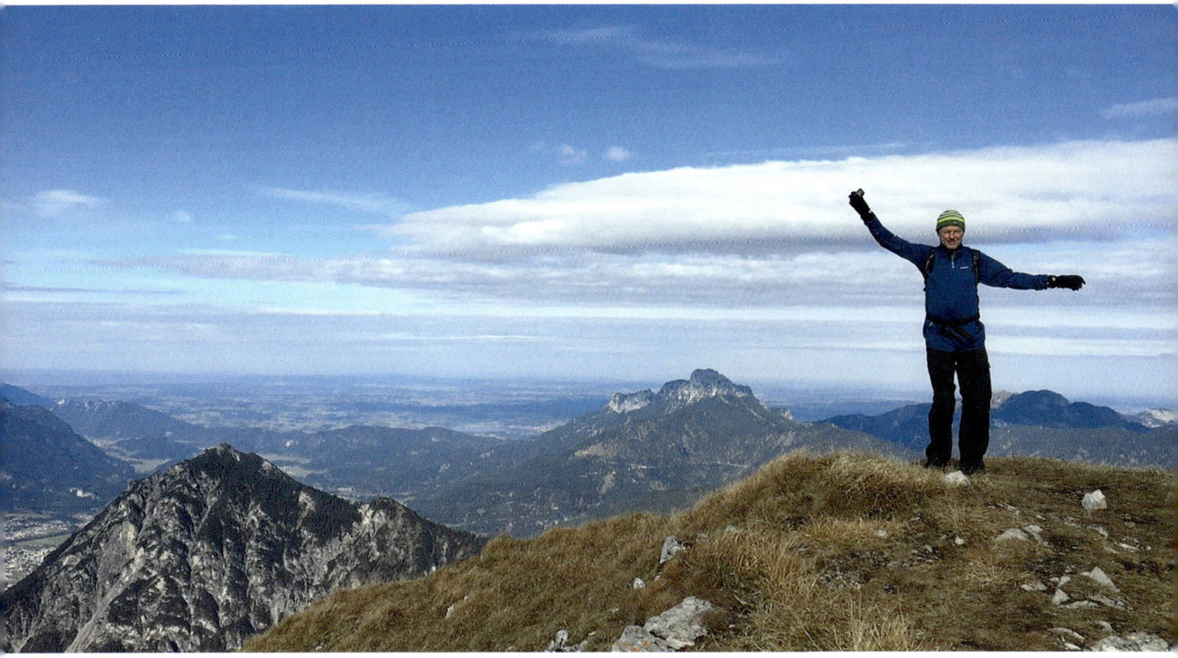

Dem Gipfel entgegen, angetrieben von einer heftigen Windböe …

Beim Aufstieg zum Zingerstein, am Felsen vorbei, Blick Richtung Thaneller (siehe Tour 27)

Wobei wir uns für die endgültige Entscheidung durchaus Zeit lassen können. Denn bis wir die Weggabelung oberhalb der 1568 Meter hohen Jagdhütte erreicht haben, ist die Hälfte des Gesamtanstiegs bereits bewältigt. Im rhythmischen Bergauf des lichten Bergwalds heißt es in Ruhe die Gedanken zu sortieren und das zu bewältigende Pensum unserer Tagesform und den äußeren Bedingungen anzupassen. Knapp unterhalb der 1500-Meter-Höhenlinie passieren wir eine Wasserquelle nebst einer Sitzbank mit herrlichem Blick auf unseren Talort Bichlbach und den Roten Stein; langsam sollte die Entscheidung reifen. Was wir von unten nicht klären konnten, ist die Frage, ob sich in der steilen Südwestflanke der Kohlbergspitze Eis gebildet hat. Das Gelände hier ist teilweise sehr abschüssig, und nach viel Neuschnee zudem lawinengefährdet. Wer sich an der Weggabelung also für die Richtung Kohlbergspitze mit schwarzem statt mit rotem Punkt entscheidet, bewegt sich fortan im „Nur-für-Geübte-Modus" und muss sich möglicher alpiner Gefahren bewusst sein.

Nach einer genussvollen Geländequerung wendet sich der Steig abrupt der steilen Bergflanke zu. Das Holzschild „Zigerstein" weist uns den Weg, damit wir bedingt durch den markanten Richtungswechsel den Einstieg nicht verpassen; auf den neueren Wegweisern heißt der Berg übrigens „Zingerstein". Oberhalb der Latschenzone ragen bereits die ersten Felsköpfe in die Höhe. Erste Tuchfühlung mit

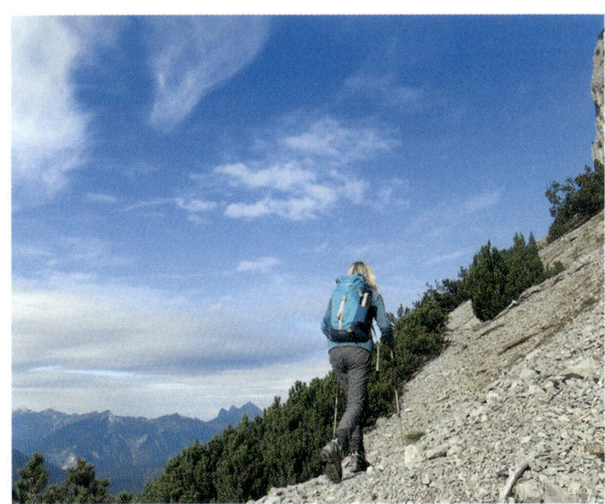

Am Zingerstein werden teils steilere Schuttbänder gequert.

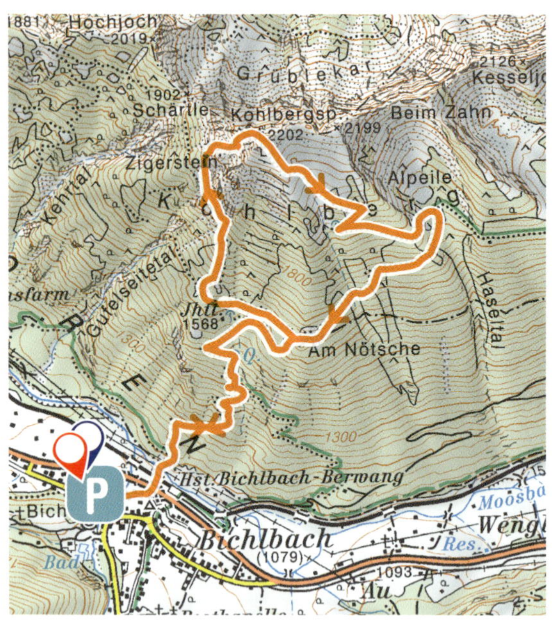

Der Normalweg (im Bild die begraste Gipfelschneise) ist im Gegensatz zur Aufstiegs-Variante relativ flach und somit problemlos zu bewältigen.

dem Fels haben wir am Fuß einer fast senkrechten Wand, unter der wir auf einem ausreichend breiten Schuttband hochqueren. Dann geht es mit herrlichem Blick auf den formschönen Thaneller (siehe Tour 27) und die Thannheimer Berge direkt auf das Kreuz des Zingersteins zu. Der Steig weicht den Steilpassagen geschickt aus und zieht zuletzt durch eine schrofige Rinne zur Einsattelung unterhalb des Zingersteins hoch. Nur wenige Höhenmeter fehlen noch zu seinem Gipfel, doch die haben es in sich: Die kurze Kraxelpassage ist zwar durch eine Eisenkette entschärft, da wir den Berg jedoch quasi durch die schattige Hintertür besteigen, erschweren hier Schnee und Eis häufig die Besteigung.

200 Höhenmeter fehlen von der Einsattelung noch bis zur Kohlbergspitze, die wir, zuletzt etwas mühsam auf allen Vieren, durch die steile, felsdurchsetzte Grasflanke bewältigen. Am Gipfelgrat bläst uns zwar ein kühler Wind entgegen, doch dafür weitet sich der Blick eindrucksvoll in Richtung Osten mit dem Zugspitzmassiv und der südlich angrenzen-

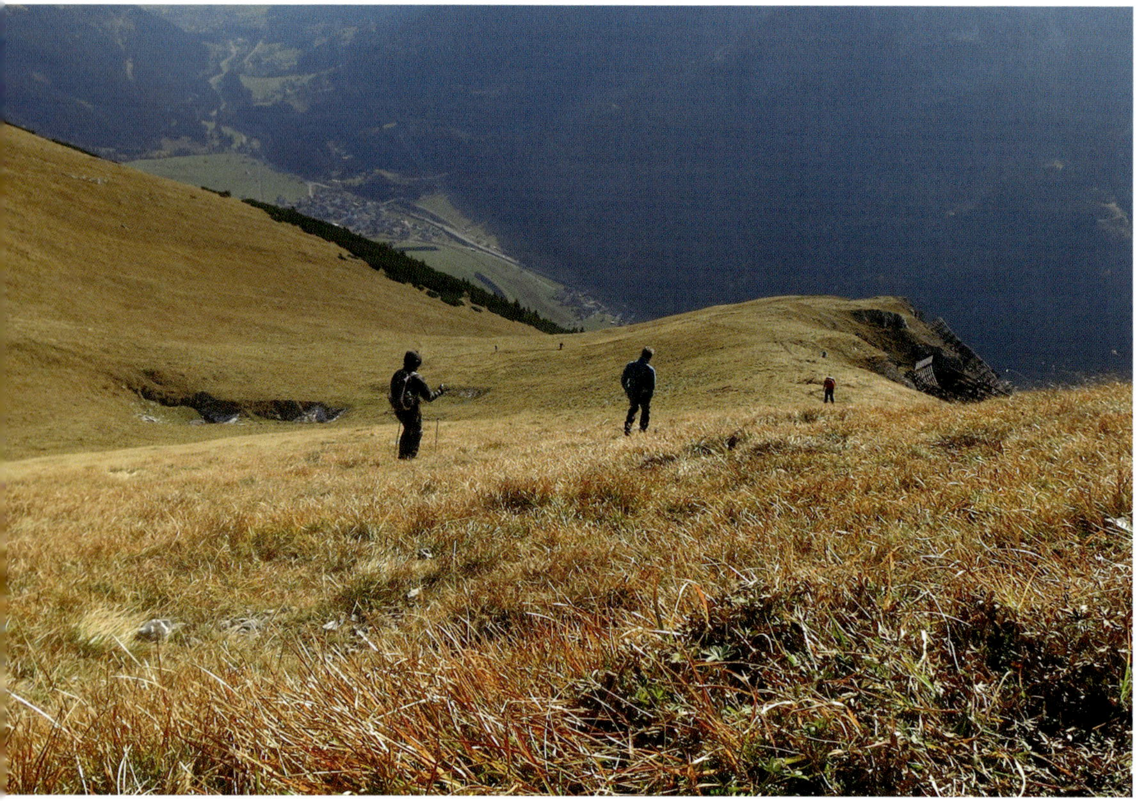

Imposantes „Sonnenkreuz" auf der Kohlbergspitze

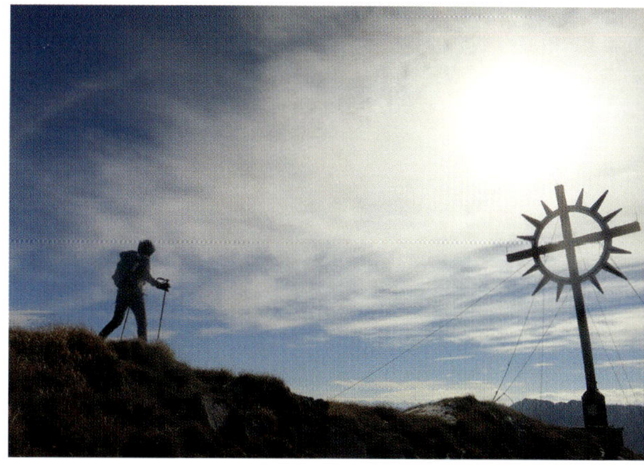

den Mieminger Kette. Im Nordschatten des Berges liegt der fotogene Plansee; folgen wir seinem Ausläufer nach Osten, erkennen wir das Ammergebirge von der Kreuzspitze (dominanter Felskegel) bis zum Friederspitz (auffälliges Grasdreieck; siehe Tour 25). Ebenfalls ein beliebtes Fotomotiv: der kontrastreiche Grat – nordwärts schattig, steil und schneebedeckt, südwärts besonnt und flach – zwischen Kohlbergspitze und Kesseljoch; und das sich bizarr gegen den Himmel abhebende Gipfelkreuz, erweitert im oberen Bereich mit einer zwölfstrahligen Sonne, dazu quasi durchscheinend mit etwas Glück noch die echte Sonne …

Ach ja, und mit der absoluten Ruhe ist es nun auch vorbei. Kein Vergleich zu den überlaufenen Münchner Hausbergen, aber das Aufkommen an gutgelaunten Gipfelstürmern hat sich nach einer Stunde Gipfelrast in etwa verzehnfacht; während uns lediglich ein Wandertrio gefolgt war, sind die Logenplätze unmittelbar am Gipfelkamm nun gut gefüllt mit Wanderern, die von der Südostseite aufgestiegen sind.

Route: Bichlbach – Weggabelung Jagdhütte – Zingerstein – Kohlbergspitze – Weggabelung Jagdhütte – Bichlbach

Vom Parkplatz dem gelben Wanderschild folgen (Ww. Kohlbergspitze / Panoramaweg; 1079 m) ▶ die Umgehungsstraße und Bahngleise per Unterführung passieren ▶ an der Weggabelung jenseits der Moosbachbrücke geradewegs in die mäßig steile Waldflanke ▶ der Steig windet sich anfangs steil, später flacher werdend den licht bewaldeten Berghang empor ▶ oberhalb einer Quelle in Sichtweite der Jagdhütte ostwärts queren und an der folgenden T-Kreuzung links (Ww. Kohlbergspitze / Zingerstein; nur für Geübte; rechts würde es einfach auf den Gipfel gehen; 1640 m) ▶ etwa 400 m weit fast eben nach Westen queren und steil durch Wald, Latschen und Schrofen hinauf (Holzschild Zigerstein) ▶ nach Abstieg in eine kleine Senke führt der Steig an steilen Felswänden und -türmen entlang und zuletzt steil ansteigend durch eine Felsrinne zur Einsattelung am Zingerstein (1980 m) ▶ kurzer Kraxel-Abstecher mit Drahtseil und Eisenkette zum Zingerstein (2000 m) möglich ▶ die steilen Westhänge, den markanten Felskopf rechts umwandernd, zum Gipfelgrat der Kohlbergspitze (2202 m) empor ▶ Abstieg auf dem deutlich sichtbaren Graspfad nach Südosten ▶ nach Einmündung in die Latschengasse Hangquerung und nordwärts in den Bergkessel an der Hochschrutte hinab ▶ an der Weggabelung rechts absteigen (Ww. Bichlbach; 1840 m) ▶ an der Weggabelung Abzweig Zingerstein münden wir in die Anstiegsroute

Gehzeit 6 Std.

Höhenmeter 1200

Anfahrt
ÖVM Regionalbahn (RB) nach Bichlbach-Berwang
Auto A 95 und B 2 Richtung Garmisch-Partenkirchen, nach dem Tunnel rechts Richtung Fernpass, B 23 / B 187 nach Lermoos und B 179 Richtung Reutte bis Bichlbach

Ausgangspunkt Parkplatz vor oder hinter dem Tourismusbüro gegenüber der Dorfkirche in Bichlbach

Navigation N 47.420802°, E 10.791743°

Sonnenanteil Bei dieser Tour passt die Regel: Je höher wir steigen, desto mehr Sonnenlicht bekommen wir ab; viel Licht gibt es im unteren Abschnitt nur in der Latschengasse.

Charakter Der einfache Normalweg (unsere Abstiegsroute) verläuft auf bequemen Pfaden unten durch Wald, etwas oberhalb durch den Latschengürtel und später über freie Wiesen; die Aufstiegsvariante über den Zingerstein erfordert hingegen trockene Verhältnisse, Trittsicherheit und alpine Erfahrung!

Wegweiser Beide Gipfelziele sind hervorragend ausgeschildert, und auch im Abstieg gibt es keine Orientierungsschwierigkeiten (Ww. Bichlbach).

Karte Kompass Wanderkarte Nr. 25, Zugspitze Mieminger Kette, 1:50.000

27 THANELLER (2341 m)

Ein Weihnachtsgeschenk

Während andere mit einer Gans den obligaten Familienschmaus zu sich nehmen, ist mir an diesem Weihnachtsfeiertag nach Auslauf zumute. Bislang kannte ich den Thaneller – von Norden und Osten als formschöner Berg leicht auszumachen – nur von sommerlichen Besteigungen her, nicht ohne mich an den schweißtreibenden Anstieg in der sengend-heißen Sonne nebst finaler Erfrischung im Bichlbacher Badesee zu erinnern. Welch Geschenk, den 2341 Meter hohen Gipfel nun zu dieser Jahreszeit besteigen zu dürfen, ohne auch nur ein einziges Mal im Schnee zu versinken. Ich teile mir dieses Glück an diesem Feiertag mit ein Dutzend Gleichgesinnten.

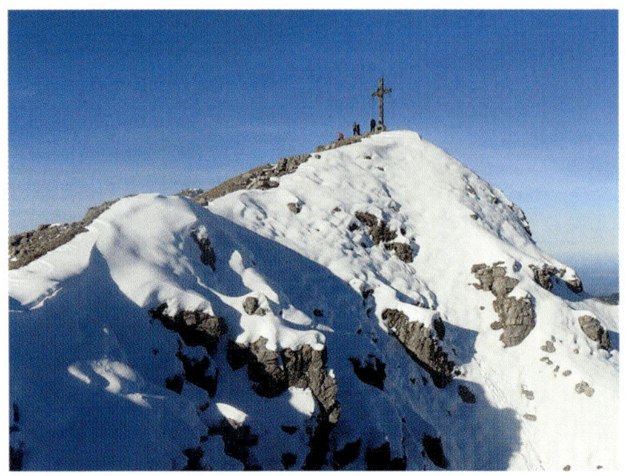

Blick in die Nordostflanke des Thanellers – reichlich Schnee im Gegensatz zur sonnigen Aufstiegsroute !

Am 200 Meter oberhalb des Parkplatzes gelegenen Joselerhof, der von Mitte Dezember bis Ostern Pferdeschlittenfahrten im Berwanger Tal anbietet, präsentiert sich der Thaneller in seiner ganzen Breite, ja Mächtigkeit: Unsere Aufstiegsroute verläuft stets am langgezogenen Südrücken entlang, im unteren Bereich durch Wald, später durch Latschen, über freie Wiesen und durch felsdurchsetztes, aber relativ flaches Gelände. Im Umkehrschluss bedeutet das, dass wir im Laufe des Anstiegs immer wieder schöne Talblicke auf das malerisch in einer Senke gelegene Berwang genießen, das zudem bis in den Nachmittag hinein – selbst an Weihnachten bis 15 Uhr! – von der Sonne begünstigt wird.

Die Skipisten des Mooslifts, die im vorfrühlingshaften Weihnachtsklima wie Fremdkörper wirken, sind rasch gequert; schön, dass die vereinzelten Ab-

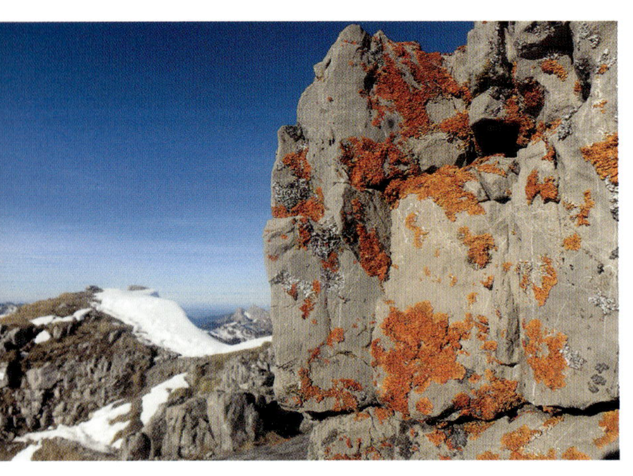

Die farbenfrohe Flechtenbildung ist die Folge einer Pilz-Symbiose.

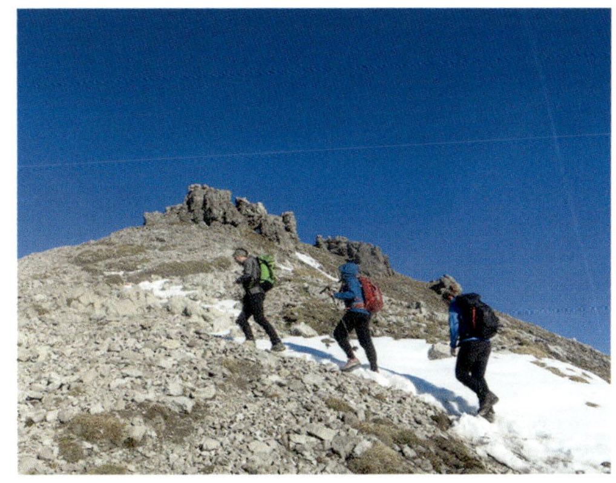

Oberhalb der Waldgrenze durchwandern wir angenehm geneigtes Schuttgelände.

fahrer, insbesondere Familien mit kleinen Kindern, dennoch ihren Spaß zu haben scheinen. Minuten später gehört das Surren der Schlepplifte, abgelöst vom Rascheln der Äste im sanften Wind, der Vergangenheit an. Der Aufstieg durch den lichten Mischwald hat fast meditativen Charakter, bevor wir baumfreies Gelände betreten und die Orientierung dank roter Markierungen an markanten Felsklötzen dennoch nicht verlieren. Das einer Trutzburg ähnelnde Felsgebilde lassen wir rechts liegen und visieren den bald sichtbaren Gipfel in einem weiten Halbbogen an. In Sichtweite des Kreuzes sind manche Felsen von einem orangegelben Flechtenteppich überzogen, welch Farbtupfer inmitten der einheitlichen Braun- und Grautöne der umliegenden Wiesen und Felder.

Bei fast jeder Tour schwärmen wir am Gipfel ja von der herrlichen Aussicht, doch der Thaneller setzt aufgrund seiner solitären Lage hinsichtlich Panorama und Weitblick in alle Richtungen eigene Maßstäbe. Drehen wir uns einmal um die eigene Achse, haben wir mit Wetterstein, Hohe Tauern, Karwendel, Mieminger Berge, Sellrainer Berge, Stubaier Alpen, Lechtaler Alpen, Ötztaler Alpen, Silvretta, Verwallgruppe, Allgäuer Alpen, Tannheimer Berge, Ammergauer Berge und Estergebirge 14 verschiedene Gebirge der Ostalpen im Visier.

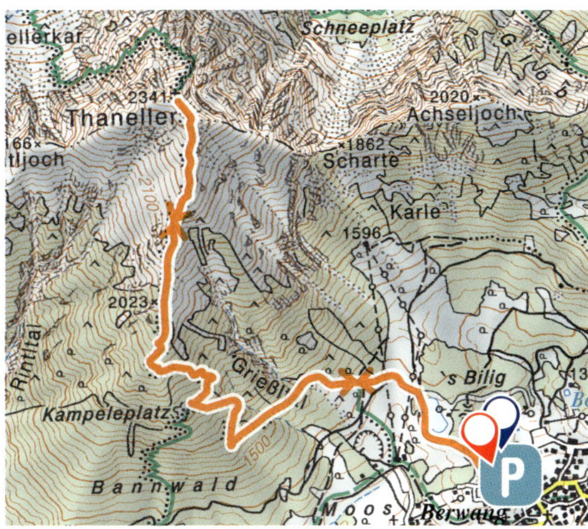

Route: Berwang – Kampeleplatz – Thaneller und zurück

Auf dem Teerweg bergan und die flachen Pisten des Mooslifts queren ▶ an der Weggabelung schräg über die Wiese zum Waldrand ansteigen ▶ solider Steig durch lichten Wald bis zum sog. Kampeleplatz (1700 m) ▶ weiter in Serpentinen aus dem Wald heraus und an einem Geländekopf (2023 m) vorbei zum Gratansatz ▶ stets entlang des breiten Gratrückens über leichtes Schrofengelände, ein markantes Felsgebilde rechts liegen lassend, nördlich empor ▶ am Vorgipfel nach Nordwest drehend zum Gipfel des Thaneller (2341 m) ▶ Abstieg auf der Aufstiegsroute

Gehzeit 5 Std.

Höhenmeter 1000

Anfahrt
Auto A 95 und B 2 Richtung Garmisch-Partenkirchen, nach dem Tunnel rechts Richtung Fernpass, B 23 / B 187 nach Lermoos und B 179 nach Bichlbach, beschilderte Auffahrt nach Berwang, an der Sparkasse rechts hoch (Schild Thaneller)

Ausgangspunkt Parkplatz 100 m oberhalb des Hotels Kaiserhof

Navigation N 47.409905°, E 10.743375°

Sonnenanteil Insgesamt sehr viel Sonne, nur im lichten Waldgürtel zwischen 1500 und ca. 1850 m Höhe ist die Route eher schattig.

Charakter Die kurzweilige und aussichtsreiche Tour führt anhaltend auf soliden Steigen durch einfaches Wald-, Wiesen- und Schrofengelände.

Wegweiser Der Thaneller im Aufstieg und Berwang im Abstieg sind bestens ausgeschildert.

Karte Kompass Wanderkarte Nr. 25, Zugspitze Mieminger Kette, 1:50.000

Aussichtsloge
über dem Tannheimer Tal

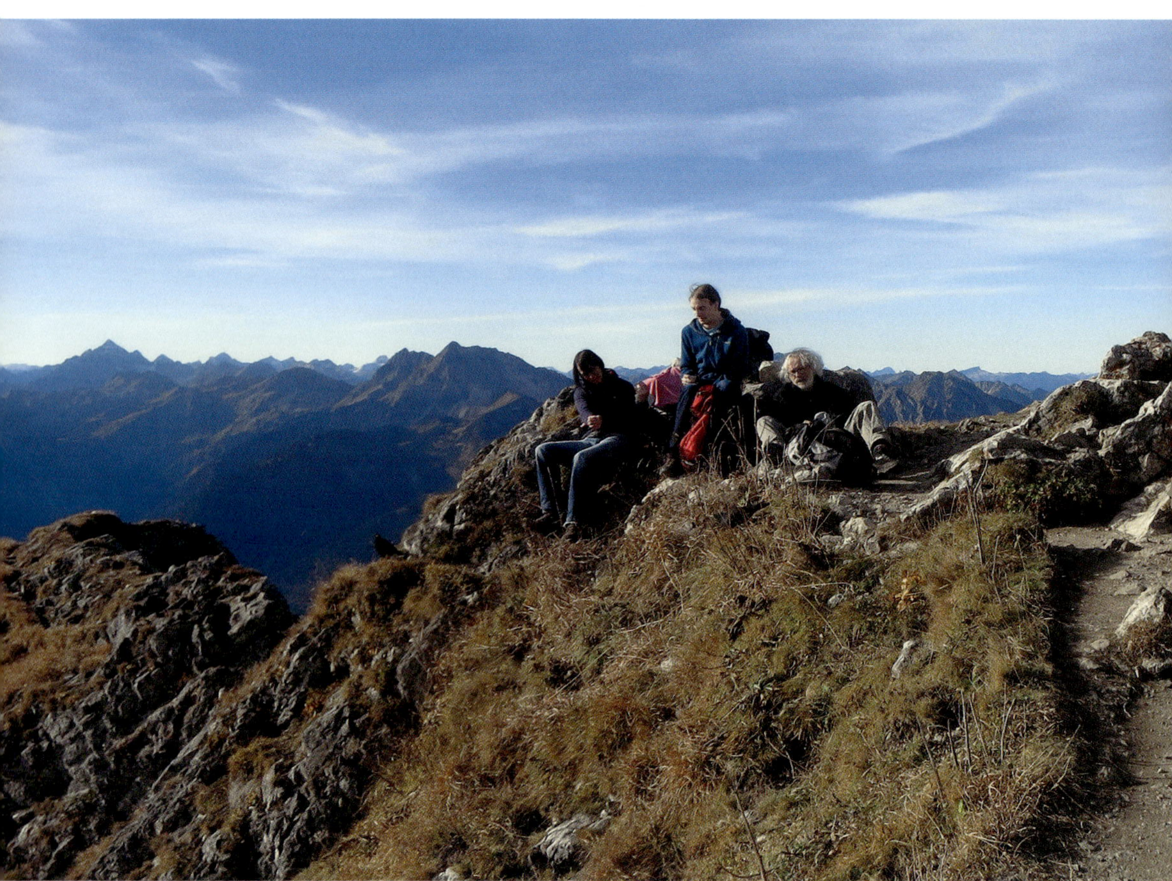

Der Aggenstein ist zwar bei Weitem nicht der anspruchsvollste, durch seine markante Gipfelform und Alleinlage aber der vielleicht auffälligste Berg im Tannheimer Tal. Während er vor allem nach Norden mit fast senkrechten Felswänden abfällt, ist er von Süden mit ein paar Handgriffen an den installierten Drahtseilen für den geübten Wanderer leicht zu erklimmen. Durch die exponierte Sonnenlage taut der Schnee am steilen Gipfelhang relativ rasch ab, sodass wir die perfekte Aussichtsloge an vielen Tagen im Winterhalbjahr besteigen können.

Der Aggenstein-Gipfel bietet ausreichend bequeme Aussichtsplätze.

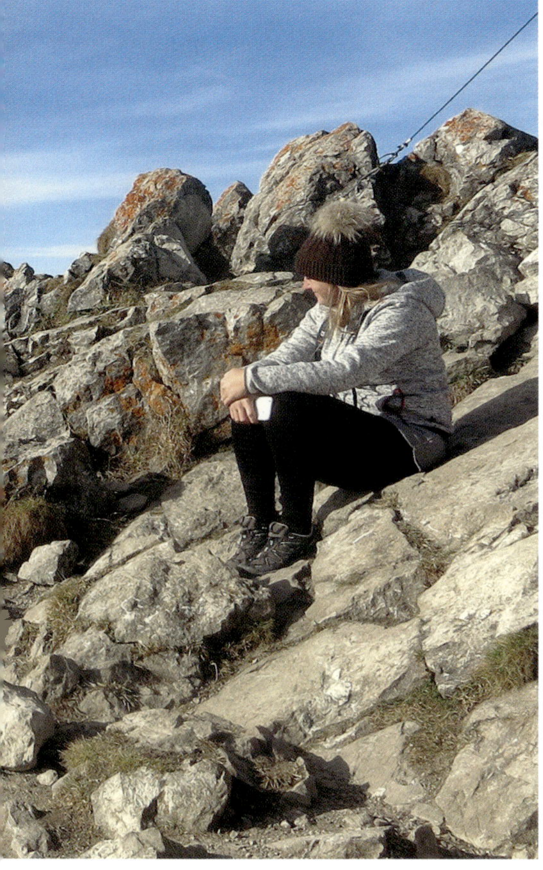

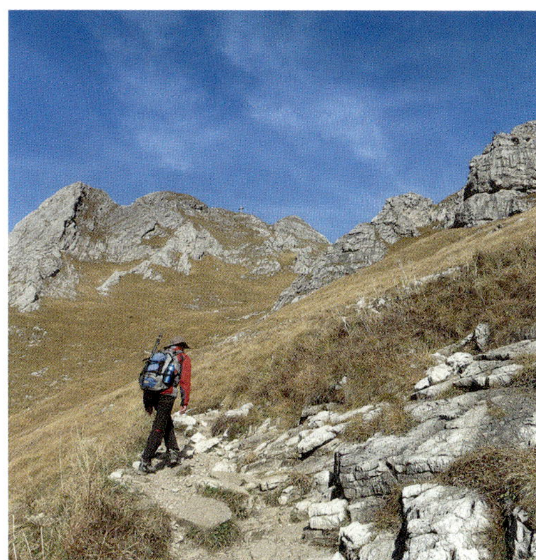

Doch bereits die Bad Kissinger Hütte am Fuß des Gipfels ist ein lohnendes Tagesziel, die jedoch am 2. November bis Mai schließt. Schade eigentlich, denn das Alpenvereinshaus würde sich auch im Winter großer Beliebtheit erfreuen. Der relativ kurze Anstieg von Grän liegt perfekt in der Sonne, somit ist der einfache Wald-und-Wiesenweg bei Schnee oft gespurt und gut begehbar; die Aussicht von der exquisiten Sonnenterrasse auf die Tannheimer Berge ist vom Feinsten; und die Materialseilbahn könnte die Hütte bequem auch zur kalten Jahreszeit mit Speis und Trank versorgen.

Die Bad Kissinger Hütte bezeichnete ich bei meinem Fachvortrag beim Workshop „Winterwandern in Tirol" in Innsbruck, zu dem ich als Experte für den deutschen Winterwandermarkt von Tirol Werbung eingeladen worden war, als Musterbeispiel für die These: „Im Gegensatz zum Sommer spielt die Einkehr entlang der Strecke eine noch größere Rolle, flexiblere Öffnungszeiten sind erwünscht." Statt in Zeiten des Klimawandels Unsummen von Geldern in die künstliche Beschneiung von Pisten zu verpulvern, wäre auch aus dem Blickwinkel der Tourismusverbände die Förderung eines sanften Winterwandertourismus am Berg langfristig sicher ertragreicher. Sonne, Licht, Wärme und Panorama, das wünscht sich fast jeder Wanderer; und die Bewirtung am Berg ist für viele das Salz in der Suppe. Es ist schwer nachvollziehbar, warum beispielsweise im Raum Spitzingsee gleich drei Berghütten an einem einzigen Gebirgszug abseits des Skibetriebs ganzjährig geöffnet haben (siehe Tour 37), während es beispielsweise im gesamten Tannheimer Tal keine einzige vergleichbare Übernachtungsmöglichkeit gibt.

Meine Recherche für diese Wanderung fand an einem sonnigen ersten November statt, also am letzten Öffnungstag der Bad Kissinger Hütte des Jahres.

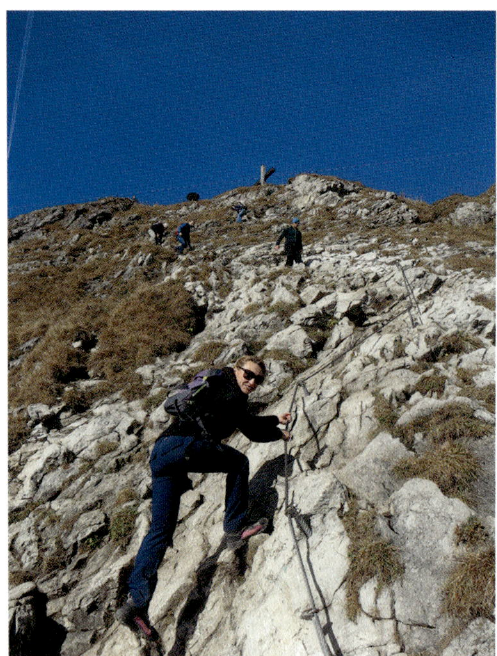

Auf den letzten Metern helfen Drahtseile über die Felsen hinweg.

Wahre Pilgerströme strebten der Hütte zu, und zwar nicht nur vom Talboden aus, sondern auch vom eineinhalb Wanderstunden entfernten Füssener Jöchl, das mit der Seilbahn übrigens auch im Winter bequem zu erreichen ist und unser Tagesziel mit einem aussichtsreichen Höhenweg verbindet (siehe Variante). Ein besseres Votum für eine längere Bewirtung der Hütte hätte es kaum geben können, auch wenn ich an dieser Stelle keinesfalls ein Plädoyer für die generelle Öffnung von Hütten im Winter oder gar für den Massentourismus abliefern möchte; im Winterhalbjahr trennt sich aufgrund der meist erschwerten Bedingungen am Berg ohnehin die Spreu vom Weizen.

Etwa die Hälfte der Hüttenbesucher wagt sich an diesem stabilen Schönwetter-Tag auch an die Besteigung des Aggensteins heran. Bei trockenen Verhältnissen ist der mit Drahtseilen gesicherte Steig unterhalb des Gipfels von trittfesten Wanderern problemlos zu meistern, schwieriger wird es, wenn Teile des Weges oder gar die Drahtseile schneebedeckt oder gar vereist sind. „Der frühe Vogel fängt den Wurm", deshalb teile ich mir den Gipfel bei Ankunft nur mit wenigen Gleichgesinnten. Das Panorama der Tannheimer Berge, Ötztaler Alpen und Allgäuer Alpen ist fantastisch, aus dem fernen Appenzeller Land grüßt der Säntis und wie nahe unser Berg am nördlichen Alpenrand liegt, offenbart sich beim Blick in das sanfte Allgäuer Hügel- und Seenland mit den Städten Kempten und Füssen. Falls die besten Panorama- und Brotzeitplätze am Gipfelkreuz vergeben sein sollten, können wir auf die benachbarte Erhebung ausweichen.

Bevor eine größere Wandergruppe den Gipfelstock erreicht, mache ich mich wegen der Staugefahr an den Drahtseilen rasch an den Abstieg. Kurz vor der Bad Kissinger Hütte offenbart sich an einer senkrechten Felswand vorbei nochmals ein fotogener Blick auf den Hopfen- und Forggensee. Die Hüttenterrasse ist so überfüllt, dass ich gleich das Weite suche. Um das herrliche Sonnenpanorama noch länger genießen zu können, entscheide ich mich an der Weggabelung wenige Minuten unterhalb der Hütte für die Abstiegsvariante in Richtung Füssener Jöchl. Der bequeme Wanderweg verliert bis zum Wegabzweig nach Grän – der Gegenanstieg zum Füssener Jöchl im Skigebiet wäre mit Einkehr in der Sonnenalm (1821 m) ratsam – nur rund 100 Höhenmeter; am

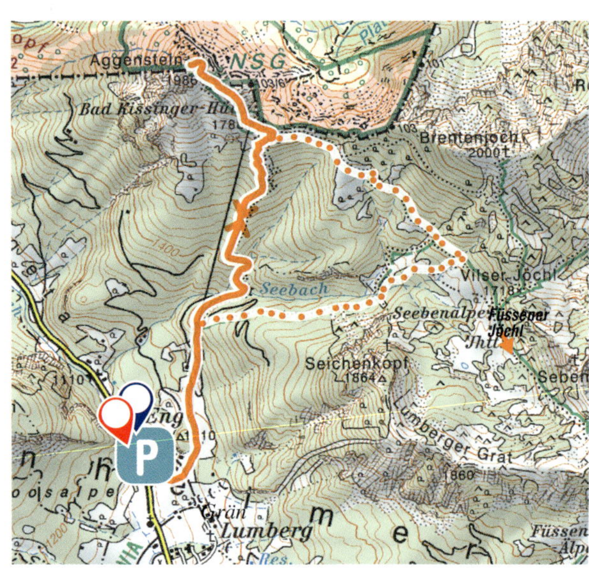

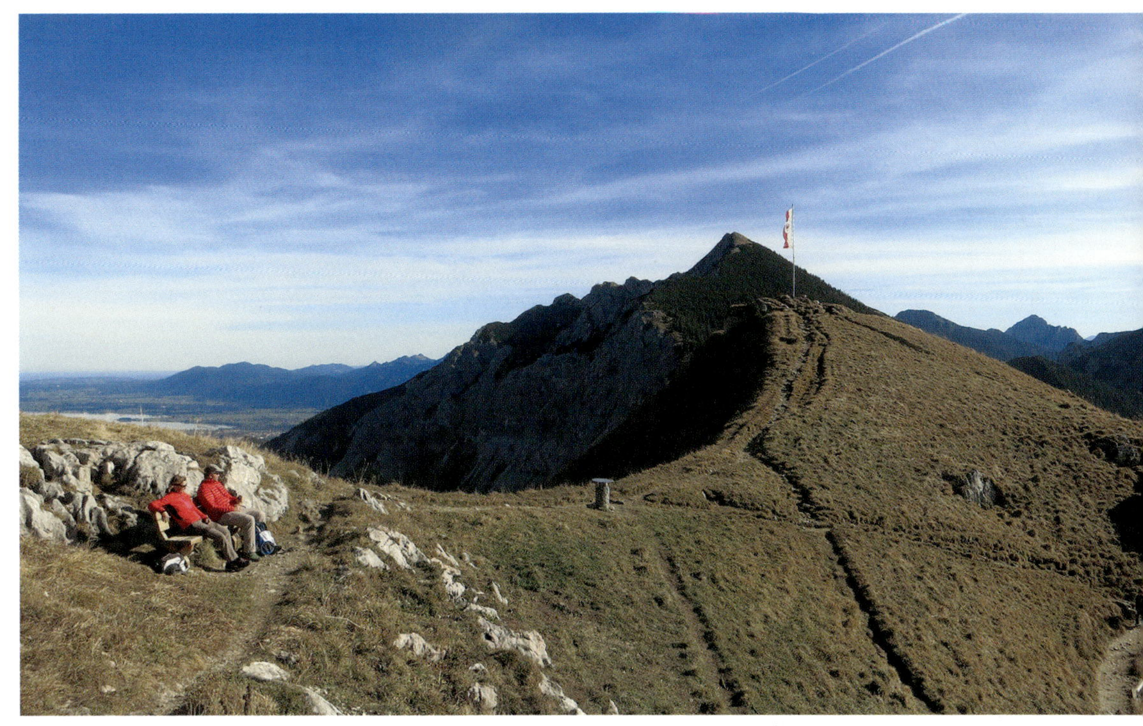

Sitzbank in herrlicher Sonnen- und Aussichtslage nahe der Bad Kissinger Hütte

großen Wiesenplateau nehme ich mir mit Blick auf die Allgäuer Bergspitzen für den kommenden Sommer vor, endlich den markanten Hochvogel anzugehen ...

Route: Parkplatz Grän (Enge) – Bad Kissinger Hütte – Aggenstein und zurück

Vom Parkplatz (1138 m) hangaufwärts und am Fahrweg links haltend den Wegweisern Richtung Aggenstein folgen (Abkürzung auf Steig möglich) ▶ den Seebach auf einer Brücke überqueren (1340 m) und steil durch lichten Wald empor ▶ an der Gratschneide links (Weggabelung; 1742 m) zur Bad Kissinger Hütte (1788 m) ▶ in einer halben Stunde auf gutem Steig über die steile Wiese, zuletzt über eine Felsstufe (Drahtseile) auf den weithin sichtbaren Aggenstein (1986 m) ▶ Abstieg auf derselben Route

Gehzeit 4 ½ Std.

Höhenmeter 850

Anfahrt
Auto A 95 und B 2 nach Oberau, B 23 nach Ettal, St2060 und L 255 nach Reutte, B 198 nach Weißenberg am Lech, B 199 ins Tannheimer Tal, hinter Haldensee rechts nach Grän; alternativ Anfahrt über Pfronten (A 96 Ausfahrt Buchloe sowie B 12)

Ausgangspunkt Großer gebührenpflichtiger Wanderparkplatz nördlich von Grän (Ortsteil Enge)

Navigation N 47.51510°, E 10.55581°

Sonnenanteil Vor Einmündung in den lichten Wald größere freie Wiesenflächen; durchgehend sonnig wird es dann oberhalb der Waldgrenze ab ca. 1600 m Höhe.

Charakter Bis zur Bad Kissinger Hütte abschnittweise zwar steil, aber einfach auf gut ausgetretenen Steigen empor; für die Gipfelbesteigung ist Trittsicherheit erforderlich, Vorsicht bei Vereisung!

Wegweiser Die Bad Kissinger Hütte, der Aggenstein und Grän sind bestens beschildert.

Variante Statt direkt abzusteigen, kann man an der Weggabelung unterhalb der Bad Kissinger Hütte (1742 m) dem Ww. Richtung Füssener Jöchl folgen. Noch vor Erreichen des Jöchls zweigt ein Steig nach rechts zum Ausgangspunkt ab (1640 m). Im Seebachtal ist es durch den vorgelagerten Seichenkopf jedoch ziemlich schattig (ca. ¾ Std. länger)

Karte Kompass Wanderkarte Nr. 4, Tannheimer Tal, 1:35.000

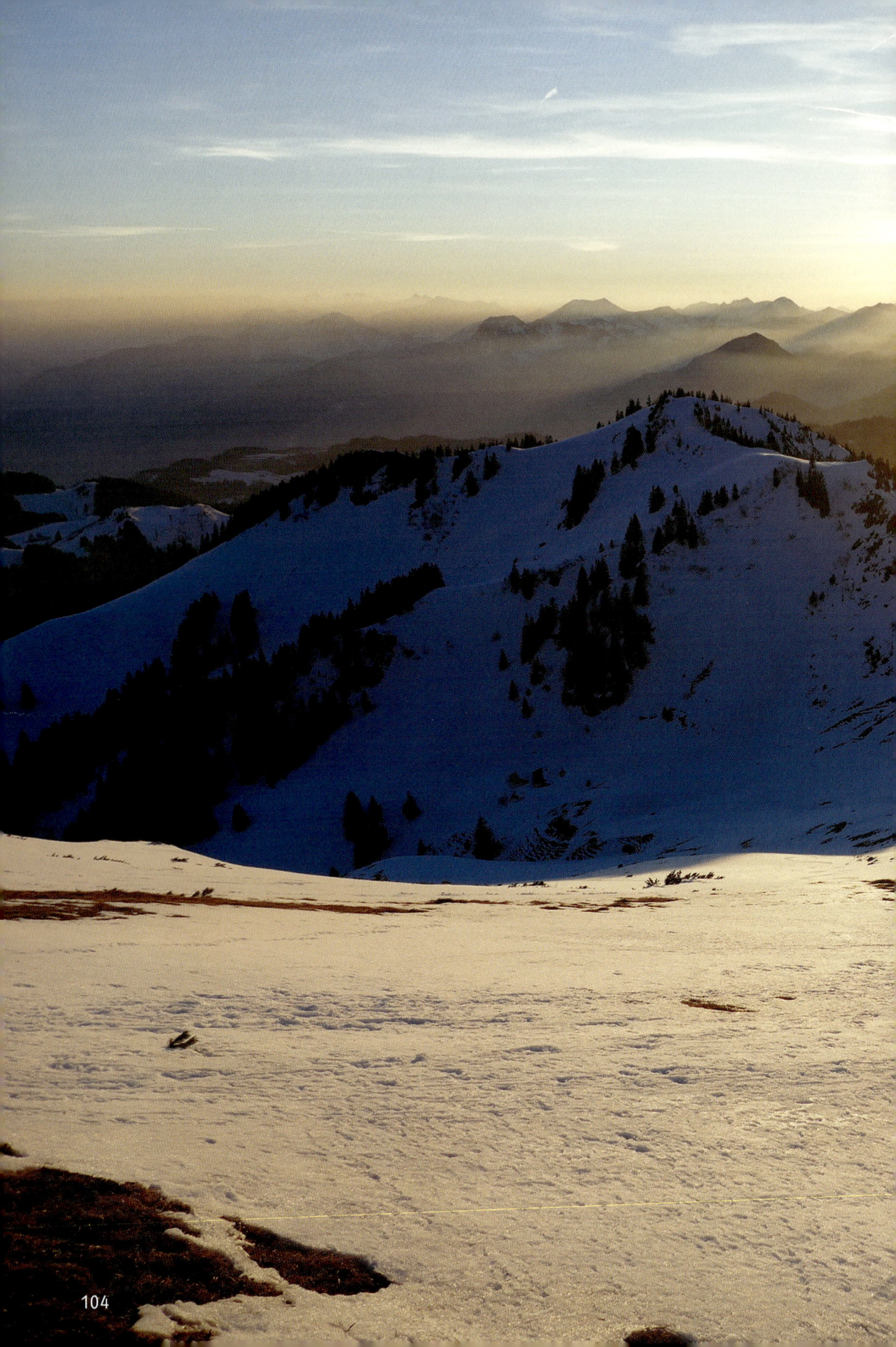

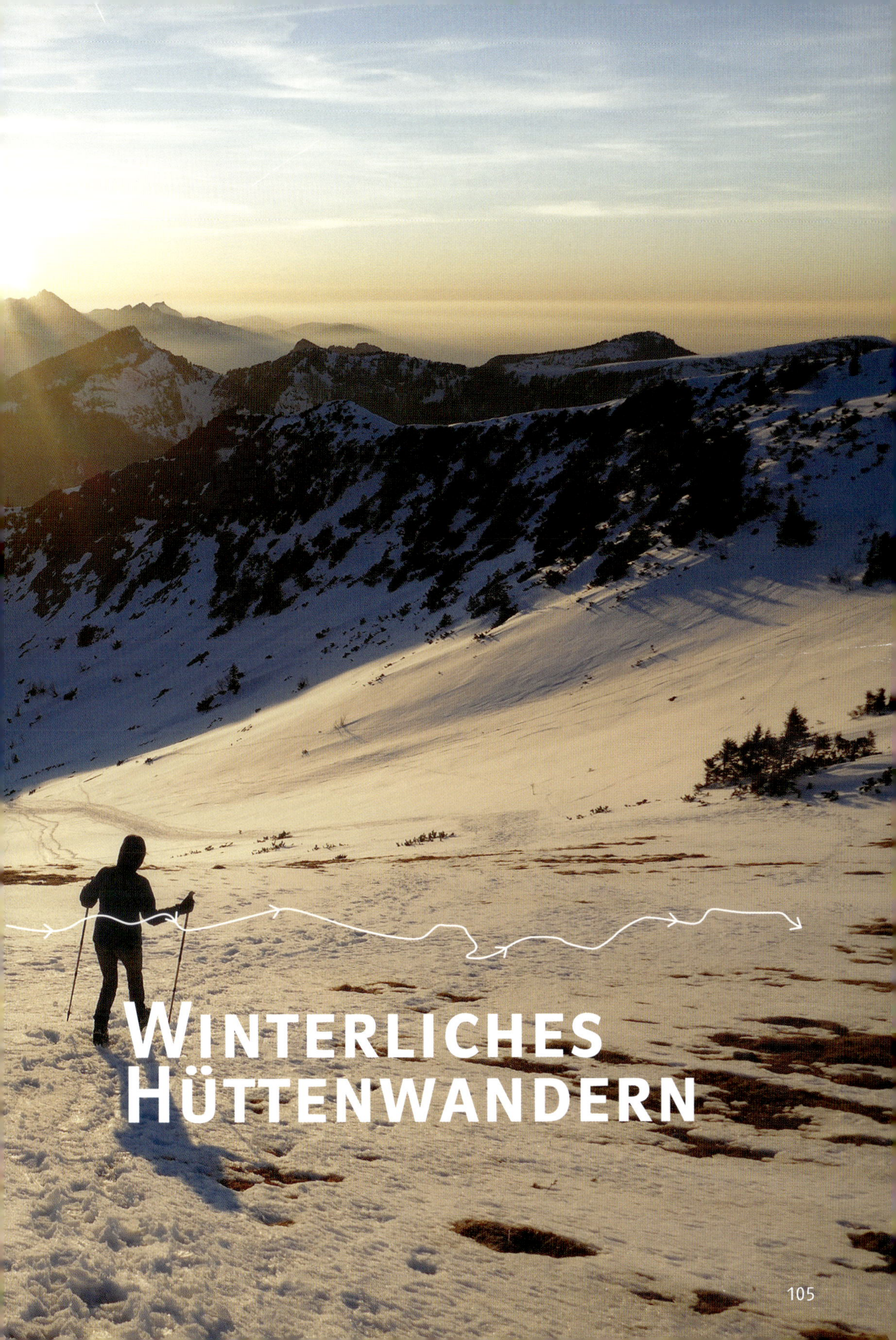

Winterliches Hüttenwandern

HOCHGERNHAUS (1461 m) UND HOCHGERN (1748 m)

Versorgung nach SHERPA-ART

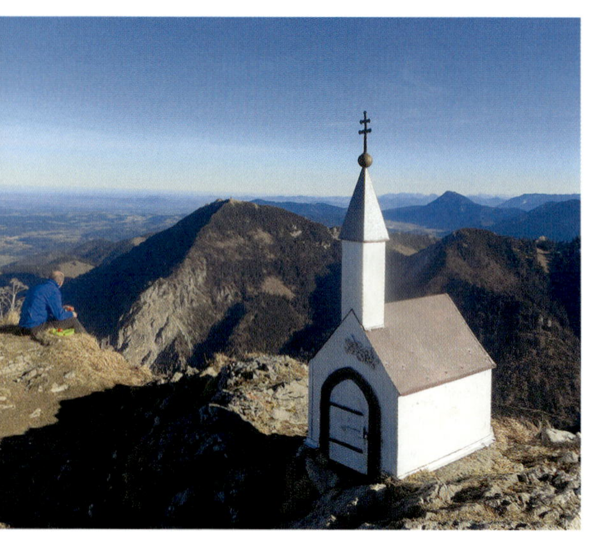

Gipfelkapelle am Hochgern

Das Hochgernhaus zählt zu den wenigen Bergunterkünften im bayerischen Alpenraum, die auch im Winter täglich geöffnet haben – es sei denn, es herrscht Wetterchaos mit erhöhter Lawinengefahr. Dieser Umstand ist umso erwähnenswerter, als die Versorgung der Hütte im Hochwinter nicht gerade einfach ist. Solange der Fahrweg einigermaßen schneefrei ist, transportieren die Hüttenwirte Moritz und Robert Speis und Trank mit dem Jeep nach oben, doch in härteren Phasen des Winters schleppen sie dann zwecks der Versorgung im Schnitt einmal wöchentlich 70 Kilogramm schwere Rucksäcke den Berg hinauf.

Im Gegensatz zum Sommer, wenn nahe Quellen die Hütte mit Wasser versorgen, muss das kostbare Nass zur kalten Jahreszeit zudem mühsam aus dem Brunnen hochgepumpt werden. „Warmduscher" kommen auf dem Hochgernhaus also nicht unbedingt auf ihre Kosten. Wer dem Wassersparmodus zum Trotz eine „griabige" Nacht verbringen will, reserviert sich das komfortable Panorama-Doppelzimmer für 39 Euro die Nacht. Schön warm ist es auch am großen Kachelofen in der Stube. Die Hüttenwirte haben auf Ihrer Internetseite Bilder eingestellt, die nicht nur einen Rundumblick von den Zimmern und Lagern zeigen, sondern auch von der Terrasse, Veranda und Stube; auch vom Hochgern ist ein wenngleich sommerliches Panorama zu sehen.

Bereits von der Hütte genießen wir einen großartigen Blick auf die Loferer Steinberge, das Kaisergebirge, die Chiemgauer Alpen, die Hohen Tauern sowie auf das Karwendel- und Rofangebirge. Noch imposanter – vom Dachstein bis zur Zugspitze – ist die Sicht vom Hochgern, der nur rund eine Wanderstunde von der privat betriebenen Unterkunft entfernt und auch nach Neuschneefällen meist zuverlässig gespurt ist. Es spricht also nichts dagegen, den bekannten Chiemgauer Gipfel auf der sehr abwechslungsreichen Route anzugehen, zumal sich bereits im Aufstieg herrliche Blicke auf den Chiemsee ergeben. Das kleine Felsmassiv wird an der sonnigen Südseite umgangen, bevor der letzte Grasaufschwung zum Doppel-Gipfel erfolgt.

Begehrte Sonnenplätze am Fuß des Hochgerns haben sich auch die Enzian-Hütte und die Agergschwendalm gesichert, die im Gegensatz zum

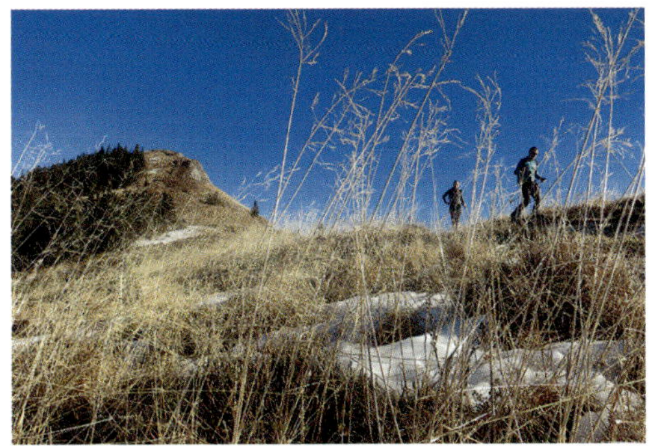

Wenig Schnee zwischen den Gräsern im Frühwinter …

Hochgernhaus meist jedoch nur bei Schönwetter geöffnet haben. Somit gibt es beim Abstieg zwei weitere Möglichkeiten zum Einkehr-Stopp, bevor wir in den Wald eintauchen. Manche Besucher haben bei guter Schneelage ihren Schlitten dabei.

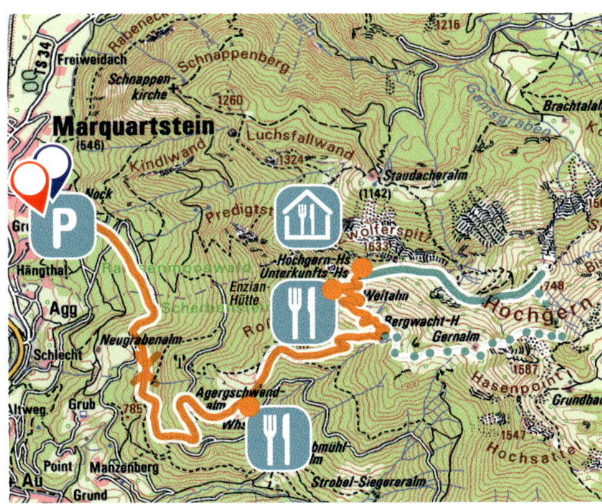

Route: Marquartstein ▶ Agergschwendalm ▶ Enzian-Hütte ▶ Hochgernhaus ▶ (Hochgern) und zurück

Hochgernhaus: Vom Wanderparkplatz (630 m) auf gut beschildertem Weg in südöstliche Richtung durch Wald empor ▶ am Forstweg (760 m) rechts und an der folgenden Weggabelung ca. 15 Min. später links ▶ durch Wald (Abkürzung möglich) zu einer Lichtung hinauf und die Agergschwendalm (1040 m) passieren ▶ nach einer weiteren Waldstufe bergwärts über freie Wiesenhänge an der Enzian-Hütte (1420 m) vorbei zum Hochgernhaus (1461 m) ▶ Rückweg auf derselben Route

Hochgern: In bequemer Steigung den Wegweisern durch lichten Wald in östliche Richtung folgen ▶ auf der Geländekuppe (1597 m) ebene Wegpassage zum nahen Gipfelaufbau ▶ anstelle der schattigen Serpentine in der Nordflanke dem sich klar abzeichnenden Steig an der Südseite der Felsen ostwärts folgen und über den schönen Grasrücken zum Gipfel (1747 m)

Gehzeit 5 Std. (Hochgern: + 1 ½ Std.)

Höhenmeter 830 (Hochgern: + 300)

Anfahrt
ÖVM Mit der Bahn nach Prien am Chiemsee oder Übersee und RVO-Bus 9505 (bzw. 9507) nach Marquartstein (Rathaus)
Auto A 8 Ausfahrt Bernau am Chiemsee, B 305 über Grassau nach Marquartstein, im Ort die Tiroler Achen überqueren und Burgstraße zum oberen Ortsrand

Ausgangspunkt Großer Wanderparkplatz oberhalb von Marquartstein

Navigation N 47.754618°, E 12.472692°

Sonnenanteil Bis zur Agergschwendalm ist der Wald relativ dicht, sehr viel Sonne gibt es oberhalb von 1300 Metern.

Charakter Der relativ lange, aber bequeme Hüttenanstieg verläuft meist auf Forst- und Fahrwegen, die nicht geräumt, aber zuverlässig gespurt werden. Auch beim Gipfelanstieg keine Schwierigkeiten

Wegweiser Hochgernhaus und Hochgern sind durch lückenlose Beschilderung nicht zu verfehlen.

Variante Vom Hochgern führt ein steiler Bergpfad die Südflanke hinab (Ww. Jochbergalm), der jedoch nur bei aperen Verhältnissen zu empfehlen ist. Nach steilem Abstieg an der Weggabelung (Ww. Gernalm) rechts auf einem schmalen Graspfad (kurzer Gegenanstieg) zur Gernalm (1400 m). An der Bergwacht-Hütte (1290 m) stößt der Karrenweg auf die Hüttenaufstiegsroute.

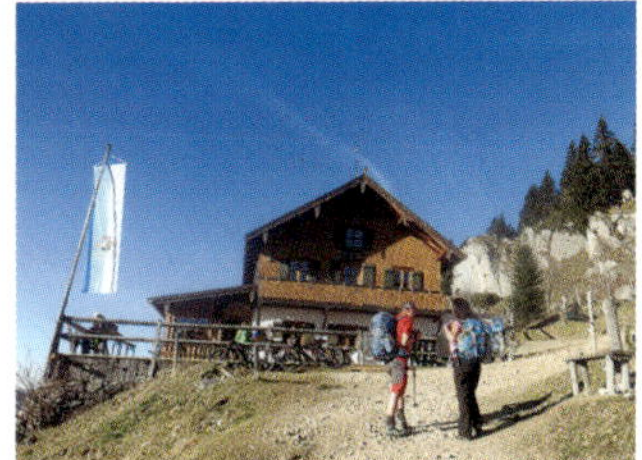

Berghütte Hochgernhaus, privat, 5 Betten / 20 Lager, Tel. 0 86 41 / 6 19 19, www.hochgernhaus.de

Weitere Einkehren Agergschwendalm, Tel. 0 86 41 / 84 81 und Enzian-Hütte jeweils bei schönem Wetter geöffnet

Karte AV Wanderkarte BY18, Chiemgauer Alpen Mitte, 1:25.000

PRIENER HÜTTE (1411 m) UND GEIGELSTEIN (1808 m)

Im schrägen SONNENLICHT

„Die Crew ist sehr nett und versucht jeden Wunsch zu erfüllen," ist auf der Facebook-Seite der Priener Hütte zu lesen. Das können wir voll bestätigen! Bei unserem Besuch im März setzt sich der Hüttenwirt nach dem schmackhaften Essen angesichts nur zwei weiterer Gäste zu uns an den Tisch und gibt ein paar Runden aus. Mit der Hüttenruhe ab 22 Uhr sieht er es an diesem Abend nicht so eng. Nachdem wir den Geigelstein ohnehin bei Sonnenuntergang bereits bestiegen haben, bleibt am Folgetag nur noch der Abstieg ins Tal.

Bei den abendlichen Gesprächen verstärkt sich mein Wunsch, einmal ein Hüttenbuch mit den besten Anekdoten der Hüttenwirte zu verfassen. Um sich ein Bild über die teilweise herrlich-naiven Anfragen mancher Gäste zu machen, wäre es hilfreich, mal einen Tag lang den Telefondienst auf einer Berghütte zu übernehmen. Nach Überlieferung des Hüttenwirts kam es vergangenen Herbst unter anderem zu folgendem Dialog: „Hallo, ich würde kommendes Ostern gerne mit dem Mountainbike auf Eure Hütte kommen. Liegt da noch Schnee?" „Ja, keine Ahnung. Bin ich ein Wetterprophet?" „Aber wieso, Du arbeitest doch auf der Hütte und kannst aus Erfahrung sprechen: Also gib mir doch wenigstens eine Ten-

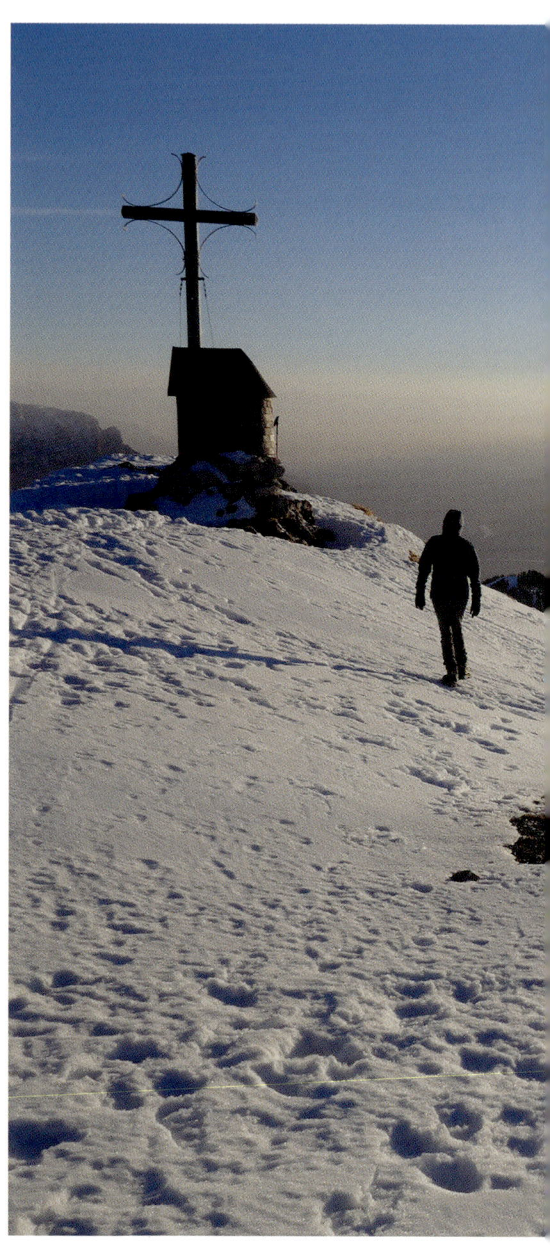

Erlebnis Sonnenuntergang auf dem Geigelstein an einem schönen Märztag

denz, in welche Richtung sich das Wetter entwickeln könnte!"

Meine Anmerkung zu diesem Thema: Als Freunde der Sonne ist das Wetter bei unserer Ankunft immer schön. Wer sich nach dem Anstieg fit genug fühlt, kann nach einer Trinkpause auf der Sonnenterrasse am späten Nachmittag noch ohne Zeitnot den Geigelstein besteigen. Zwecks des Abendessens gilt es jedoch, sich mit dem Hüttenteam abzusprechen; nicht immer ist die Flexibilität so groß wie bei der Anwesenheit von insgesamt gerade vier Gästen, als die Küche ausnahmsweise etwas später als um 19 Uhr geschlossen hat. Die Hütte nimmt am DAV-Programm „So schmecken die Berge" teil und bezieht ihre Produkte vorwiegend aus der Chiemgauer Region. Neben täglich wechselnden Fleischgerichten steht auch ein schmackhaftes vegetarisches Gericht zur Wahl.

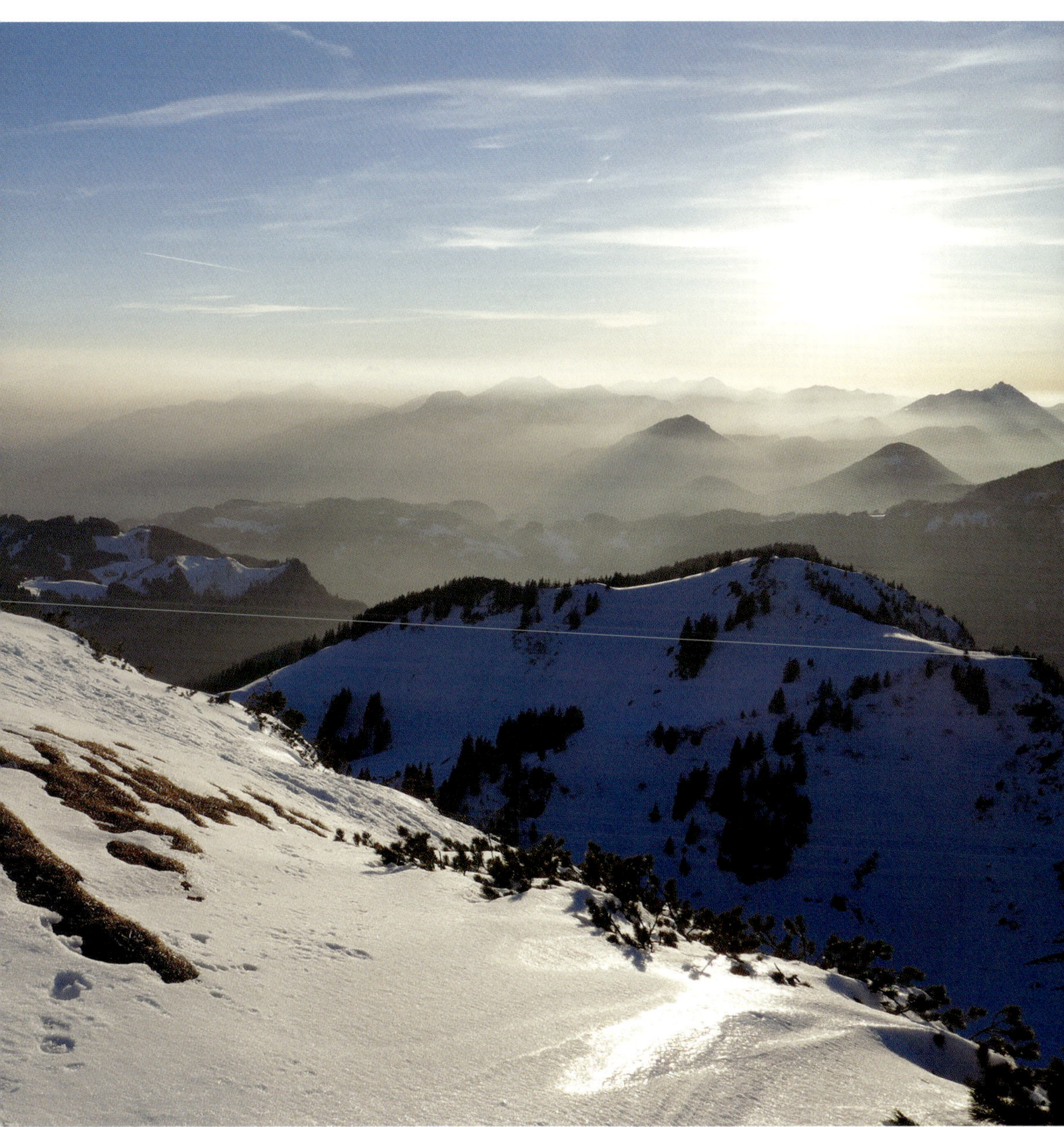

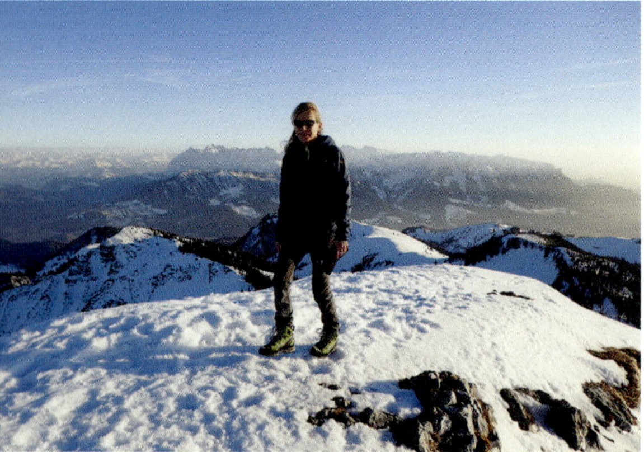

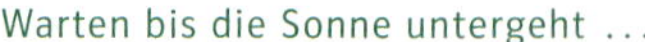

Warten bis die Sonne untergeht …

… doch auch im Morgenlicht entfaltet der Wilde Kaiser seinen ganzen Zauber

Es fehlen nur rund 400 Höhenmeter bis zum Gipfel, die bei solider Schneelage vor allem im Abstieg rasch zu bewältigen sind. Somit können wir den einmaligen Sonnenuntergang genießen, ohne in die Dunkelheit zu kommen. Der Schnee am Gipfelhang ist von der hinter dem Wendelstein untergehenden Abendsonne rötlich gefärbt, und während der Querung im Bergkessel taucht bereits das Dach der Priener Hütte auf. Neben den wunderschönen Lichtspielen – zwischen dem Dunst zeichnen sich im Westen die Bergketten von Mangfallgebirge, Karwendelgebirge und Wettersteingebirge bizarr voneinander ab! – bleibt auch die Einsamkeit am Berg in nachhaltiger Erinnerung: Stehen wir tatsächlich auf einem der beliebtesten Chiemgauer Berge? Da kommt einem doch das folgende Zitat von Carl von Linne in den Sinn: „In den kleinsten Dingen zeigt die Natur ihre größten Wunder".

Der Geigelstein ist ein unfassbar schöner Aussichtsberg. Vor Jahren hatte ich nach einem Wintereinbruch das nachts abziehende Schlechtwetter auf der Priener Hütte abgewartet, um dann vor dem Frühstück, teils knietief im frischen Pulverschnee versinkend, mit Stativ und Spiegelreflexkamera im makellosen Himmelblau zum Gipfel hochzueilen. Hintergrund war eine Fotorecherche für mein Projekt „Faszination Alpenpanorama". Im Tal hing der Nebel, die Gipfel waren alle tief verschneit, und die Latschenkiefern, die Felsen sowie das Gipfelkreuz von einer Eiskruste überzogen. Eine gelungene Aufnahme sollte somit nur noch Formsache sein, obwohl das Auslösen der Serienfotos ohne Handschuhe eine gewisse Herausforderung darstellte. Dick vermummt stellte ich fest: Ein wolkenloser Himmel mit guter Fernsicht ist im Winter ja keine Besonderheit. Aber dass man zwischen den in der Morgensonne leuchtenden Bergen und dem fotogenen Wattebausch des Talnebels jeder Bergfichte die Eiskristalle an den Zweigen ablesen kann, versetzt den Betrachter doch in ungläubiges Staunen. Als die Condition Steigenberger in Aschau das Panorama später entdeckte, bestellte sie es für die Dekorierung ihres Sportladens.

Am kommenden Morgen genießen wir von der Sonnenterrasse den Ausblick auf das imposante Kaisergebirge, dazu auf einige Gipfel der Kitzbüheler und Zillertaler Alpen sowie des Karwendel- und Mangfallgebirges. Durchgehend Schnee liegt an diesem milden Märztag nur noch bis auf eine Höhe von 1300 Metern, eine Abfahrt auf Kufen ist somit weit entfernt. „An rund 30 Tagen ist eine Rodelabfahrt bis in das Tal in diesem Winter möglich gewesen", erzählt uns der Wirt. Ob das letzte Teilstück Richtung Parkplatz jedoch geräumt wird, hängt von der Einsatzbereitschaft der hierfür zuständigen Sachranger Gemeinde ab.

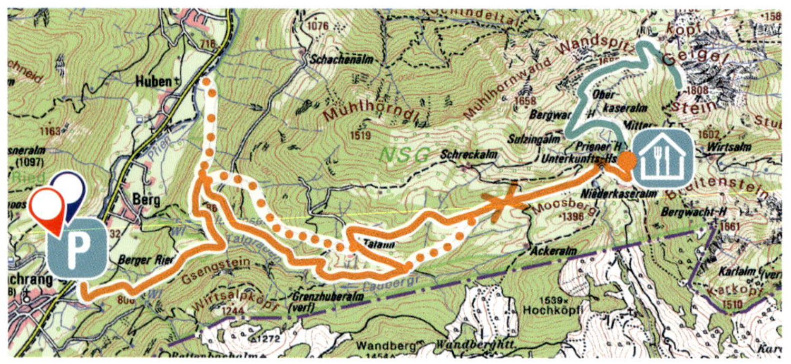

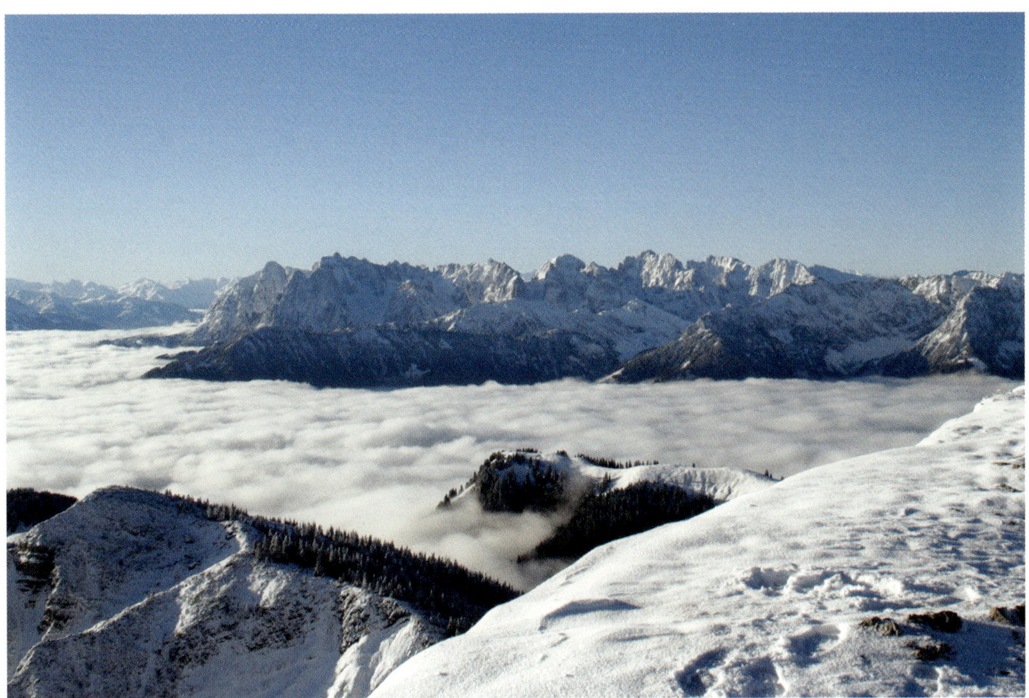

Route: Sachrang ▶ Priener Hütte ▶ (Geigelstein) und zurück

Priener Hütte: Vom Wanderparkplatz (750 m) auf dem Fahrweg durch den Talgraben Richtung Norden ▶ bei Einmündung des Steigs von Huben (Alternativroute) scharfe Rechtskurve und am Laubergrabenbach talein (zuvor Abkürzung zur Talalm möglich) ▶ den Laubergraben (1100 m) wahlweise in zwei Serpentinen über die Talalm (Fahrweg) oder per Abkürzung auf einem Steig verlassen ▶ zuletzt über sanfte Wiesen zur Priener Hütte (1411 m) ▶ Abstieg auf derselben Route

Geigelstein: Von der Hütte erst flach nordwärts, dann in einem weiten Linksbogen an der Oberkaseralm (1493 m) vorbei in den Bergkessel (die direkte Linie führt durch ein Schongebiet!) ▶ zuletzt steiler in die Einsattelung zwischen Wandspitz und Geigelstein (1712 m) empor ▶ nach Südosten drehend durch lichte Latschen über Schrofen zum Gipfel (1808 m) ▶ Abstieg auf derselben Route

Gehzeit 4 Std. (Geigelstein: + 1 ¾ Std.)

Höhenmeter 700 (Geigelstein: + 400)

Anfahrt
ÖVM Mit der Bahn nach Prien am Chiemsee, RVO-Bus 9502 nach Sachrang
Auto A 8 Ausfahrt Frasdorf, St2093 über Aschau nach Sachrang

Ausgangspunkt Wanderparkplatz 200 m vor dem Ortsabzweig Sachrang auf der linken Straßenseite

Navigation N 47.692909°, E 12.267898°

Sonnenanteil Hüttenzustieg nach Verlassen des Laubergrabens ziemlich sonnig, oberhalb der Waldgrenze Sonne pur

Charakter Der Aufstieg auf dem 8 km langen Fahrweg (Rodelbahn) kann an zwei Stellen im Laubergraben abgekürzt werden. Deutlich steiler, wenngleich unschwierig, ist das Gelände am Geigelstein.

Wegweiser Die Priener Hütte ist bestens beschildert. Am Geigelstein ist die Orientierung zwar einfach, die Wegführung bei viel Schnee jedoch unklar.

Karte AV Wanderkarte BY17, Chiemgauer Alpen West, 1:25.000

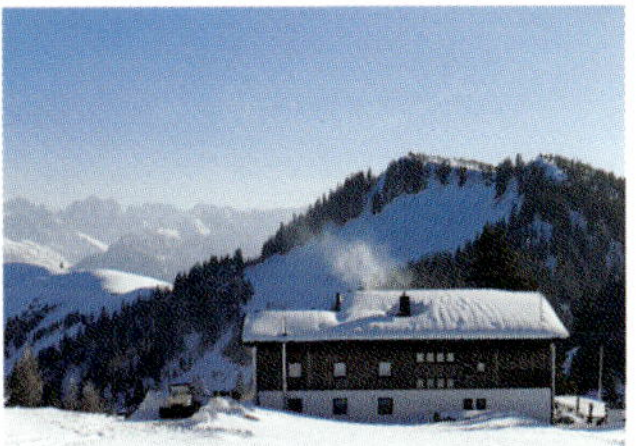

Berghütte Priener Hütte, DAV Sektion Prien, 43 Betten / 54 Lager, 1. Advent bis Weihnachten geschlossen, Tel. 0 80 57 / 4 28, www.prienerhuette.de

31 HOCHRIESHÜTTE (1587 m)

Hütte in GIPFELLAGE

Noch einmal wird die Hochrieshütte wohl nicht so eine Krise durchmachen wie im Januar 2017, als ein Zerwürfnis zwischen der DAV-Sektion Rosenheim und den damaligen Pächtern zu einer Schließung der Berghütte führte. Wie beliebt der Standort unmittelbar am Hochries-Gipfel ist, konnten wir dann Ende März nach der Wiedereröffnung beobachten: Die Hüttenterrasse war selbst unter der Woche gut gefüllt. Bei einer Übernachtung kommen die Sonnenauf- und -untergangs-Romantiker voll auf ihre Kosten.

Die neuen Pächter Sarah und Manuel, die zuvor bei der Nebelhornbahn und im Edmund-Probst-Haus Erfahrung gesammelt haben, sind zwar noch recht jung, aber trotz ihrer Coolness freundlich, eifrig und bemüht. Selbst so unwichtige Dinge wie das Nachsenden einer vergessenen Fototasche erledigen sich gegen eine Spende von zehn Euro zu gegebener Zeit. Und bestimmt haben Sarah und Manuel mittlerweile auch die Schankmoral dem Durst und Anspruch des Besuchers auf eine volle „Hoibe" angepasst. Zu der entspannten Laissez-faire-Atmosphäre am Hochries passt die junge Dame mit der verspiegelten Sonnenbrille, die im schulterfreien T-Shirt, bäuchlings auf einer Matte liegend, ihre Abenteuer der tags zuvor beendeten Thailand-Reise niederschreibt; ein Mai-Thai-Cocktail statt der neben ihr platzierten Wasserflasche hätte das Bild an diesem warmen Frühlingstag noch abgerundet.

Das bunte Treiben am Hochries ist umso bemerkenswerter, als die nur einen Steinwurf vom Gipfel endende Bergbahn im Winter gar nicht verkehrt –

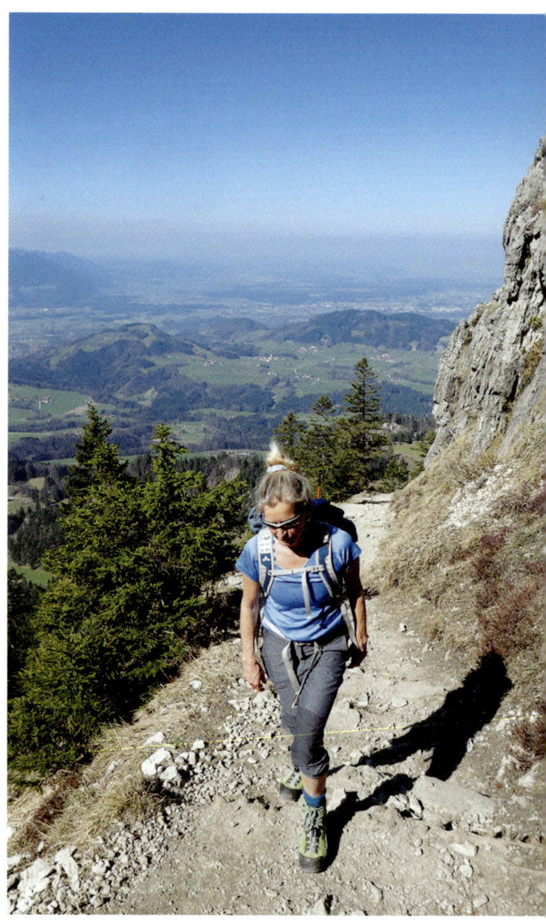

Oberhalb der Seitenalm wird das sogenannte Geisterwandl gequert.

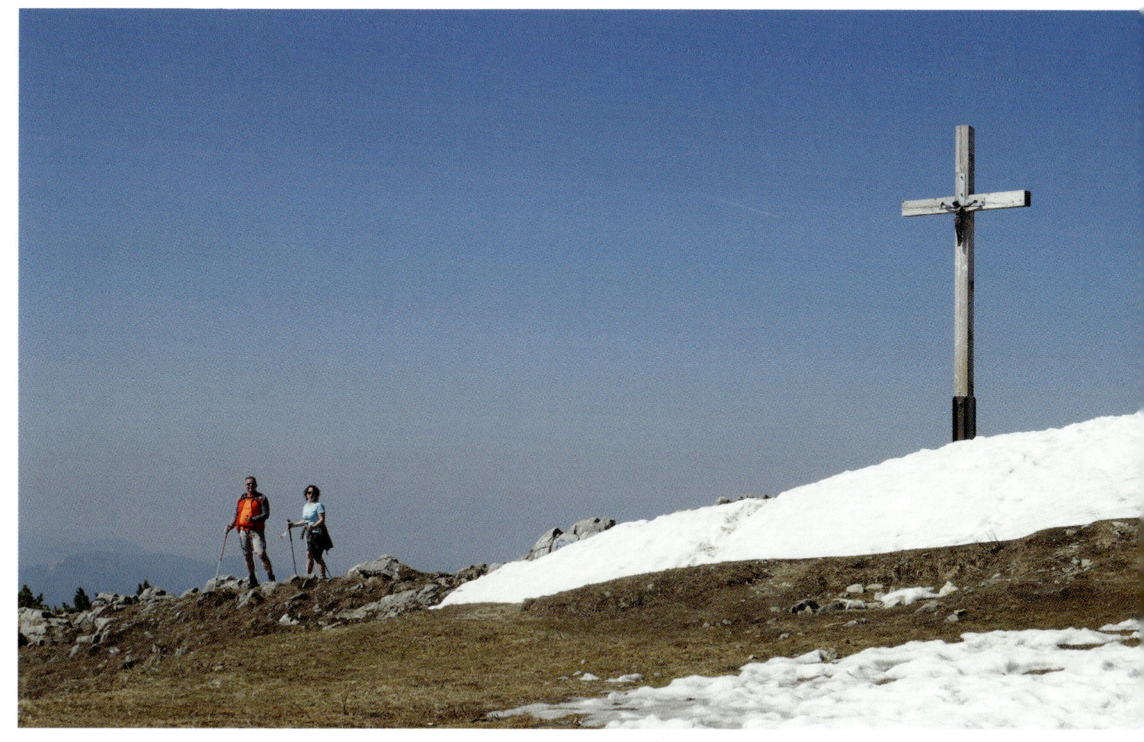

Ganz so einsam ist man am Hochries-Gipfelkreuz bei schönem Wetter selten.

statt der Befolgung des Werbeslogans „Einsteigen – wir bringen Sie zum Gipfel!" müssen sich somit sämtliche Besucher den Berg nebst Einkehr und etwaiger Übernachtung mit eigener Muskelkraft verdienen.

Der sonnigste Aufstieg beginnt am Waldparkplatz der Spatenau und führt über die Doagl- und Seitenalm abwechslungsreich in die Höhe. Dabei wandern wir durch Waldabschnitte, über ein weitläufiges Hochplateau, sonnige Wiesen und am sogenannten Geisterwandl vorbei jenem langen Gratrücken entgegen, der sich in angenehmer Steigung und Sonnenlage bis zum Gipfel hochzieht. Bei hochwinterlichen Verhältnissen spuren zuerst Schnee- und Tourengeher zum Hochries hinauf, doch bereits nach wenigen Tagen ohne Neuschnee ist die Trasse in der Regel auch für uns Wanderer problemlos begehbar. Im Zweifel erkundigen wir uns beim Hüttenwirt über die Machbarkeit der Route.

Für den Abstieg merken wir uns als Variante den kleinen Umweg über die Einsattelung unterhalb des Karkopfs vor, weil wir hierbei für längere Zeit in der Sonne wandernd den schönen Blick nach Süden genießen; gegenüber des Trockenbachtals erheben sich der Klausen- und Zinnenberg; weiter südlich lugt hinter dem Spitzstein (siehe Wanderung 32) das Kaisergebirge gerade noch hervor. Falls wenig oder kein Schnee liegt, ist auch die Besteigung des Karkopfs eine Option; hierbei sind jedoch einige leicht abschüssige Felspassagen zu meistern. Im März erfreuen wir uns an den Huflattich-Beständen und ernten kurz vor Erreichen des Waldparkplatzes frischen Bärlauch, der im unteren Waldabschnitt geradezu wuchert.

Dass die vis-à-vis des Gipfelkreuzes auftauchende Hochrieshütte auf der AV-Karte auch Hochrieshaus genannt wird, könnte an dem gläsernen Anbau liegen, der in bester Südwestlage vor gut zehn Jahren fertiggestellt worden ist. Wie bei Erweiterungen oder Neuerungen üblich, hat es auch hier seinerzeit nicht an Hohn und Spott von einheimischen Wanderern gemangelt. Der Vergleich mit einer finnischen Sauna („wenngleich ohne Becken mit Kaltwasser!")

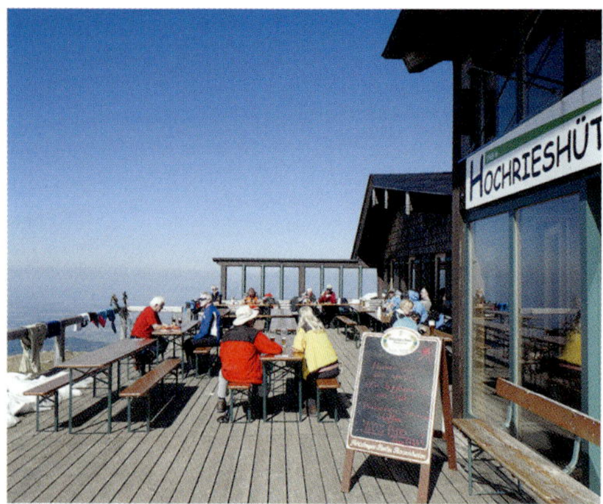

„Machen Sie es sich gemütlich“: die ersten Tagesgäste auf der Sonnenterrasse der Hochrieshütte

und die Degradierung zu einer Garage für den neuen Pistenbully oder zu einem MyFly für die Drachenflieger war im Verhältnis zu der Anschuldigung von Willkür, Unfähigkeit und Geldverschwendung der Planer noch harmlos zu nennen; wohlwollende Kommentare hingegen erkannten den Vorzug eines „Wintergartens“, der als Schnee- und Kältepuffer zum Eingang einen lichtüberfluteten Raum mit zusätzlicher Wärme bietet.

Auf der Hütten-Homepage können wir im Untermenü www.hochrieshuette.de/impressionen mehrere Webcams anklicken, die in Nordost-, Süd- und West-Richtung über das aktuelle Wettergeschehen Auskunft geben; für die Gipfelbestimmung sind außerdem noch die Gigapixelpanoramen Südwest und Südost abrufbar. Bei Schönwetter wird der Gast mit einem gigantischen Ausblick belohnt, der bis in die Hohen Tauern reicht (der Schneeberg links hinter dem Wilden Kaiser ist das Große Wiesbachhorn). Eindrucksvoll ist auch der Blick in Richtung Ebene mit dem Chiemsee, auch wenn Letzterer teilweise

Herrliche Sonnenwiesen am Ostausläufer des Karkopfs

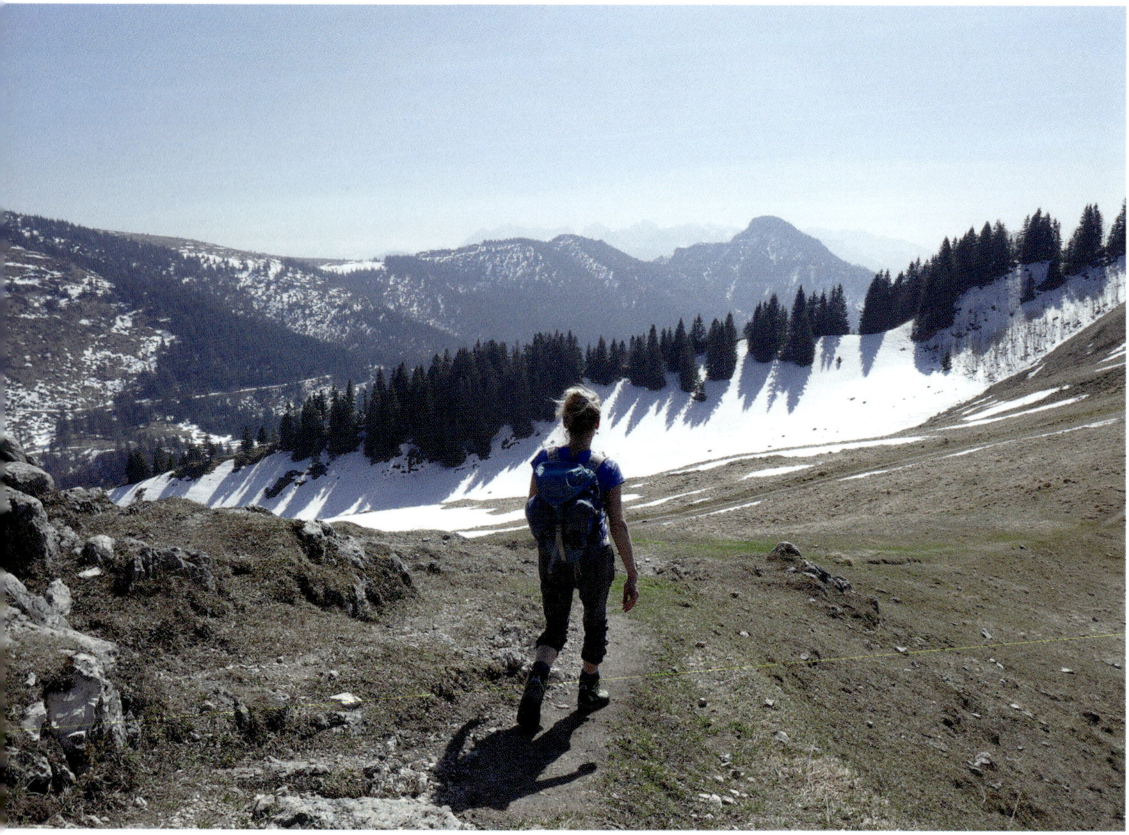

durch den vorgelagerten Riesenberg verdeckt wird. Bei der Übernachtung ist zu beachten, dass es nur Zimmer-, aber keine Matratzenlager gibt; selbst Alpenvereinsmitglieder bezahlen somit für den Komfort von weniger Schlafplätzen und eines Waschbeckens im Zimmer 18 Euro pro Nacht. Gemessen am unvergesslichen Sonnenuntergang und/oder -aufgang auf Gipfelniveau – es gibt ja kaum vergleichbare Hütten in Oberbayern! – ist diese Investition jedoch auf jeden Fall lohnenswert. Das Hochrieshaus ist auch der ideale Ausgangsort für eine mehrtägige Hüttenwanderung in Richtung Spitzsteinhaus (Tour 32) und Priener Hütte (Tour 30).

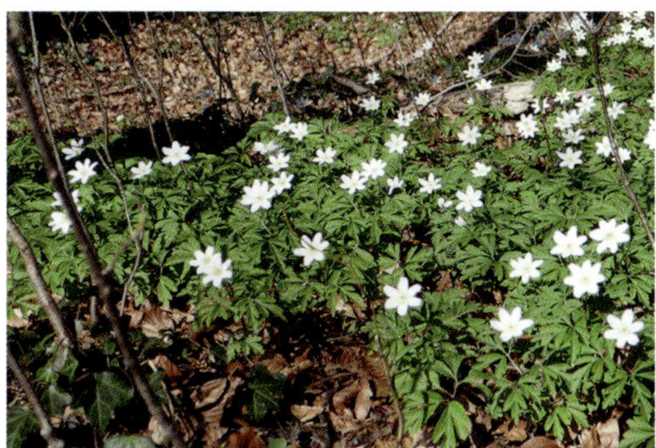

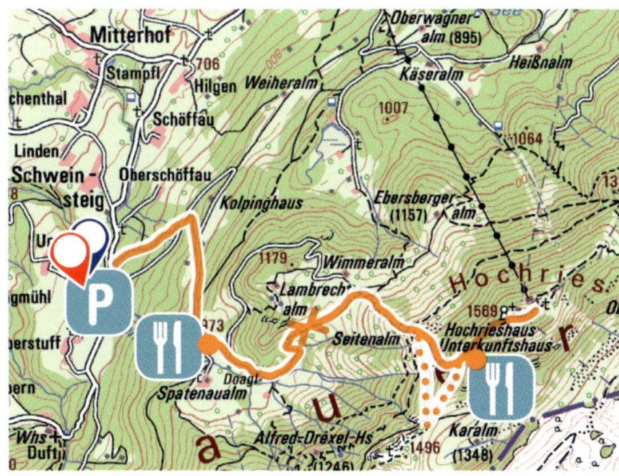

Frühlingsbote
Buschwindröschen

ROUTE: WANDERPARKPLATZ SPATENAU ▶ DOAGL-ALM ▶ WIMMERALM ▶ SEITENALM ▶ HOCHRIESHÜTTE UND ZURÜCK

Vom Wanderparkplatz (762 m) nicht auf dem Fahrweg, sondern auf dem bezeichneten Steig durch den Wald empor (Ww. Hochries) ▶ den Fahrweg einmal überqueren und beim 2. Mal (hier Teerweg) rechts (Ww. Spatenau/Doagl-Alm; 880 m) ▶ bei der Weggabelung vor der Doagl-Alm links durch das Wiesen-Hochplateau (973 m) ▶ durch lichten Wald zur Anhöhe an der Wimmeralm empor (1151 m) ▶ in zahlreichen Kehren (Stufenweg) südostwärts zu den Seitenalmen (1333 bzw. 1350 m) ▶ nach kurzer Steilstufe am Gratrücken links zur Hochrieshütte (1587 m) ▶ Abstieg auf derselben Route

ABSTIEGSVARIANTE: dem Gratrücken bis zur Einsattelung (1429 m) folgen (Ww. Karkopf) und rechts durch den Wald (Ww. Waldparkplatz Gammern) und wenig später rechts (Ww. Spatenau) ▶ vor Erreichen der Seitenalmen Einmündung in die Anstiegsroute

GEHZEIT 4 ½ Std.

HÖHENMETER 820

ANFAHRT
AUTO A 8 Ausfahrt Achenmühle, im Ort rechts Auffahrt nach Grainbach, kleine Teerstraße Richtung Duftbräu

AUSGANGSPUNKT Wanderparkplatz Spatenau (1 km vor Duftbräu, gebührenpflichtig)

NAVIGATION N 47.749867, 12.217351°

SONNENANTEIL Im November und März insgesamt sehr viel Sonne, Richtung Hochwinter werfen die Berge Feichteck und Karkopf längere Schatten. Stets sonnig sind die Wiesen an der Doagl-Alm, der Anstieg zur Wimmeralm und der Gratrücken zur Hochrieshütte.

CHARAKTER Bis zur Doagl-Alm bequeme Waldsteige und Fahrwege, dann überwiegend solide Bergsteige, die nach Schneefällen in der Regel rasch gespurt werden.

WEGWEISER Im Anstieg Richtung Spatenau / Doagl-Alm bzw. Hochries

WEITERE EINKEHR Doagl-Alm (Spatenau), Tel. 08032 / 8219, Sa. / So. und in den Ferien täglich außer Mo. geöffnet, www.doagl-alm.de

KARTE AV Wanderkarte BY17, Chiemgauer Alpen West, 1:25.000

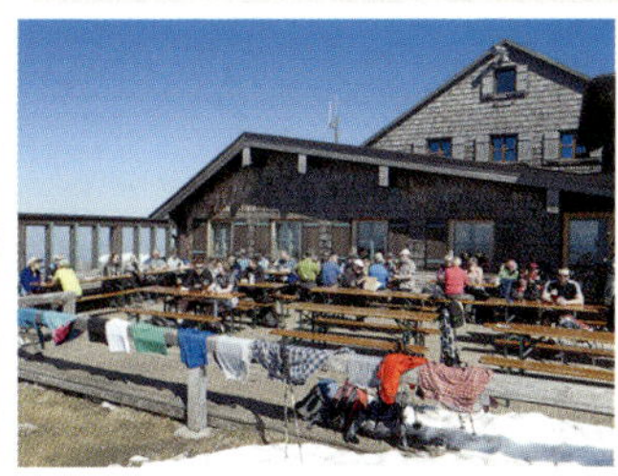

BERGHÜTTE Hochrieshütte, DAV Sektion Rosenheim, 37 Betten, Tel. 0 80 32 / 82 10, außerhalb der Ferien ab Dez. Mi. / Do. Ruhetag, www.hochrieshuette.de

SPITZSTEINHAUS (1252 m) UND **SPITZSTEIN** (1596 m)

Neun ANSTIEGE und vier EINKEHREN

Zählt man den etwas längeren Anmarsch von Hainbach über den Klausenberg hinzu, gibt es aus dem Priental und über den Erlerberg neun verschiedene Anstiege zum Spitzsteinhaus. Allein drei Varianten bieten sich von Sachrang an, das sich seit 2017 offiziell „Bergsteigerdorf" nennen darf. Wer allerdings vom Ortskern den Wegweisern zum Spitzsteinhaus folgt, macht einen Fehler; unsere etwas längere Sonnenroute führt anfangs etwas umständlich in einem weiten Bogen in die Höhe und ist im unteren Bereich nicht zielgerecht beschildert. Dafür umgehen wir größere Waldstücke, genießen das schräge Winterlicht mit grandioser Aussicht und haben neben dem Spitzensteinhaus drei weitere Einkehrmöglichkeiten.

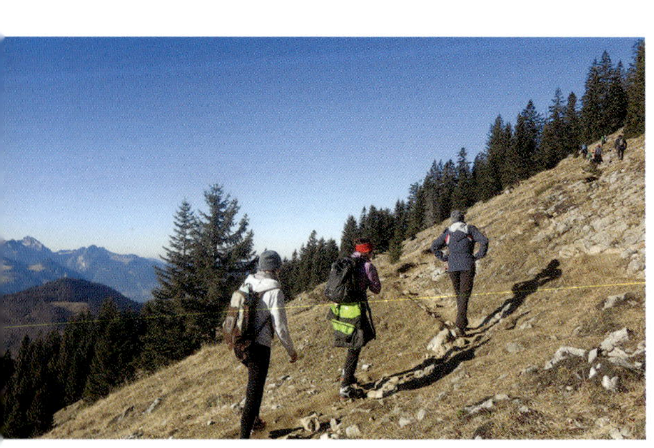

Ob wir unsere Wanderung tatsächlich vom Parkplatz Reichenau beginnen können, hängt von den äußeren Umständen ab. Das Schild am Ortsende von Sachrang („Keine Parkmöglichkeit in Reichenau") können wir ignorieren, wenn wir zu den ersten zehn Gästen zählen, die im Bergweiler einen Parkplatz ergattern und wenn wir bei winterlichen Bedingungen auf der steil in die Höhe führenden Teerstraße Schneeketten anlegen. Alternativ stellen wir unser Auto am 150 Höhenmeter und 1,5 Kilometer tiefer gelegenen Sachranger Wanderparkplatz ab, der an der Bachbrücke des Priens liegt. Die Prien entspringt in etwa 1150 Meter Höhe unterhalb des Spitzsteinhauses und ist mit 32 Kilometern Länge bis zur Mündung in den Chiemsee einer der längsten Wildbäche Oberbayerns. Naturgemäß fließt sie auf direktem Weg ins Tal und bildet in Südost-Richtung einen weithin sichtbaren Geländegraben. Während die beiden Hauptzustiege zum Spitzsteinhaus nördlich von diesem Graben verlaufen, verläuft unsere Route südlich davon.

Der Weiler Reichenau liegt umgeben von Almwiesen bereits herrlich in der Sonne. Am Parkplatz steht eine Informationstafel des „Grenzenlos-Wanderwegs", die Hintergründe zur Bedeutung des Grenzgebiets rund um Sachrang preisgibt. Der Erlebniswanderweg verläuft zwischen Prien am Chiemsee und Walchsee – oder werbewirksamer: zwischen „König und Kaiser" – in neun Etappen und ist 130 Kilometer lang; unterwegs erfährt der Wanderer Hintergründiges zu den Themen Kultur, Natur und Geschichte. Wenige hundert Meter oberhalb

Anstieg zum Spitzstein

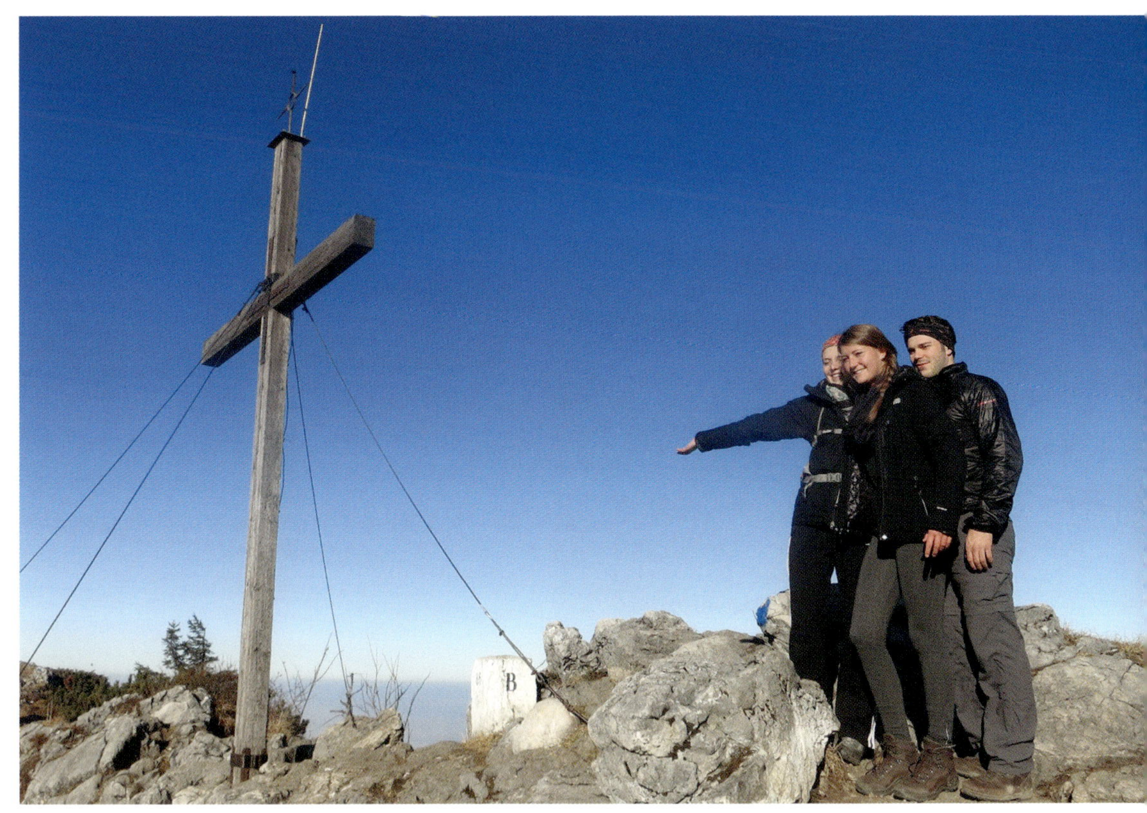

Gipfelpose im Sonnenlicht, dazu der makellos blaue Himmel

von Reichenau ist der Wanderweg für uns Geschichte, da wir ihn rechterhand in Richtung Stoanaalm verlassen.

Wir wandern nun direkt auf den Spitzstein zu. Spätestens mit Erreichen des Weilers Stein können wir nachvollziehen, warum Sachrang als erst dritter Ort Oberbayerns zum „Bergsteigerdorf" gekürt wurde. Diese Auszeichnung, ursprünglich eine Initiative des österreichischen Alpenvereins, wird nach strenger Prüfung nur für Orte in wirtschaftlich benachteiligten Regionen vergeben, die den sanften Bergtourismus fördern, Brauchtum und Tradition erhalten sowie für aktiven Naturschutz einstehen. Ein Beispiel für gepflegte Bauernhofkultur ist das Anwesen Erlerberg 42, auf dessen Fassade zu lesen ist: „Des Hauses Zier ist Reinlichkeit, des Hauses Ehr Gastfreundlichkeit, des Hauses Glück Zufriedenheit, des Hauses Segen Frömmigkeit." Und wenig später passieren wir die Käserei Plangger, die Käsespezialitäten in Bio-Qualität aus dem eigenen Felsenkeller anbietet.

Zur Verkostung von regionalen Spezialitäten haben wir auf dem Weg zum Spitzstein reichlich Gelegenheit, beispielsweise auf der Stoanaalm oder Goglalm, sofern die Hüttenwirtin Traudi anwesend ist. Beide Almen wären für sich schon einen Tagesausflug wert. Doch wir streben unserem Übernachtungsziel Spitzsteinhaus entgegen, das gemäß der DAV-Initiative „So schmecken die Berge" nur Gerichte auftischt, die aus frischen, regionalen und in diesem Fall sogar ökologischen Zutaten zubereitet werden. Zu den sämtlich hausgemachten Klassikern zählen Speck- und Kaspressknödel, Hirsch- und Rindsgulasch sowie der Kaiserschmarrn. Küchenchef Hans Bachmann verfügt über eine langjährige Kocherfahrung in der Riesenhütte, als Junior-Hüttenchef fungiert seit Juli 2015 sein Sohn Tobias.

Übernachtungsgäste sollten sich einen warmen Schlafsack mitnehmen, da die Lagertemperatur im

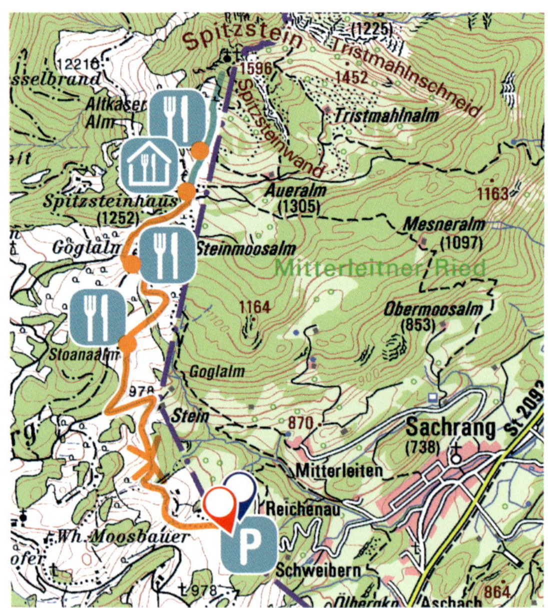

Winter sehr kalt sein kann. Etwas begünstigt sind die Vierbett-Zimmer durch die Wärme vom Kachelofen in der Stube eine Etage tiefer. Für den Sonnenuntergang lohnt es sich zwecks der deutlich besseren Aussicht, den sogenannten Rentnergipfel

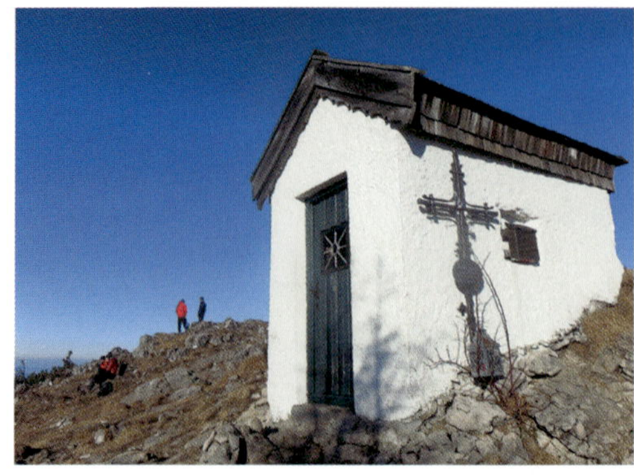

Spitzstein mit Gipfelkapelle

hinter dem Haus zu besteigen, an dessen Hang ein Gipfelkreuz aus Eisen steht; der Name basiert auf den Erzählungen diverser Alteingesessener, die anlässlich einer Bergmesse oder eines anderen Ereignisses den „Spitzstein-Gipfel" erklommen haben wollten. Das Gipfelkreuz am Spitzstein ist hingegen aus einfachem Holz geschnitzt, dafür wird es von einer kleinen Kapelle flankiert. Und auch das Panorama mit Chiemgauer Bergen, Berchtesgadener Alpen, Loferer Steinbergen, Hohen Tauern, Kaisergebirge,

Altes Gehöft am Erlerberg 42

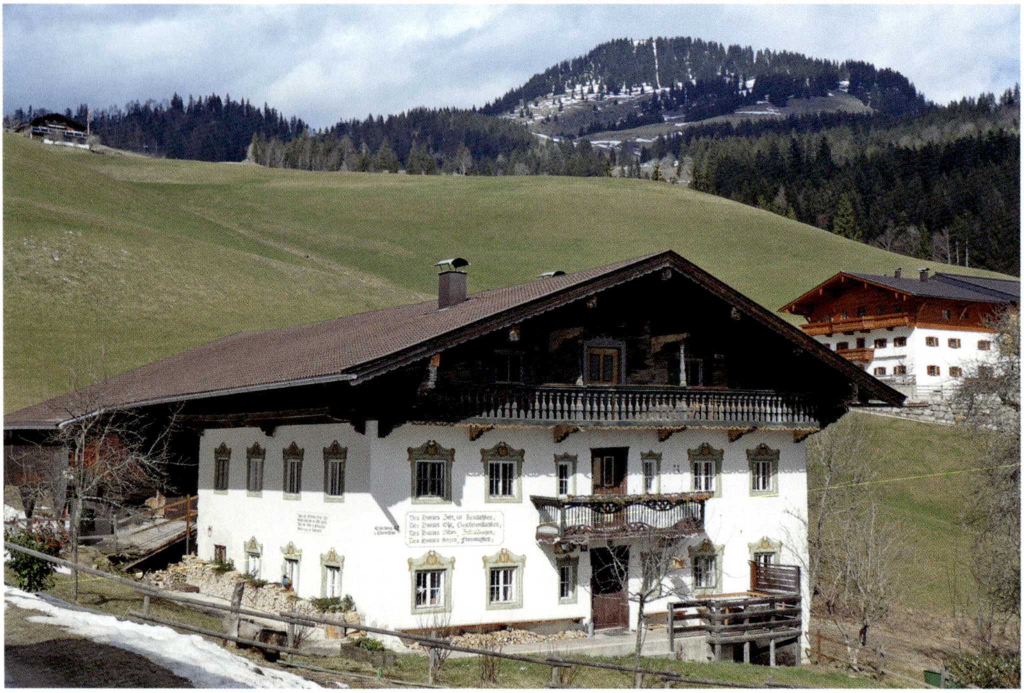

Zillertaler Alpen, Tuxer Bergen, Rofangebirge und Mangfallgebirge ist hier bedeutend besser.

Das im Winter geöffnete Hütten-Trio Spitzsteinhaus, Priener Hütte (siehe Tour 30) und Hochrieshütte (siehe Tour 31) lässt sich übrigens auch gut mit einer Mehrtages-Wanderung verknüpfen. Für die klassische Rundtour wandert man von Hohenaschau zur Hochrieshütte, über Predigtstuhl und Klausenberg zum Spitzsteinhaus, über Sachrang zur Priener Hütte und am vierten Tag über die Roßalm zur Kampenwand; sämtliche Etappen erfordern zwar günstige Verhältnisse, sind aber technisch einfach und nicht allzu lang.

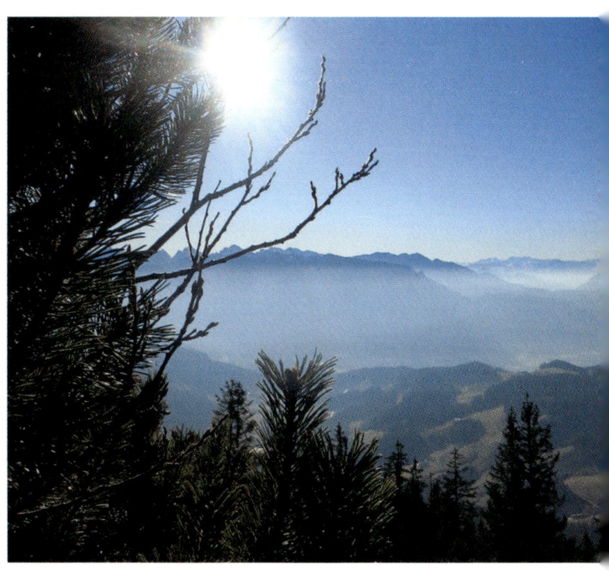

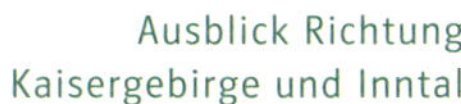

Ausblick Richtung
Kaisergebirge und Inntal

ROUTE: (SACHRANG) ▶ PARKPLATZ REICHENAU ▶ STOANAALM ▶ GOGLALM ▶ SPITZSTEINHAUS ▶ (SPITZSTEIN) UND ZURÜCK

SPITZSTEINHAUS: Vom Parkplatz Reichenau (918 m) an den wenigen Häusern vorbei zur freien Bergwiese (Ww. Grenzenlos-Wanderweg/Gasthof Moosbauer) ▶ am Teerweg rechts (Ww. Stoanaalm) ▶ durch einen Bachgraben auf Schotter in den Weiler Stein ▶ Teerweg Richtung Erlerberg ▶ am Parkplatz rechts zur Stoanalam (1055 m) ▶ an der Alm links den Steig empor (Ww. Spitzsteinhaus) ▶ am Parkplatz oberhalb der Gogl-Alm (1143 m) rechts in den Fahrweg zum Spitzsteinhaus (1252 m)

SPITZSTEIN: Wenige Meter zur benachbarten Altkaser Alm (1279 m) hinauf ▶ der Steig führt über freie Wiesen und durch Wald abschnittweise relativ steil und ruppig zum Spitzstein (1596 m)

GEHZEIT 3 Std.
(Spitzstein: + 1 ¾ Std.)

HÖHENMETER 350 (Spitzstein: + 350)

ANFAHRT
ÖVM Mit der Bahn nach Prien am Chiemsee, RVO-Bus 9502 nach Sachrang
AUTO A 8 Ausfahrt Frasdorf, St2093 über Aschau nach Sachrang, vom Ortskern der beschilderten Straße nach Reichenau folgen

AUSGANGSPUNKT Parkplatz Reichenau (918 m, nur wenige Stellplätze)

NAVIGATION N 47.688019°, E 12.246580°

HINWEIS Bei winterlichen Verhältnissen oder viel Betrieb besser am Ortsrand von Sachrang an der Bachbrücke parken (768 m)

NAVIGATION: N 47.688406°, E 12.256482°)

SONNENANTEIL Mangels zusammenhängender Wälder sind die Südhänge unterhalb des Spitzsteinhauses von der Sonne begünstigt. Am Spitzstein wandern wir durch einen lichten Waldgürtel.

CHARAKTER Genussvoller Anstieg wechselweise auf Teer- und Schotterwegen bzw. Steigen; nur am Spitzstein gibt es steilere Passagen.

WEGWEISER Da Spitzsteinhaus und Spitzstein vom Tal nicht durchgehend beschildert sind bzw. es mehrere Anstiege gibt, dienen zunächst die Almen an der Strecke als Orientierung.

WEITERE EINKEHREN Stoanaalm, Tel. +43 / 53 73 / 83 23, Di. / Mi. Ruhetag, www.stoana-alm.info; Goglalm, Tel. +43 / 6 64 / 2 70 67 97, sporadisch bei schönem Wetter geöffnet, www.goglalm.com; Altkaser Alm, Tel. +43 / 6 76 / 8 43 26 44 65, Mo. Ruhetag, www.altkaseralm.at

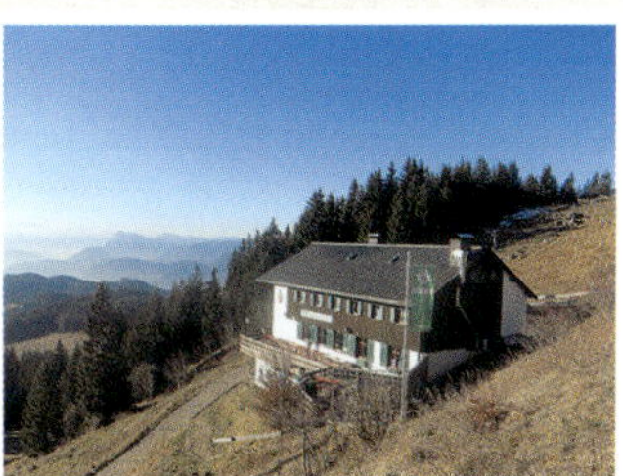

BERGHÜTTE Spitzsteinhaus, DAV Sektion Bergfreunde München, 28 Betten / 25 Lager, Tel. +43 / 53 73 / 83 30, im Dez. inkl. Weihnachten Betriebsurlaub, www.spitzsteinhaus.info

KARTE AV Wanderkarte BY17, Chiemgauer Alpen West, 1:25.000

WANDBERGHÜTTE (1350 m) UND BRENNKOPF (1353 m)

Umrahmt von lieblichen GRASGIPFELN

Den ersten Kontakt zur Wandberghütte hatte ich im Rahmen einer Winterwander-Recherche für den Tyrolia Verlag im Jahr 2005. Dass man dort im Winter übernachten kann, hatte ich zuvor gar nicht gewusst; wohl aber vom phänomenalen Kaiserblick, der sich von der Hüttenterrasse aus bietet. Die bekannte Pyramidenspitze ist nur acht Kilometer Luftlinie von der Wandberghütte entfernt und hinter dem Zahmen Kaiser zeichnet sich die schroffe Bergkette des Wilden Kaisers ab. Faszinierend ist der Kontrast zwischen der sanften Wiesenlandschaft und der hochalpinen Bergwelt, zu der im fernen Süden auch die Hohen Tauern mit dem Großglockner zählen.

Der zwischen Kaisergebirge und Chiemgauer Bergen in West-Ost-Richtung verlaufende Kaiserwinkl ist abseits der Touristenströme ein Eldorado für Erholung suchende Wanderer. Der Tourismusverband Kaiserwinkl bietet zur kalten Jahreszeit ein geräumtes Winterwanderwegenetz von insgesamt 80 Kilometern Länge an, darunter der knapp drei Kilometer lange Zustieg von Rettenschöss zur Wandberghütte. Nach Wintereinbrüchen presst der Hüttenwirt den Neuschnee mit seinem Ski-Doo – auch Motorschlitten oder Schneemobil genannt – durch die Kufeneinwirkung zusammen, sodass der Weg wieder begehbar ist.

Da der schnellste Hüttenanstieg jedoch im oberen Bereich nordseitig und somit schattig um den

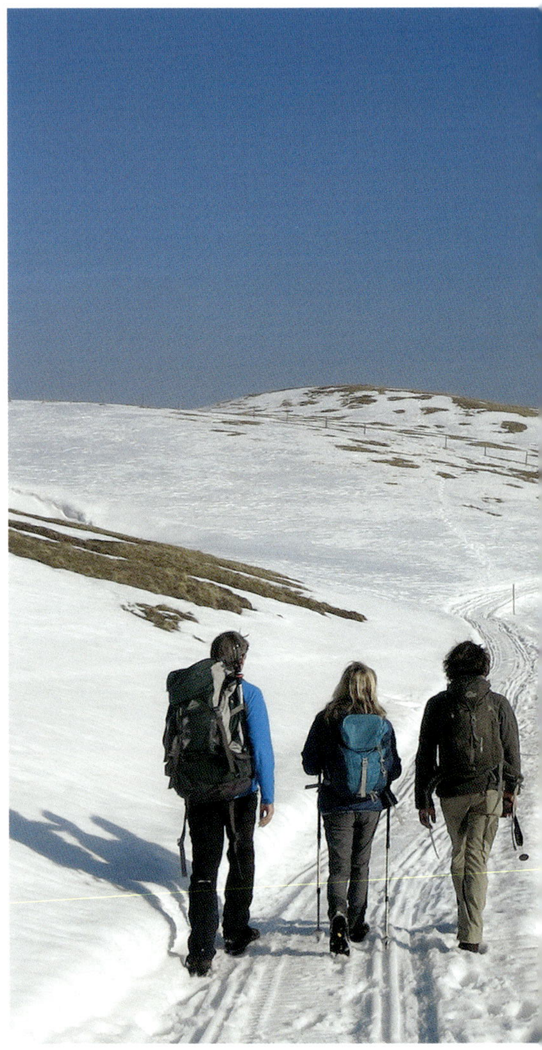

Hochgenuss-Wanderweg zwischen Wandberghütte und Kohlenriedalm

Wandberg herumführt, entscheiden wir uns für die etwas längere Route vom Walchseer Ortsteil Winkl und nehmen dabei mit dem auf Hüttenniveau liegenden Brennkopf noch einen Gipfel mit. Mit Abstieg über die Kohlenriedalm umwandern wir das Kohlenrieder Bachtal über weitläufig-sonniges Wiesenterrain und schließen den Hüttenbesuch mit einer perfekten Rundtour ab, die auch als Tagestour ihren Reiz hat. An der Weggabelung am Parkplatz stellen wir fest, dass sowohl die Wandberghütte als auch der Brennkopf sowie überraschenderweise die Priener Hütte (siehe Tour 30) gleichermaßen mit zweieinhalb Stunden Gehzeit beschildert sind; der etwa halbstündige Umweg über den Berg vermeidet jedoch die direkte Querung am steilen Osthang des Brennkopfs, die nur unzuverlässig gespurt ist und bei viel Schnee zudem Lawinenpotential birgt.

Spätestens nach der Querung unterhalb des 1255 Meter hohen Brennköpfls nehmen Sonneneinstrahlung und Genuss deutlich zu. Wir erreichen eine Einsattelung, von der wir hoch über dem Inntal besten Blick auf das Kaisergebirge genießen. Gut zu erkennen ist der tiefe Einschnitt in der Wilder-Kaiser-Kette, der das Ellmauer Tor (siehe Tour 18) markiert. Durch den an diesem Tag vorherrschenden Dunst wirkt die Berglandschaft beinahe mystisch; der südwestlich von Kufstein aufragende Pendling etwa erscheint wie ein müder Geist gerade noch

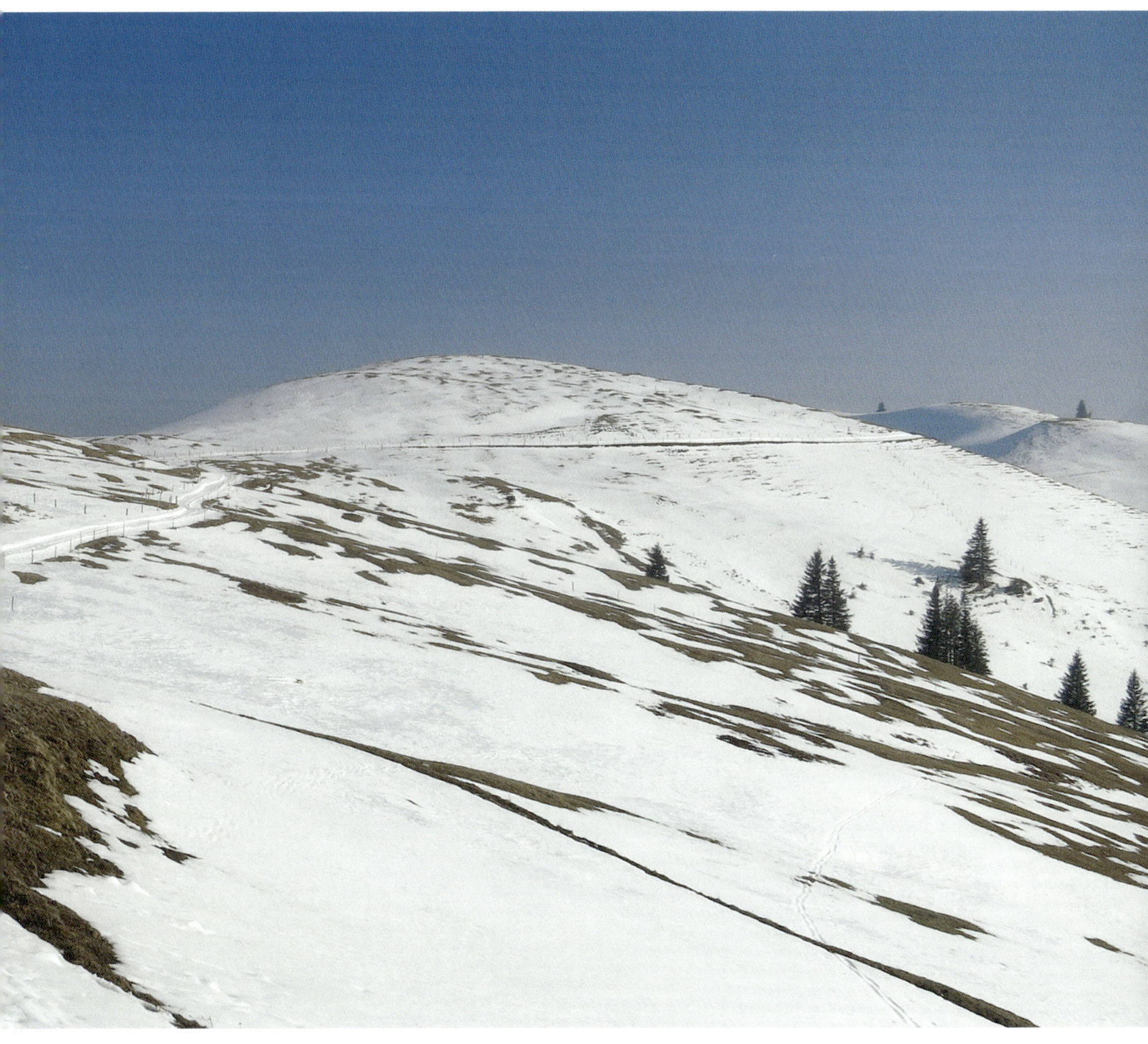

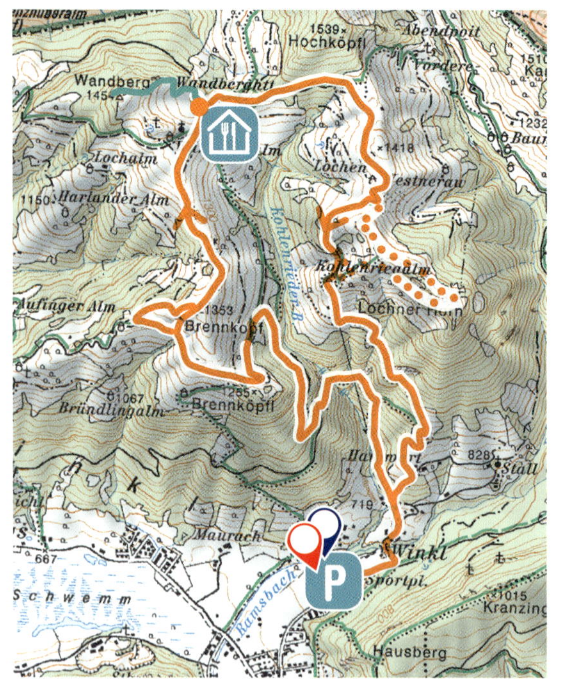

als schwache Silhouette. Es fehlen nur rund 70 Höhenmeter bis zum Brennkopf, und bei den guten Schneeverhältnissen spuren wir direkt am breiten Südrücken zum Gipfel empor. Der eigentliche Weg führt umständlich um den Berg herum und erklimmt ihn quasi durch die schattige Hintertür.

Auf der einladenden Sitzbank direkt am Kreuz ist mit Blickrichtung Süden erstmal heiteres Gipfel-Posing angesagt. Dann wenden wir uns nach Norden und erkunden vor der im Hintergrund auftauchenden Spitze des Geigelsteins die weitere Route. Zwar erspähen wir vereinzelte Spuren im Schnee, die Wegmarkierungen bleiben uns jedoch unter der weißen Pracht verborgen. Da die Route stets in Kammnähe verläuft, fällt die Orientierung zum Glück leicht. Bis zur am Waldrand gelegenen Wandberghütte sind

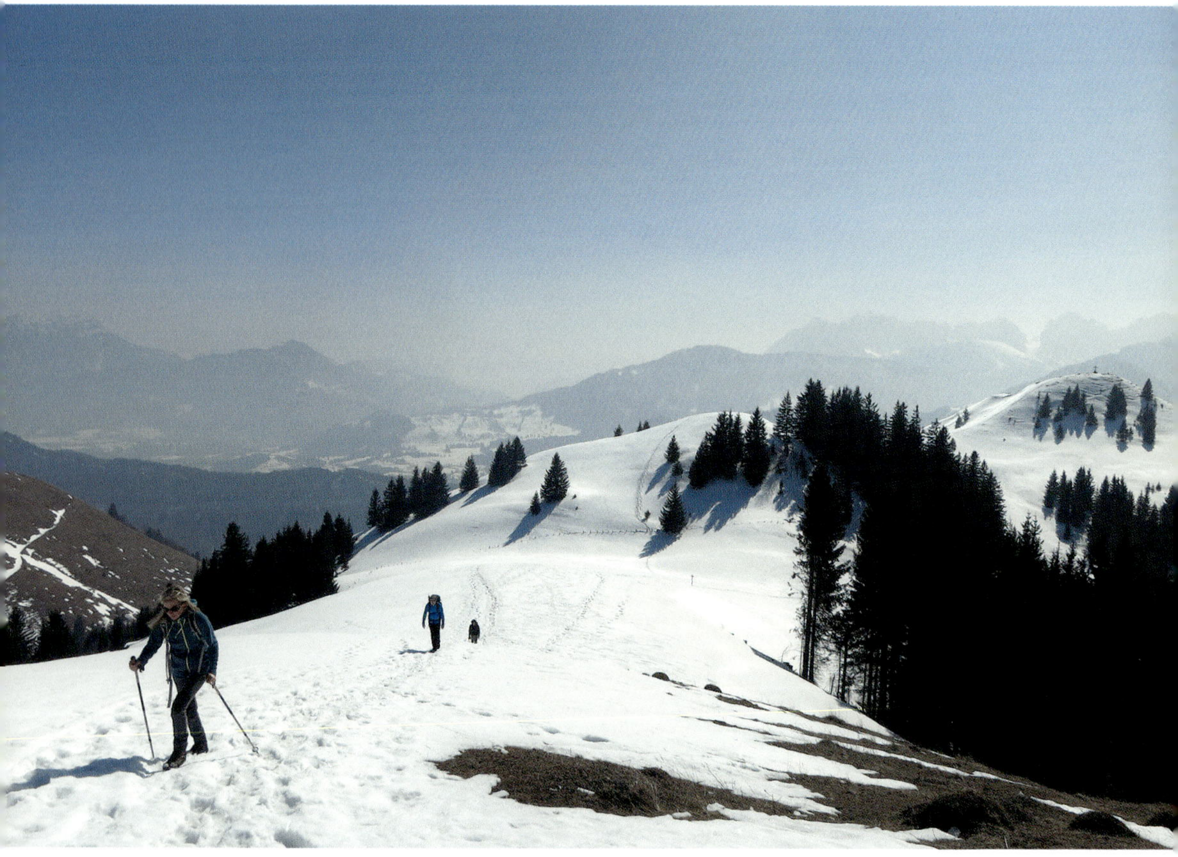

Beim Anstieg über den Brennkopf (im Hintergrund) wandert man über liebliche Grasbuckel.

noch zwei Geländegrasbuckel zu überqueren, was entsprechende Gegenanstiege erfordert. Das Bergab macht dann richtig Spaß, weil der weiche Schnee nicht zu tief ist, um darin zu versinken: Wie Kinder springen wir den Hang hinab, die Gefahr, einzufädeln und zu stürzen, nehmen wir gerne in Kauf.

Der letzte Bergab-Sprint endet direkt an der Burgerhütte, ein Ausflugstipp für den Sommer, weil dann die integrierte Almkäserei besichtigt und frische Almprodukte erworben werden können. Jetzt im Winter hat die Hütte im Gegensatz zur benachbarten Wandberghütte geschlossen. Dort ist die Terrasse an diesem wolkenlosen Märzsonntag gut gefüllt, obwohl uns Wanderer auf dem Brennkopf mit dem Gerücht verunsichert hatten, die Hütte habe geschlossen. Eine Übernachtung ist nach Voranmeldung von den Betriebsferien im Dezember abgesehen möglich, die Atmosphäre in der privat geführten Hütte familiär.

Mit Übernachtung lässt sich auch die Walchseer Drei-Gipfel-Runde problemlos bewältigen. Gipfel Nummer eins, der Brennkopf, lag ja bereits auf der Aufstiegsroute. Der 1454 Meter hohe Wandberg ist in rund 20 Minuten von der Hütte geschafft und eine lohnende Option für den Sonnenauf- und -untergang. Und für den Abstecher zum Lochner Horn müssen wir von der Kohlenriedalm insgesamt etwa zusätzlich eine dreiviertel Stunde einplanen. Alle drei Gipfel liegen oberhalb einer lieblichen und fast baumfreien Graslandschaft, welche es so in der relativ geringen Höhe selten gibt.

Route: Winkl bei Walchsee ▶ Lochner Wasserfall ▶ Brennkopf ▶ Wandberghütte ▶ Kohlenriedalm ▶ Winkl bei Walchsee

Wandberghütte: Vom Parkplatz (690 m) auf der Teerstraße zum Eingang der Kohlenrieder Bachschlucht (Ww. Brennkopf) ▶ an der Weggabelung geradeaus in den Talboden und auf teils in engen Kehren (Stufen) angelegtem Steig zum Lochner Wasserfall (915 m) ▶ die Talseite wechseln und an der folgenden T-Kreuzung rechts ▶ den Forstweg über eine lange Kehre empor und nach Übergang in einen Steig an der Weggabelung links (Ww. Brennkopf) ▶ nach kurzer Steilstufe am Karrenweg links zur Reischeralm unterhalb des Brennköpfls und in einem Rechtsbogen zur Einsattelung südlich des Brennkopfs (1280 m) ▶ wahlweise in weitem Bogen von Nordwesten (Knollalm) oder weglos auf dem mäßig steilen Südgrat auf den Gipfel des Brennkopfs (1353 m) ▶ in nördlicher Richtung auf der Kammhöhe über zwei grasige Geländebuckel und die Burgeralm zur Wandberghütte (1353 m)
Abstieg: Den Fahrweg leicht ansteigend ostwärts (Ww. Walchsee) ▶ den weiten Kessel über die Lochenalm und Westnerau-Alm umrunden ▶ an der Weggabelung rechts zur Kohlenriedalm hinab ▶ Abstieg auf Wiesen- und Waldpfaden nach Winkl

Gehzeit 5 Std.

Höhenmeter 900

Anfahrt
Auto A 8 und Inntalautobahn A 93 Ausfahrt Oberaudorf, B 172 nach Walchsee, im Ort nach Passieren von Gemeindeamt und Raiffeisenbank links Richtung Sportplatz

Ausgangspunkt
Gebührenpflichtiger Parkplatz am Sportplatz Winkl

Navigation N 47.659801°, E 12.324290°

Sonnenanteil Oberhalb von ca. 1100 m verläuft der Rundweg fast ausschließlich in der Sonne, darunter v.a. im Kohlenrieder Bachtal viel Schatten durch Wald.

Charakter Absolute Genusstour auf bequemen Wegen, die nur im unteren Waldabschnitt teils durch etwas steileres Gelände führt. Hervorzuheben sind die für die relativ geringe Höhe fulminanten Panoramablicke!

Wegweiser Beim Hüttenanstieg zunächst der gut beschilderten Route auf den Brennkopf folgen, am Gipfelkamm leichte Orientierung durch freie Wiesenflächen. Der Abstieg Richtung Kohlenriedalm und Walchsee ist gut beschildert.

Variante Der Wandberg und das Lochner Horn lassen sich im Rahmen der Rundwanderung im Auf- und Abstieg rasch in ca. 30 bzw. 45 Minuten besteigen.

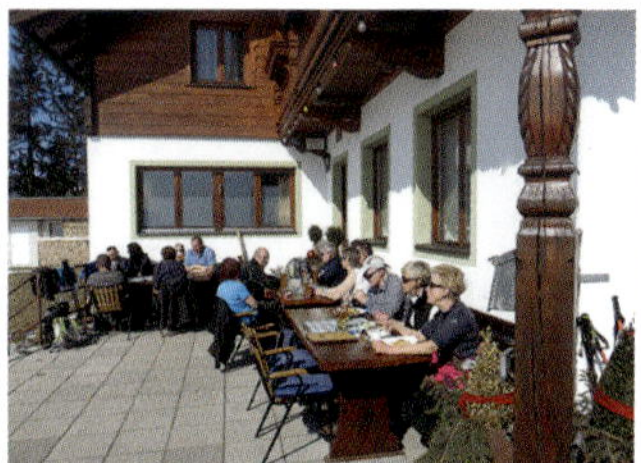

Berghütte Wandberghütte, privat, 8 Betten / 24 Lager, Tel. +43 / 6 64 / 4 32 17 70, bis Mitte November und nach den Weihnachtsferien, Di. Ruhetag, www.hoehenrausch.de/huetten/wandberghuette

Karte Kompass-Wk Nr. 9 Kaisergebirge, 1:50.000

VORDERKAISERFELDENHÜTTE (1388 m) UND PETERSKÖPFL (1745 m)

Erlebnis SONNENUNTERGANG

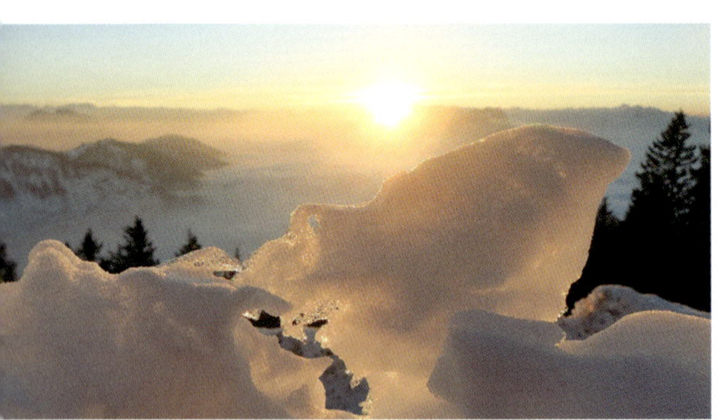

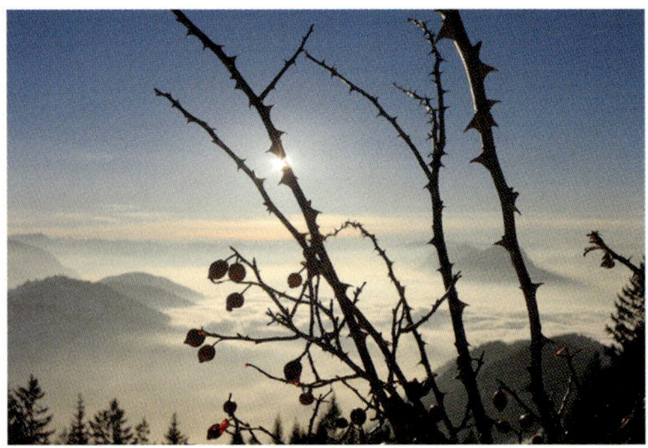

Sonnenuntergang von der Terrasse der Vorderkaiserfeldenhütte

Ende Januar. Seit Tagen herrscht in München dunkles Nebelgrau bei mäßigem Dauerfrost. In den Bergen hingegen ungetrübter Sonnenschein. Die typische Inversionswetterlage bei stabilem Hochdruckgebiet halt. Welch Qual für uns Freunde der Sonne, der Wärme und des Lichts! Also Schluss mit der lästigen Schreibtischarbeit, Bergsachen zusammenpacken und auf in Richtung Höhensonne! Zwei halbe Tage reichen: am Nachmittag Aufstieg zur Vorderkaiserfeldenhütte, am Vormittag des folgenden Tages Abstecher zum Petersköpfl und Abstieg nach Kufstein. Dazwischen eine Übernachtung im eiskalten Hüttenlager. Während wir unterwegs noch einige unser Glück teilende Wanderer treffen, sind wir auf der Hütte abends: ganz allein.

Einmal mehr fragen wir uns, warum das Übernachten auf Berghütten im Winter so wenig gefragt ist. Im Sommer muss man häufig Wochen im Voraus reservieren, um einen Platz zu ergattern. Gut, vielleicht nicht gerade unter der Woche auf der Vorderkaiserfeldenhütte, die dank der großen Lager insgesamt 87 Übernachtungsplätze bietet. Aber auf vielen anderen Hütten schon. Liegt das winterliche Desinteresse an der Unkenntnis der Wanderer, dass zahlreiche Hütten auch zur kalten Jahreszeit geöffnet haben? Oder fürchten manche gar, dass die Stimmung und Atmosphäre in der winterlichen Hüttenstube nicht passen? An der mangelnden Faszination für glitzernden Schnee, mächtige Eiszapfen und bizarren Raureif kann es nicht liegen, sonst wären nicht so viele Tageswanderer in den Bergen unterwegs. Und alternativ zum kalten Lager kann man ja auch in den wärmeren Zimmerbetten übernachten.

Allein der Sonnenuntergang über dem Inntal bleibt unvergessen. Exakt um 16.53 Uhr taucht die

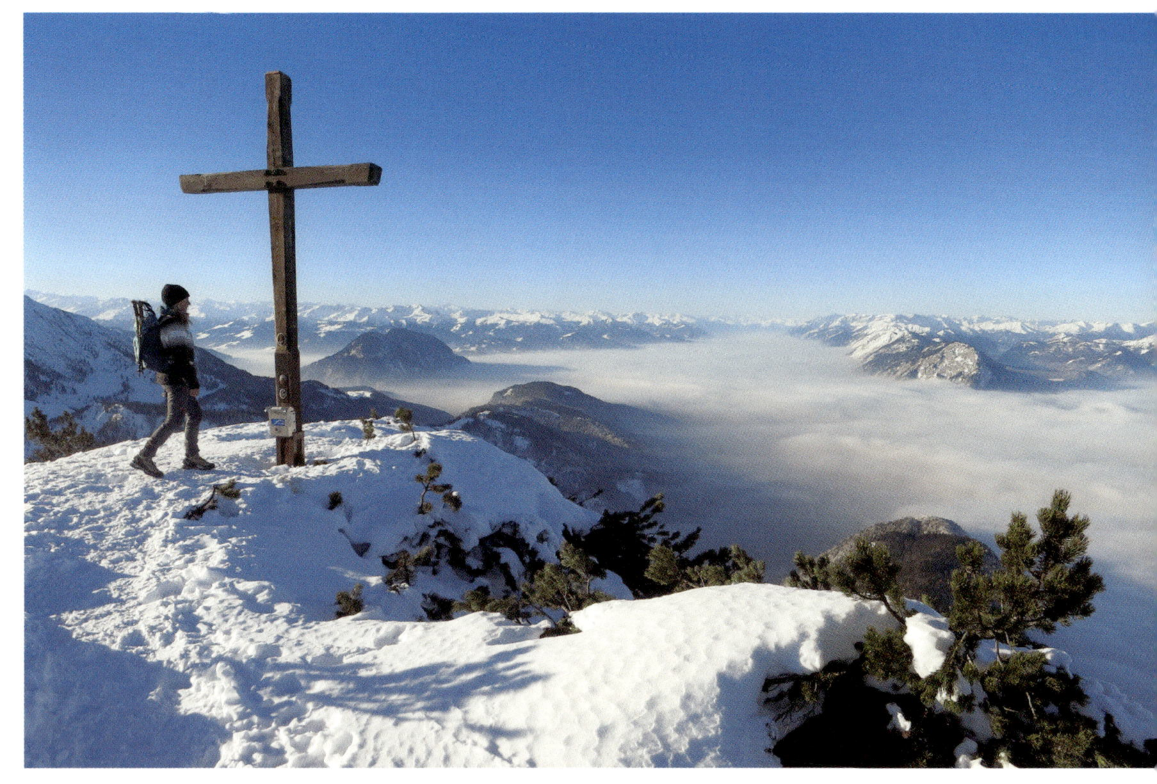

Lohnende Zugabe: das Petersköpfl hoch über dem Inntal

Sonne an unserem Abend hinter den Zillertaler Alpen ab und färbt den Abendhimmel in dunkle Rottöne. Der malerische Farbeffekt verstärkt sich durch die dicke Nebeldecke über dem bereits lange im Schatten liegenden Inntal, die das Sonnenlicht reflektiert. Reizvolle Fotomotive ergeben sich mit Blick durch das Schneerelief auf dem Terrassengeländer, durch das Strauchgeäst mit den roten Hagebuttenfrüchten oder durch das obligatorische Hin-und-her-Zoomen zur Genüge! Und wenn es im Freien auf der begehrten Sonnenterrasse zu kühl werden sollte, weicht man einfach in die Stube aus und betrachtet, sich am warmen Kachelofen anlehnend, das wunderschöne Spektakel durch die großzügige Glasfensterfront. Für die umfassende Gipfelbestimmung wirft man einen Blick auf die mit Liebe handgezeichneten Panoramen, die an der Wand der Stube angebracht sind.

Es ist schon ungewöhnlich, in einer derart privilegiert gelegenen und gut geführten Berghütte abends vollkommen unter sich zu sein. Ein paar mehr Übernachtungsgäste würden schon ein wenig mehr Leben in die Stube bringen, andererseits genießen wir die Ruhe und das Privileg, so individuell bedient zu werden. Der Hüttenwirt Helmut Kuen scheint sich über die Ruhe auch zu freuen, jedenfalls lässt er sich überhaupt nicht blicken. Fragen beantwortet ausschließlich unsere freundliche Kellnerin, die wir bei diversen Nachbestellungen – wen wundert es bei so wenig Betrieb – dezent aus der Küche holen. Wir halten die Hüttenruhe ein und legen uns in das unbeheizte Lager; Decken gibt es ja genug – wann hat man schon mal ein 32-Matratzen-Lager für sich allein!

Am folgenden Morgen das gleiche Bild, mit dem Unterschied, dass der Nebel über Nacht wieder einige hundert Meter höher geklettert ist, sich die Bergwelt über dem Inntal in der Froststarre vor Sonnenaufgang in eher rosa Farbtönen präsentiert und die Bäume jenseits der Nebeldecke weithin sichtbar mit dickem Raureif überzogen sind. Später beim Abstieg

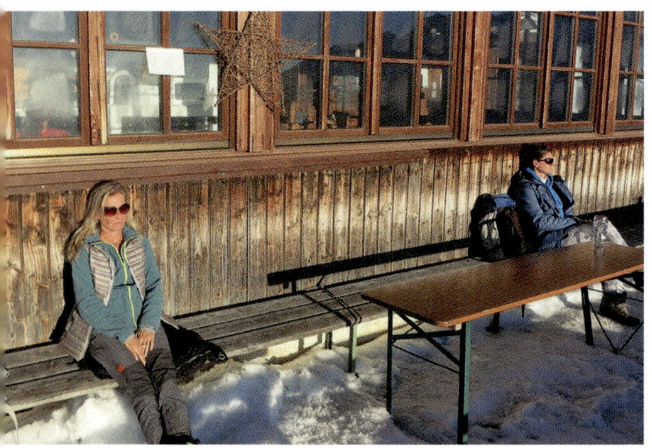

Solange die Sonne wärmt, lassen sich Kuchen und Cappuccino auch im Freien gut genießen.

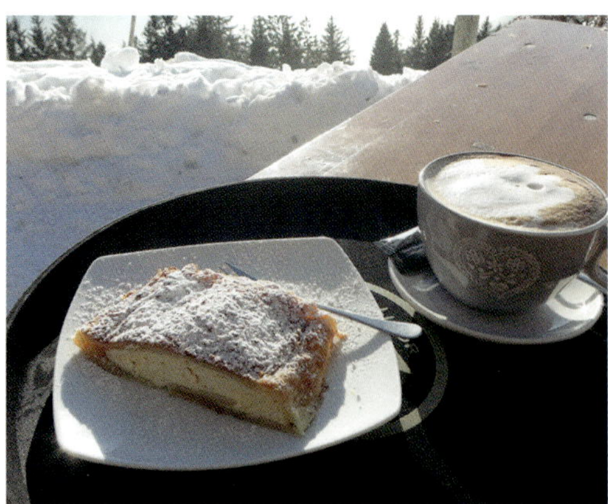

Oberhalb der Ritzaualm lichtet sich das Gelände, die Nebelstimmung über dem Inntal wird immer stimmungsvoller.

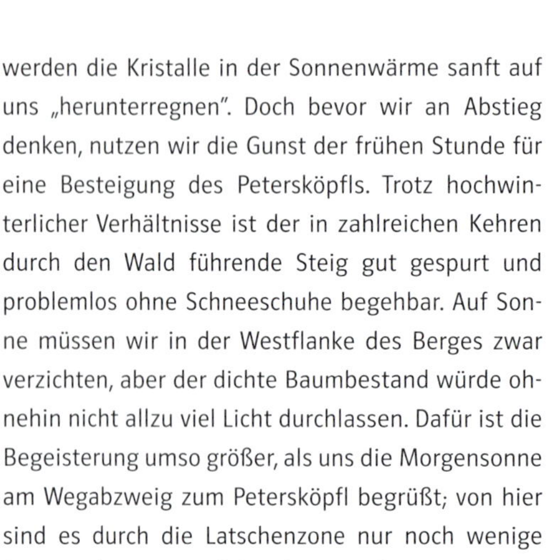

werden die Kristalle in der Sonnenwärme sanft auf uns „herunterregnen". Doch bevor wir an Abstieg denken, nutzen wir die Gunst der frühen Stunde für eine Besteigung des Petersköpfls. Trotz hochwinterlicher Verhältnisse ist der in zahlreichen Kehren durch den Wald führende Steig gut gespurt und problemlos ohne Schneeschuhe begehbar. Auf Sonne müssen wir in der Westflanke des Berges zwar verzichten, aber der dichte Baumbestand würde ohnehin nicht allzu viel Licht durchlassen. Dafür ist die Begeisterung umso größer, als uns die Morgensonne am Wegabzweig zum Petersköpfl begrüßt; von hier sind es durch die Latschenzone nur noch wenige Minuten bis zum Gipfel. Es bietet sich ein majestätischer Ausblick auf den Wilden Kaiser und das weite Inntal bis tief in die Zillertaler Alpen. Richtung Osten erkennen wir die gespurte Trasse zur Pyramidenspitze, unterhalb liegt uns das Gipfelkreuz der Naunspitze zu Füßen; Letztere wäre zwar schneller zu erreichen gewesen, doch der kurze Schlussanstieg erfordert an den Felsen eisfreie Verhältnisse.

Beim Abstieg wirkt die Vorderkaiserfeldenhütte wie ausgestorben, denn es ist Ruhetag und die Hüttenleute sind abgefahren. Das hindert etliche Wanderer nicht daran, trotzdem zu ihr hochzusteigen. Manche ziehen ihre Schlitten empor, obwohl die Abfahrt allenfalls im oberen Abschnitt genussvollen Ansprüchen genügt. Die Lust am Rodeln führte bereits wenige Jahre nach Eröffnung der Hütte im Jahr 1901 zu einer ganzjährigen Bewirtung. Nur 30 Jahre später wurde bereits der Alpengarten mit schützenswerten Pflanzen angelegt, der ab Frühsommer in voller Pracht erblüht. In den Folgejahrzehnten wurde die Hütte mehrmals angebaut, weshalb sie recht verschachtelt wirkt. Diese „Warzenarchitektur" (O-Ton Peter Weber, DAV) mag zwar keinen Schönheitspreis gewinnen, aber der phänomenale Ausblick entschädigt.

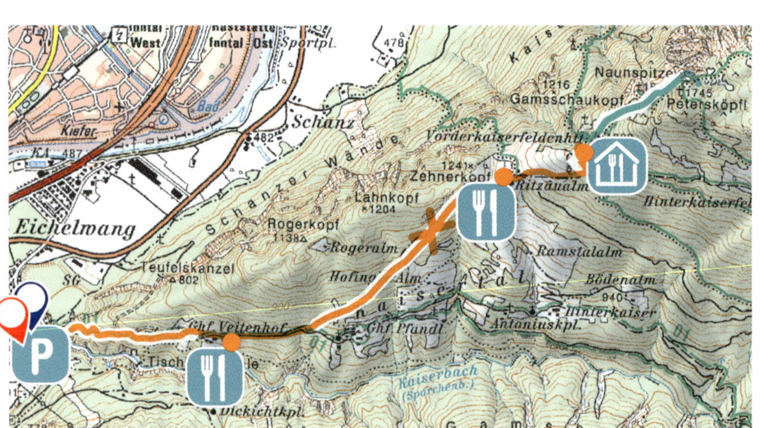

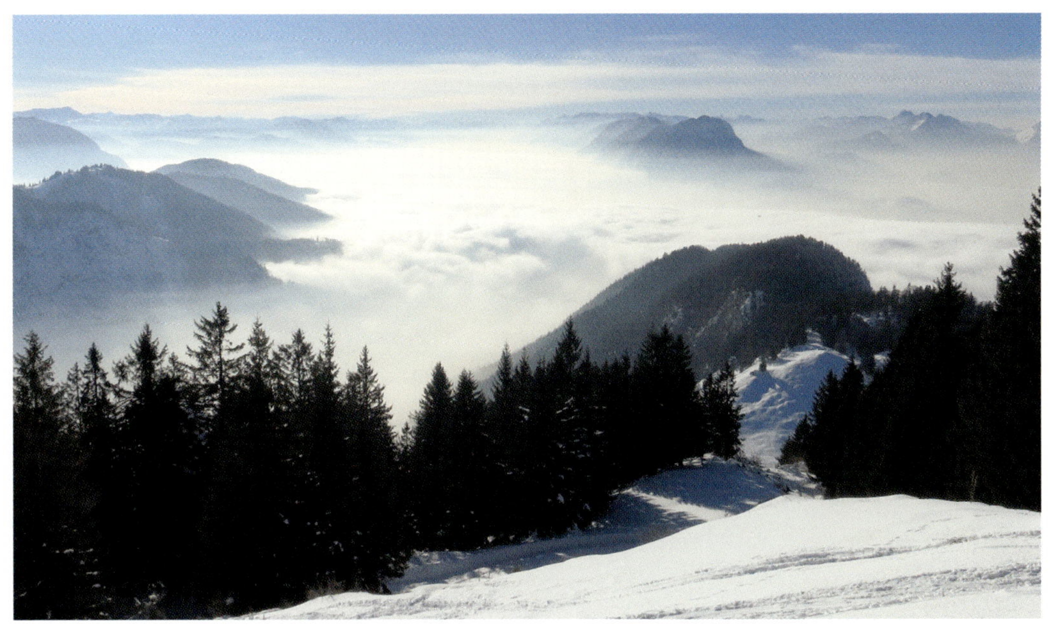

Route: Kufstein ▶ Gasthof Veitenhof ▶ Ritzaualm ▶ Vorderkaiserfeldenhütte ▶ (Petersköpfl) und zurück

Vorderkaiserfeldenhütte: Vom Parkplatz Sparchen (499 m) steiler Treppenweg mit Geländer in Kehren entlang der Kaiserklamm empor ▶ am Abzweig Tischoferhöhle vorbei geradeaus zum Gasthof Veitenhof (709 m) ▶ nach wenigen Minuten talein links in den breiten Steig abzweigen ▶ an den bewaldeten Hängen von Roger- und Lahnkopf (Lawinenschneisen beachten!) steil zur Ritzaualm (1161 m) hinauf ▶ auf dem Hüttenfahrweg zur Vorderkaiserfeldenhütte (1388 m) ▶ Abstieg auf derselben Route

Petersköpfl: Hinter der Hütte führt ein gut beschilderter Waldsteig in vielen Kehren am Abzweig Naunspitze vorbei zu einer Einsattelung (1708 m) empor ▶ an der Weggabelung rechts in wenigen Minuten zum Petersköpfl (1745 m) ▶ Abstieg auf derselben Route

Gehzeit 3 ½ Std. (Petersköpfl + 1 ½ Std.)

Höhenmeter 900 (Petersköpfl + 360)

Anfahrt
ÖVM Mit der Bahn nach Kufstein, RVO-Bus 4030 oder 4036 Richtung Ebbs bis Kaisertal
Auto Inntalautobahn A 12 Ausfahrt Oberaudorf, B 172 nach Niederndorf, B 175 über Ebbs Richtung Kufstein, vor Eichelwang links Abzweig Richtung Kaiserklamm

Ausgangspunkt
Gebührenpflichtiger Parkplatz in Sparchen an der Kaiserklamm

Navigation N 47.594148°, E 12.187661°

Sonnenanteil In der Kaiserklamm und beim Waldaufstieg zur Ritzaualm lugt die Sonne durch das lichte Geäst, dazwischen wenige sonnige Lichtungen. Schlussanstieg zur Vorderkaiserfeldenhütte dann mit sehr viel Licht. Beim Aufstieg zum Petersköpfl 80 Prozent Waldanteil

Charakter Bis auf eine kurze Querung oberhalb der Sparchenstiege gleichmäßiger und relativ steiler Anstieg durch lichte Wälder auf breiten Wanderwegen. Nach Schneefall geräumt!

Wegweiser Vorderkaiserfeldenhütte und Petersköpfl sind lückenlos beschildert.

Weitere Einkehren Gasthof Veitenhof, Tel. +43 / 53 72 / 6 34 15, Mo. / Di. Ruhetag, www.veitenhof.at; Ritzaualm, Tel. +43 / 53 72 / 6 36 24, Mo. Ruhetag, im Januar Betriebsurlaub, www.ritzaualm.com

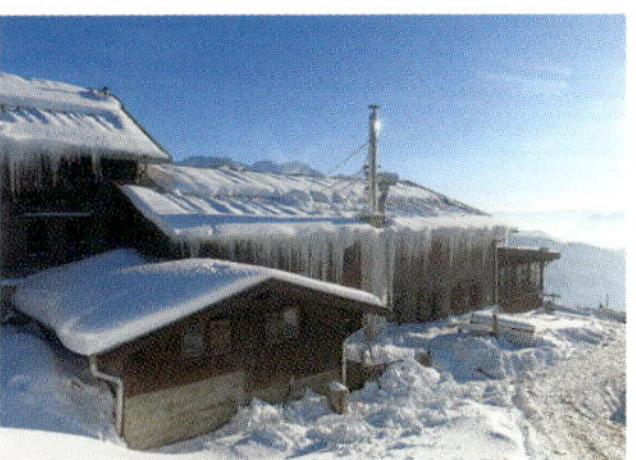

Berghütte Vorderkaiserfeldenhütte, DAV Sektion Oberland, 31 Betten / 56 Lager, Tel. +43 / 53 72 / 6 34 82, November täglich 8 – 20 Uhr, im Dezember 3 Wochen Betriebsurlaub, Januar bis März täglich außer Mi. / Do., www.vorderkaisefelden.com

Karte Kompass-Wk Nr. 9 Kaisergebirge, 1:50.000

35 BRÜNNSTEINHAUS (1342 m)

Lockruf der NATUR

Eigentlich ist der Kampf „David gegen Goliath" ja aussichtlos, doch das ist dem Auerhahn egal. Ohne Rücksicht auf Verluste attackiert er die Wanderer mit gefächertem Schwanz, hochgerecktem Kopf und eindrücklichem Balzgesang – ein virtuoser Vierteiler, der aus dem sogenannten Knappen, dem Trillern, dem Hauptschlag und dem Schleifen besteht – mitten am Weg. Es ist Balzzeit, und da wächst das bildschöne Tier von Testosteron überschüttet schier über sich hinaus. „Ich trau mich da nicht durchzugehen", sagt eine junge Wanderin in Anbetracht drohender Schnabelhiebe und macht umständlich einen großen Bogen über die steile Waldböschung.

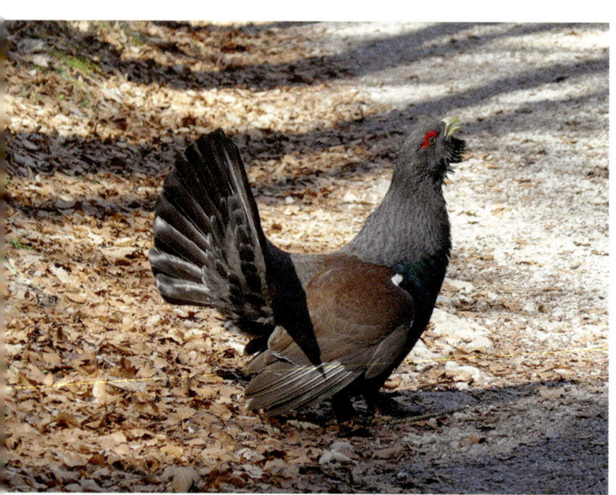

Einheimische Wanderer und der Hüttenwirt erzählen uns später, dass der stolze Auerhahn im März beim Aufstieg zum Brünnsteinhaus bereits seit vielen Jahren immer wieder gesichtet wird. Eine solche Begegnung ist durchaus als Glücksfall zu betrachten, denn der größte Hühnervogel Europas ist in unseren Bergregionen aufgrund seiner hohen Anforderungen an die Umgebung so gut wie ausgestorben und zudem äußerst scheu. Für mich ist es die erste Begegnung mit einem Auerhahn in freier Wildbahn überhaupt, was in Anbetracht von vielen hunderten Touren im Lauf der Jahre schon eine Aussagekraft hat. Sein selbstbewusstes Auftreten verschafft Respekt und bleibt nachhaltig in Erinnerung.

Doch der Auerhahn ist nicht das einzige besondere Tier, das wir antreffen können. Denn in den Gipfelregionen des Brünnsteins ist der Steinbock beheimatet, was für die relativ geringe Seehöhe des Reviers ebenfalls eine absolute Rarität darstellt. Erst am Vorabend unseres Besuchs haben Wanderer den „König der Alpen" unmittelbar am Gipfel gesichtet. Der Tiroler Steinbock-Experte Andreas Wiesinger beschreibt im Buch „Wanderungen zu den Steinböcken" (www.frischluftedition.de) seine Begegnung am Brünnstein wie folgt: „Dann entdecke ich frische Tritt- und Verdauungsspuren. Ich bewege mich geduldig auf die Felskante zu. Wo sind die Tiere nur hin? Plötzlich blicken etwa sieben Meter vor mir zwei neugierige Augen aus den Latschen heraus! Und weiter links erscheinen noch zwei Hörner, die einem Bock gehören. Schnell ein Foto gemacht – dabei verschütte ich vor Aufregung mein Getränk! –, und wenige Sekunden

Der balzende Auerhahn verteidigt mit großem Eifer sein Revier.

später ist der junge Bock schon wieder weg." Weitere Steinbock-Reviere in den bayerischen Alpen gibt es nur an der Benediktenwand und im Berchtesgadener Land.

Ob wir den Brünnstein besteigen können, hängt von den Schneeverhältnissen ab. Der direkte Zustieg auf dem Dr.-Julius-Mayr-Weg führt durch abschüssiges Gelände und ist mit Stufen, Treppen und elf Drahtseilen gesichert; und auch auf dem Normalweg von Westen ist leichte Kraxelei angesagt. Alternativ erkunden wir von der Hütte die sanften Almweisen am Fuß des Berges. Der sonnigste Weg verläuft zwischen der etwas tiefer gelegenen Bergwachthütte und der Himmelmoosalm. Bereits hier genießen wir eine hervorragende Aussicht auf das Kaisergebirge, die Kitzbühler Alpen und die Hohen Tauern, darunter der stolze Großvenediger.

Beim Abstieg am späten Nachmittag verteidigt der Auerhahn noch immer sein Revier. Einen Wanderstock zum Selbstschutz benötigen wir dieses Mal nicht, da Wanderer mit einem Hund gleichzeitig die Stelle passieren. Ein Wunder, dass der kühne Bursche bei der Vielzahl an sonntäglichen Wanderern überhaupt noch Töne von sich geben kann. Bei der Einkehr in der Oberaudorfer Alpenrose, deren Türgriffe mit einem Auerhahn verziert sind, stoßen wir später mit einem frischen Auerbräu-Bier (Werbeslogan der Brauerei: „Lockruf der Natur"; Wappentier: der Auerhahn) auf den ereignisreichen Ausflug an.

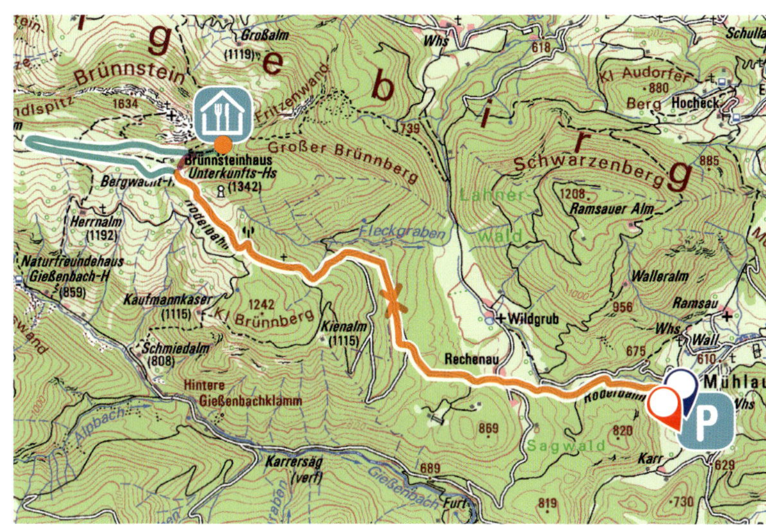

Route: Mühlau ▶ Rechenau ▶ Brünnsteinhaus und zurück

Vom Wanderparkplatz (610 m) nicht die Straße, sondern den Forstweg in westlicher Richtung nach Rechenau (800 m) ▶ weiter den Forstweg über den Unteren (870 m) und Oberen Holzplatz (1020 m) empor ▶ zuletzt über freie Hänge an der Bergwachthütte (1300 m) vorbei zum Brünnsteinhaus (1342 m) ▶ Rückweg auf derselben Route

Gehzeit 4 Std.

Höhenmeter 730

Anfahrt

Auto Inntalautobahn A 12 Ausfahrt Oberaudorf, im Ortskern links Richtung Kiefersfelden, nach 500 m rechts und am Lügsteinsee vorbei nach Mühlau, an den Straßengabelungen erst links, dann rechts (Wanderschilder Brünnsteinhaus)

Ausgangspunkt Parkplatz Kreit in Mühlau

Navigation N 47.629764°, E 12.144626°

Sonnenanteil Abgesehen von der großen Lichtung bei Rechenau und oberhalb von 1200 m verläuft der Hüttenanstieg durch schattigen Wald. Sehr viel Sonne gibt es westlich des Brünnsteinhauses Richtung Himmelmoosalm.

Charakter Die Route verläuft stets auf der mäßig steilen Rodelbahn.

Wegweiser Der Anstieg zum Brünnsteinhaus ist nicht zu verfehlen.

Karte AV Wanderkarte BY16, Mangfallgebirge Ost, 1:25.000

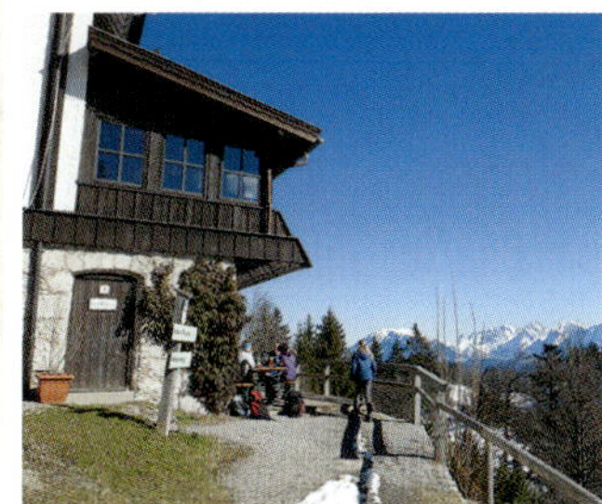

Berghütte Brünnsteinhaus, DAV Sektion Rosenheim, 20 Betten / 40 Lager, Tel. 0 80 33 / 14 31, Öffnungszeiten siehe www.bruennsteinhaus.de

Fatale EISPLATTE

Ein kurzes Ausgleiten auf der Eisplatte, ein unglücklicher Fall und schon ist es passiert: Petra aus Ebersberg liegt – mit unnatürlich abstehendem Unterschenkel, auf dem Hosenboden. Noch ist sie die Ruhe selbst, bleibt besonnen, schreit nicht. Wohl lindern Adrenalinausschüttungen den Schmerz. Doch in einer Stunde ist es dunkel und die Temperaturen fallen rasch in den Keller. Die Mariandlalm, etwa 300 Meter von der Unfallstelle entfernt, hat im Dezember ja Betriebsurlaub ... doch an diesem Tag ist die Jägerschaft zu Besuch, in der Stube brennt Licht! Also im Laufschritt zur Hütte eilen, eine Sitzbank in eine Trage umfunktionieren und im Partydunst zwei kräftige Burschen, wenngleich leicht alkoholisiert, für die Rettung organisieren.

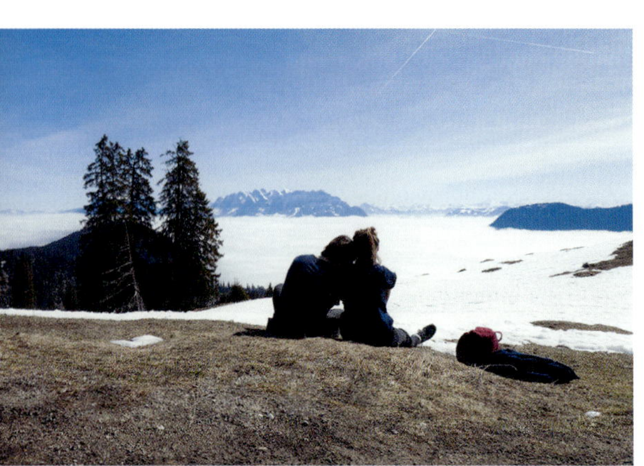

Zweisamkeit am Berg über dem Nebelmeer

„Willst einen Schnaps?" höre ich nach der erfolgreichen Bergung einen Jäger fragen, ohne zu wissen, ob er die neue „Patientin" oder mich damit meint. Dann laufe ich, um einen wichtigen Termin in München nicht zu verpassen, im nächtlichen Dunkel ohne Stirnlampe den Fahrweg hinab. Am Parkplatz kommt mir der Rettungs-Jeep entgegen, der gerade Ketten anlegt und Petra zwei Stunden später im Bezirkskrankenhaus Kufstein abliefert. Dort wird ein offener Drehbruch von Schien- und Wadenbein festgestellt. „Ich habe hübsche Röntgenbilder davon", verkündet Petra heute, fast 13 Jahre nach dem Unfall, aus einer Mischung von leidvoller Erinnerung und Stolz.

Dieses Beispiel zeigt eindrucksvoll die Kehrseite eines milden Dezembers auf: die Eisbildung. Jedes Rinnsal, stamme es vom Abtauen des Altschnees, vom Regen oder von kleinen Bachläufen, gefriert nachts und bedeckt Wiesen und Steine mit einer feinen Eisglasur sowie Fahrwege oft mit einem dicken Eispanzer. Selbst auf ebener Fläche, wie bei Petras Unfall geschehen, kann ein abruptes Ausgleiten fatale Folgen haben. Und bei einsetzender Dämmerung sind diese potentiellen Gefahrenherde mit bloßem Auge kaum noch zu erkennen. Das Mitführen von Grödel ist für den entspannten Abstieg also sicher keine schlechte Wahl.

Etwa zehn Mal habe ich die Mariandlalm, auch Trockenbachalm genannt, bislang besucht, einmal davon mit Übernachtung. Dafür, dass der Hüttenzustieg mit rund einer Stunde extrem kurz ist, besteht für das Nächtigen eine hohe Nachfrage. Aber in der Regel wird die Alm ohnehin nicht von Wanderern, sondern im Rahmen einer Geburtstags-, Firmen- oder Vereinsfeier gebucht. Auch das Hütten-Wirtspaar ist recht gesellig, was die Lust der (Stamm-)Gäste auf Party, Tanz und Musik noch verstärkt. Hüttenruhe ist dann, wenn die Lichter ausgehen. Auf Facebook etwa sind aussagekräftige Party-Videos zu bewundern, und auch ein etwaiger BR-Beitrag wird hier stolz verkündet.

Übernachtungsgäste werden gebeten, sich vorab via Onlineformular auf der Hütten-Kontaktseite anzumelden. Die sympathische Hüttenwirtin Christine, die die Alm bereits in dritter Generation betreibt, versucht, Einzelwanderer sowie Familien mit Kindern von den Feier-Orgien fernzuhalten. Wenn zum Beispiel die gesangsfreudigen Fußballer kommen und noch sechs Betten frei wären, steht der entsprechende Termin komplett auf Rot. Allzu knapp sollte man mit der Buchung dennoch nicht dran sein, denn die Übernachtungsmöglichkeiten beschränken sich auf das Wochenende. Etwaige Rückfragen beantwortet Christine aufgrund des schwachen Mobilnetzes gerne per E-Mail.

Ohne Trainsjoch-Besteigung sollte jedoch kein Hüttenbesuch ablaufen: Trotz seiner relativ geringen Höhe ist er ein exzellenter Aussichtsberg. Vor allem

Endlich ist es so weit: Der zähe Talnebel wird oberhalb der Mariandlalm durchstoßen …

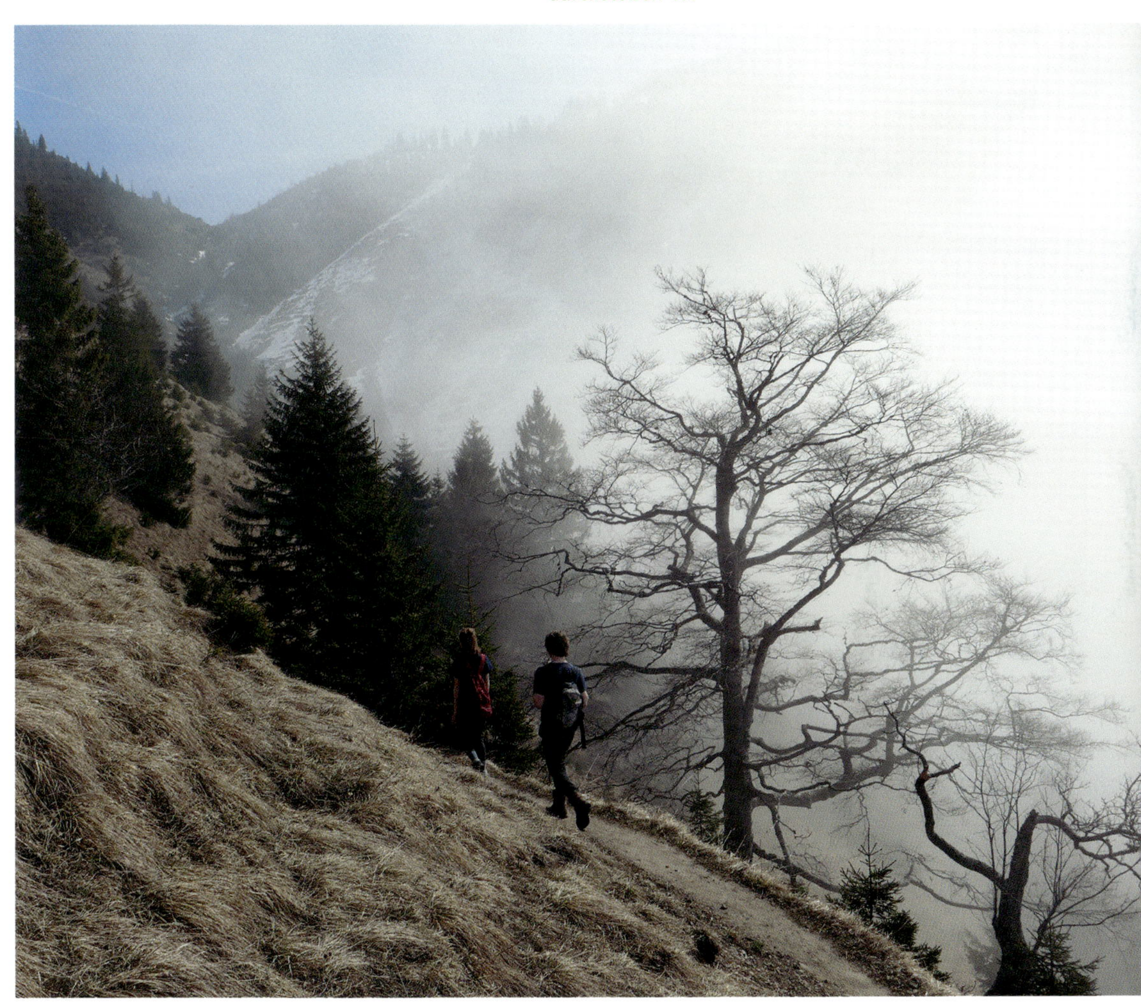

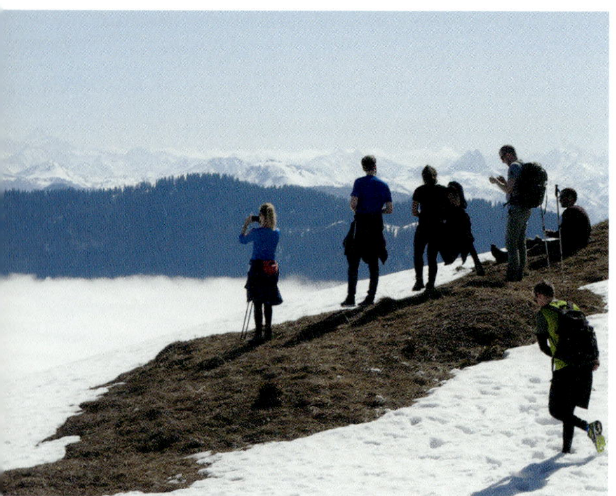

Wer macht das schönste Bild? Traumblick auf die Hohen Tauern über dem Nebelmeer

Richtung Inntal öffnet ich mangels höherer Nachbarn ein famoses Gletscherpanorama: In Ost-West-Richtung das Glocknermassiv, die Venedigergruppe sowie die Zillertaler- und Stubaier Alpen, wenngleich Letztere gerade noch mit dem Habicht und dem Zuckerhütl vertreten sind. Großartig ist auch der Blick auf das schroffe Kaisergebirge. Von den in diesem Buch vorgestellten Sonnengipfeln erkennen wir im Westen den Herzogstand (Tour 41), den markanten Risserkogel (Tour 21), den Wallberg (Tour 38) und die Rotwand (Tour 37) sowie im Osten den Geigelstein (Tour 30) und den Hochries (Tour 31).

Doch der Berg verwöhnt nicht nur mit weiten Ausblicken, sondern auch mit kurzweiligen Gipfelanstiegen. Bei guten Bedingungen können wir von der Mariandlalm eine sehr lohnende Gipfel-Rundtour starten. Da die Route über den Westgrat kurze Passagen aufweist, die Trittsicherheit erfordern, sollten wir im Winter für den Anstieg den flacheren und längeren Normalweg wählen. Die Schlüsselstelle hier ist die kurze Querung eines steilen Osthangs, der bei etwaiger Lawinengefahr zu meiden ist. Unterwegs können wir in Ruhe die Schneeverhältnisse testen: Haben wir ein gutes Gefühl, steht dem Abstieg über die alpinere und steilere Seite des Trainsjochs – direkt auf dem Grenzkamm zwischen Bayern und Tirol zum Nesselberg – nichts mehr im Weg.

Wie beliebt die Alm auch tagsüber ist, haben wir zuletzt im März 2017 an einem sonnig-milden Sonn-

Wohlverdiente Kühlung nach schweißtreibendem Südanstieg …

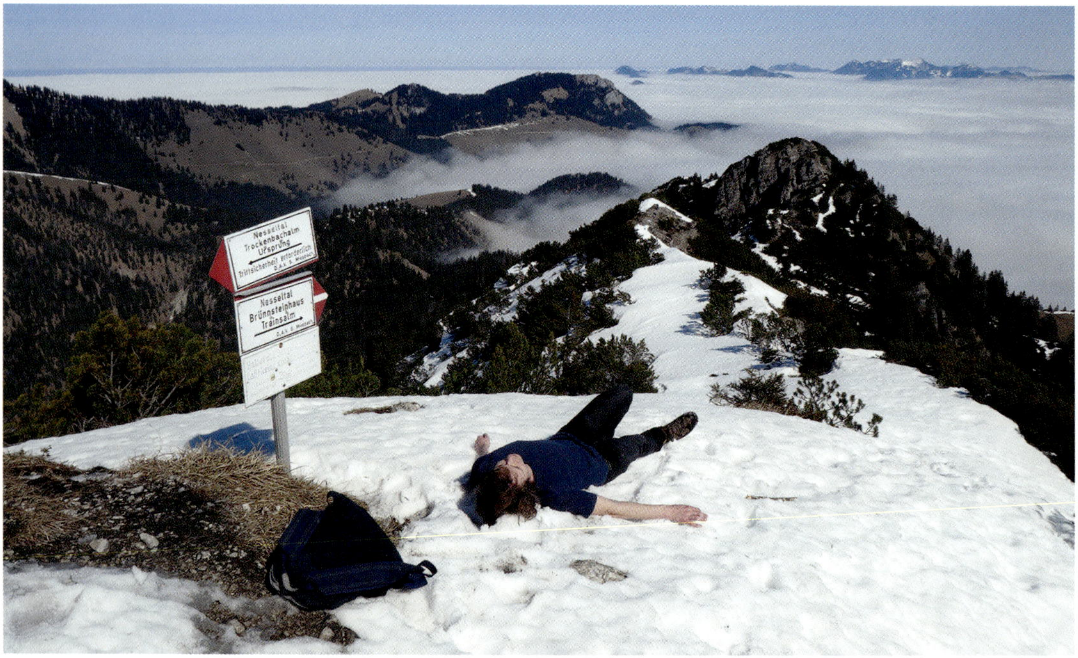

tag erlebt. Erstaunt waren wir über den überdurchschnittlich hohen Jugendanteil am Berg, nicht nur dank unserer Begleitung durch Hanna und Clemens. Am Gipfel herrschte, hoch über der sich langsam auflösenden Nebeldecke, munteres Treiben, das „Abfahren" auf dem aufweichenden Schnee machte allen Beteiligten Spaß und auf der Almterrasse gab es, gerade noch einen Platz ergatternd, die wohlverdiente Stärkung. Das Essen ist schmackhaft und gut. „Die beste Hütten-Gastro, die ich kenne", ist im sozialen Netz zu lesen. Der traditionell gute Kaiserschmarrn wird nach seit Generationen altbewährtem Rezept zubereitet, und auch die Knödelgerichte genügen hohen Ansprüchen.

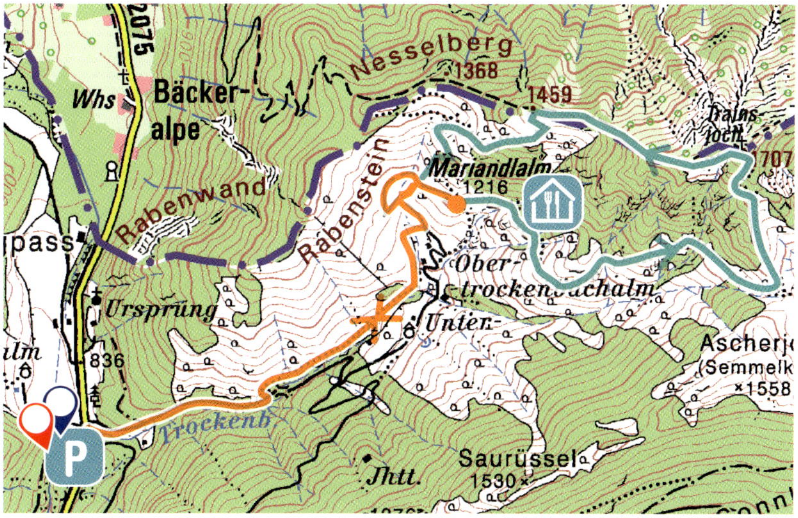

Route: Parkplatz am Ursprungsattel ▶ Trockenbachalm ▶ Mariandlalm ▶ (Trainsjoch ▶ Nesselberg) ▶ Mariandlalm und zurück

Mariandlalm: Vom Parkplatz (830 m) den Hüttenfahrweg entlang des Trockenbachs empor ▶ nach ca. 20 Minuten Gehzeit zweigt links unser Steig ab, der nach einer Serpentine zuletzt über freie Wiesen zur Trockenbachalm quert ▶ von den Almgebäuden wahlweise auf dem Fahrweg oder auf dem Steig abkürzend zur Mariandlalm (1216 m) ▶ Rückweg auf derselben Route

Trainsjoch: Von der Mariandlalm den gut einsehbaren Steig entlang der Südhänge des Trainsjochs moderat ansteigend Richtung Osten empor ▶ an der Einsattelung zwischen Ascherjoch und Trainsjoch (1480 m) links über den breiten Südrücken zum Gipfel (1708 m) ▶ für die Überschreitung zunächst westwärts auf den Vorgipfel hinüberqueren (Ww. Ursprung bzw. Trockenbachalm), dann über eine kurze Steilstufe in den lichten Wald absteigen ▶ am Nesselberg (1459 m) links über meist freie Wiesen zur Mariandlalm absteigen

Gehzeit 2 Std. (Trainsjoch + 2 ½ Std.)

Höhenmeter 400 (Trainsjoch + 500)

Anfahrt
Auto A 8 Ausfahrt Weyarn, B 307 über Schliersee und Bayrischzell, am Ortsrand rechts St2075 Richtung Kufstein

Ausgangspunkt Parkplatz ca. 1 km nach Passieren des Ursprungsattels (Landesgrenze zu Tirol); Parkmöglichkeiten auch am Straßenrand!

Navigation N 47.605261°, E 12.018926°

Sonnenanteil Am unteren Trockenbach ziemlich schattig, mit Erreichen des Steigs jedoch sehr viel Sonne bis zur Mariandlam. Die Trainsjoch-Runde führt allenfalls durch lichte Wälder und bietet ebenso reichlich Sonnenwärme.

Charakter Bis zur Mariandlalm Spaziergeh-Charakter, wenngleich der Fahrweg im unteren Abschnitt relativ steil ist. Solide Steiganlage bei der Gipfelrunde, im oberen Bereich ist durch schrofiges Gelände v.a. beim Abstieg über den Westgrat Vorsicht geboten!

Wegweiser Mariandlalm (auch Trockenbachalm genannt) und Trainsjoch sind gut beschildert.

Karte AV Wanderkarte BY16, Mangfallgebirge Ost, 1:25.000

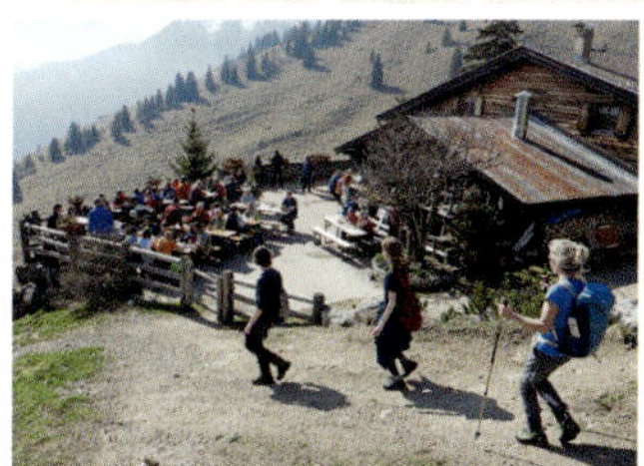

Berghütte Mariandlalm, privat, 30 Betten, info@mariandlalm.at, Mo. / Di. / Do. Ruhetag, ab Ende November Betriebsurlaub bis inkl. Weihnachten, www.mariandlalm.at

37 ROTWANDHAUS (1737 m), TAUBENSTEIN (1692 m), ROTWAND (1884 m)

Perfekter LOGENPLATZ

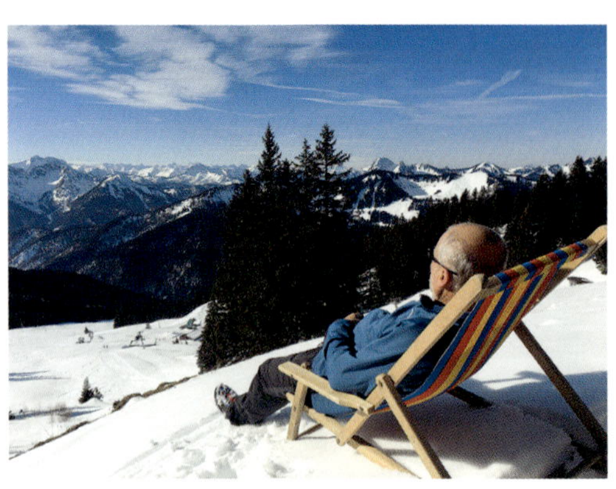

Famoser Bergblick bereits an der Bergstation der Taubensteinbahn

Die Lage auf einem großzügigen Geländeabsatz oberhalb der Waldgrenze mit uneingeschränktem Blick nach Süden ist dermaßen perfekt, dass der maximalen Sonnengenuss anstrebende Winterwanderer am Rotwandhaus nicht vorbeikommt! Im Gegenzug nehmen wir in Kauf, dass an sonnigen Wochenenden der Rummel an der Selbstbedienungstheke ungeahnte Ausmaße annimmt, das vielgepriesene Essen nicht immer vom Preis-Leistungsverhältnis her passt und sich der Charme des Personals – wer kann es ihm angesichts der zuweilen ungeduldigen Kundschaft verdenken! – zuweilen in Grenzen hält. Mit Einbruch der Dämmerung kehrt rund um die Hütte jedoch eine wohltuende Ruhe ein.

Ob wir bereits im November und Dezember auf dem tagsüber ganzjährig ohne Ruhetag bewirtschafteten Rotwandhaus übernachten können, entscheidet sich aufgrund der personellen Hüttenbesetzung erst relativ kurzfristig; sicher zusagen konnte mir Hüttenwirt Peter Weihrer dies ab Anfang Januar. Ebenso ungeklärt war bei Redaktionsschluss die Frage, ob der über viele Jahre bewährte Rodelverleih auf der Hütte wiederbelebt wird. 2016 hatte die Lawinenbehörde die Passage zwischen Wildfeldalm und Hütte, die abschnittweise recht steile Südhänge quert, kategorisch sperren lassen. Der Sachverhalt scheint so kompliziert, dass der Hüttenwirt ihn nach Rücksprache nicht vertiefen wollte. Die Hütten-Homepage jedenfalls wird regelmäßig, bei heikler Lawinenlage auch täglich gepflegt, um den Wanderer und Rodler über die aktuellen Gegebenheiten vor Ort zu informieren.

Die viereinhalb Kilometer lange Rodelbahn, die am Teerweg beim Wegabzweig Richtung Taubenstein endet, ist bei Jung und Alt gleichermaßen beliebt. Viele ziehen ihre eigenen Schlitten hoch, um dann nach der Hütteneinkehr mit Vergnügen die im Schnitt nur mäßig steile Strecke hinabzufahren. Auch die Wanderer, die das Rotwandhaus auf der sichersten und schnellsten Route erreichen wollen, sind hier unterwegs. Von der Wegführung und vom Panoramablick landschaftlich weitaus reizvoller ist jedoch der Zustieg vom Taubenstein. Dabei muss ich an dieser Stelle jedoch den gleichen Warnhinweis wie vor einigen Jahren abgeben, als ich in einer größeren Wandergruppe auf mögliche technische

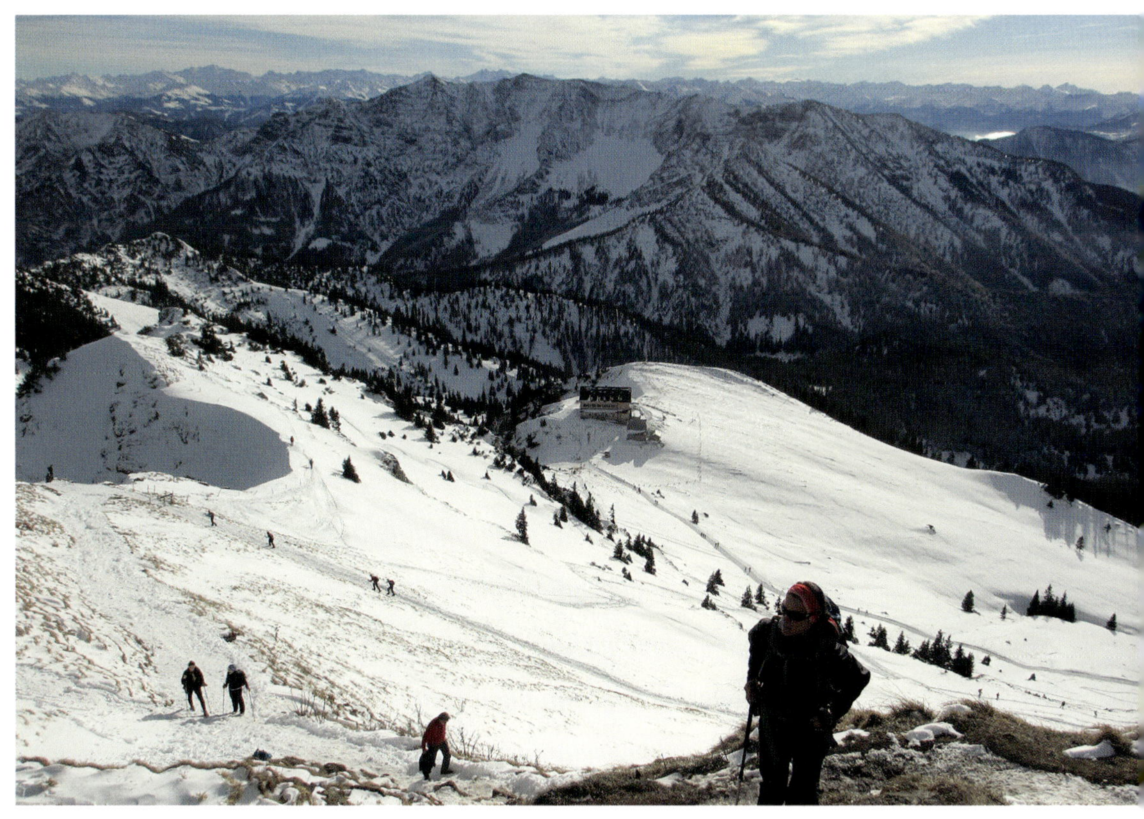

Die letzten Meter bis zum Rotwand-Gipfel; am Fuß des Berges liegt das Rotwandhaus.

Schwierigkeiten bei dieser Variante hingewiesen hatte. Zunächst schien sich daraufhin die Gruppe getrennt zu haben – der unerfahrene Teil wollte nach kurzer Diskussion direkt zur Hütte aufsteigen –, bis ich am Taubensteinhaus unsere Spontan-Nachkömmlinge von der Oberen Maxlrainer Hütte den Schlusshang emporsteigen sah. Der Höhenweg zum Rotwandhaus war an diesem Tag nicht durchgängig gespurt, der Schnee an manchen Stellen etwas verharscht und Skitourengeher hatten tiefe Furchen hinterlassen. Konsequenz: ein großer Zeitverlust durch Überforderung von einzelnen Teilnehmern.

Einer der Teilnehmer war Schwarzafrikaner und hatte den Schnee bislang allenfalls aus weiter Ferne auf dem Kilimandscharo gesehen. Überhaupt fällt uns im Rotwandgebiet der bunte Mix aus vielen unterschiedlichen Nationalitäten auf. Wir erinnern uns an den heiteren Wandergesellen aus Pakistan, der angesichts des Schnees grinste wie ein Honigkuchenpferd und schier aus dem Häuschen war, als ich ihm an der Rotwand den bequemsten Zustieg zeigte. Auch mit Amerikanern, Engländern und einer jungen Frau aus Algerien bin ich an diesem Berg schon ins Gespräch gekommen. Zwischen englischen Wortfetzen die vielen Einheimischen: Welcher einigermaßen bergorientierte Münchner kennt nicht das Rotwandhaus?

Der Zustieg vom Taubensteinhaus ist seit der Einstellung der Bergbahn im Winter noch reizvoller und vor allem einsamer geworden. Oberhalb der Bergstation führt ein anfangs steiler Treppensteig um das kühne Felshorn des Taubensteins herum auf den Taubensteinsattel. Von Osten wirkt der Berg weniger grimmig, nur wenige Höhenmeter fehlen bis zum Gipfelkreuz. Versierte Gipfelstürmer zögern nicht lange, zumindest wenn sie eine zuverlässige Spur entdecken. Für die Besteigung zweigt man an geeigneter Stelle rechts vom Hauptweg ab und erklimmt zwischen einzelnen Felsen die steile

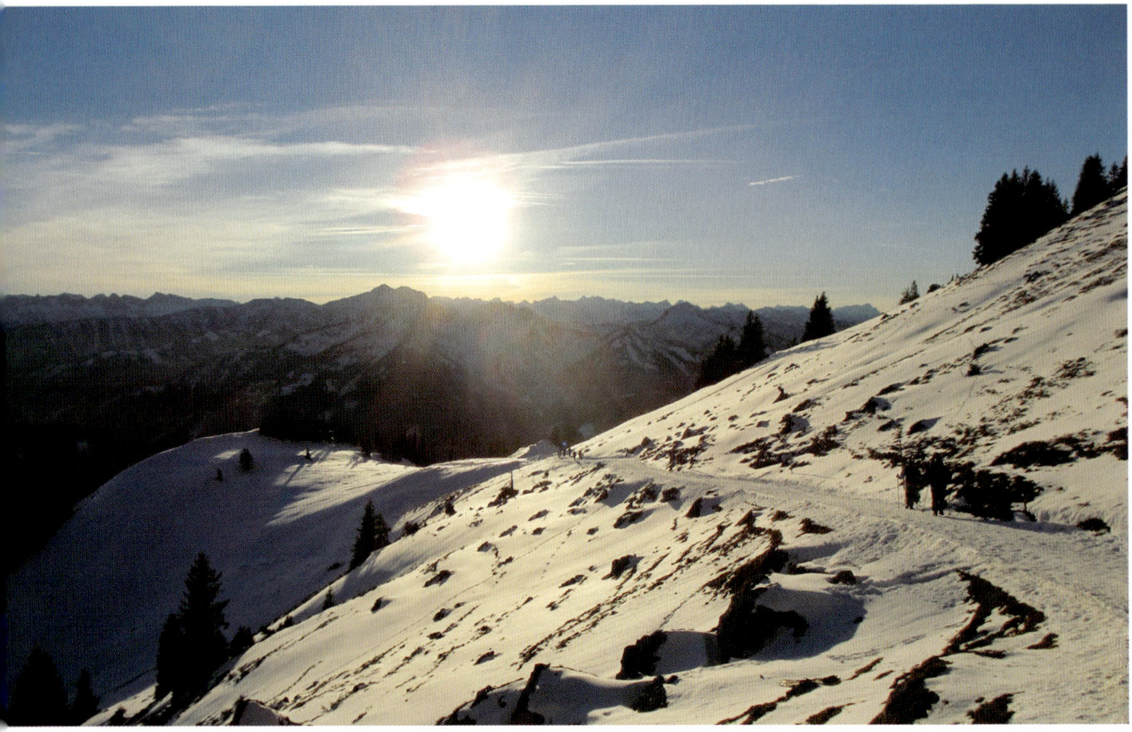

Rodeln am Heiligen Abend: Im oberen Abschnitt verläuft die Bahn noch relativ flach ...

Gipfelrinne. Nach dem kurzen Abstecher erfolgt der weitere Anstieg moderat unterhalb der Kammhöhe des Lempersbergs. Schon jetzt ist der Blick auf das Karwendel- und Wettersteingebirge überwältigend.

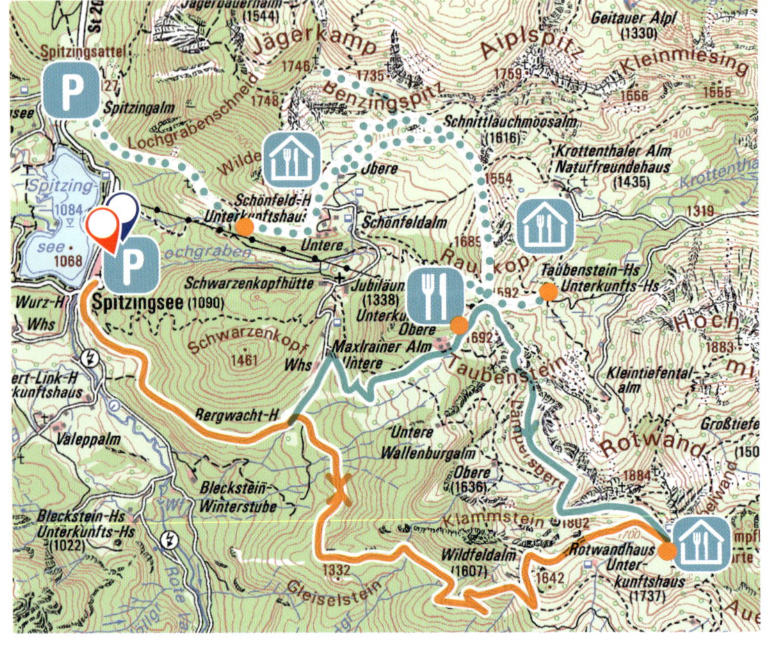

Am Gratrücken westlich der Rotwand blicken wir auf das tiefergelegene Rotwandhaus, dahinter tauchen die Hohen Tauern mit Großglockner und Großvenediger auf. Bei günstigen Schneeverhältnissen steigen wir einige Meter auf dem Gratrücken empor und queren unterhalb der Felsen zu jenem Serpentinensteig, der sich weithin sichtbar von der Hütte zum nahen Gipfel hochzieht.

Erwähnenswert ist noch, dass im Spitzingseegebiet abseits der Pisten nicht nur das Rotwandhaus eine Übernachtung ermöglicht. Die private Obere Maxlrainer Alm

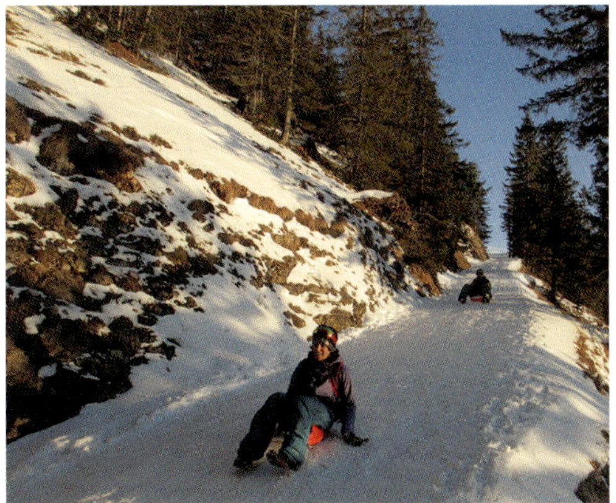

... doch dann sind durchaus rasante Passagen dabei!

liegt bei unserer Rundtour jedoch etwas zu tief; das Taubensteinhaus (www.taubensteinhaus.de) fristet ein Schattendasein am Taubenstein und taugt daher nicht für ein Sonnenwanderbuch; und in Kombination mit der Schönfeldhütte (www.davplus.de/schoenfeldhuette) wiederum käme die Besteigung des von der Sonne begünstigten Jägerkamps in Frage (siehe Variante). All die erwähnten Hütten sind jedoch bestens geführt und einen Aufenthalt wert.

ROUTE: SPITZINGSEE ▶ OBERE MAXLRAINER ALM ▶ (TAUBENSTEIN) ▶ TAUBENSTEINSATTEL ▶ ROTWAND ▶ ROTWANDHAUS ▶ SPITZINGSEE

ROTWANDHAUS DIREKT: Vom Parkplatz (1090 m) südwärts, die Schranke der Mautstraße passieren und am Abzweig links in den Teerweg (Ww. Rotwandhaus) ▶ an der Weggabelung Bergwachthütte (1206 m) rechts auf dem Fahrweg über die Wildfeldalm (1607 m) zum Rotwandhaus (1737 m)

RUNDTOUR: Wie oben an der Bergwachthütte vorbei und an der Weggabelung links (Ww. Taubenstein) ▶ die Untere Maxlrainer Alm passieren und an der Weggabelung rechts ▶ auf dem Fahrweg durch Wald und am Rand der aufgelassenen Piste direkt zur Oberen Maxlrainer Alm (1522 m) empor (sonniger als der beschilderte Waldsteig!) ▶ weiter entlang der Piste zur sichtbaren Bergstation der Seilbahn (1600 m) ▶ hinter der Station durch Wald nordöstlich um den Taubenstein (1692m; Gipfelabstecher möglich!) herum ▶ vom nahen Taubensteinsattel (1660 m) ostwärts an den Hängen des Lämpersbergs entlang zur Einsattelung Kirchstein (1788 m) ▶ leicht in Richtung Rotwandhaus absteigen ▶ links Abzweig zur nahen Rotwand (1884 m)

GEHZEIT 3 ½ Std. (Rundtour 5 Std.)

HÖHENMETER 650 (Rundtour 800)

ANFAHRT
ÖVM Bayerische Oberlandbahn (BOB) nach Schliersee oder Fischhausen-Neuhaus, RVO-Bus 9562 nach Spitzing (Kirche)
AUTO A 8 Ausfahrt Weyarn, B 307 Richtung Bayrischzell, nach Neuhaus Auffahrt zum Spitzingsee

AUSGANGSPUNKT
Gebührenpflichtiger Parkplatz im Ort Spitzing

NAVIGATION N 47.661796°, E 11.888396°

SONNENANTEIL Auf dem Teerweg spitzelt die Sonne zwischen den Fichtennadeln hindurch, später lichtet sich der Wald und oberhalb der Wildfeldalm herrscht Sonne pur. Sehr sonnig ist auch der Höhenweg zwischen Taubenstein und Rotwandhaus.

CHARAKTER Hüttenanstieg bequem auf dem Fahrweg (unten Teer, dann 4,5 km Rodelbahn). Der Höhenweg zwischen Taubenstein und Rotwand bietet ein fantastisches Panorama und erfordert bei nicht zuverlässiger Spurtrasse alpine Erfahrung!

WEGWEISER Rotwandhaus sehr gut beschildert. Für die Rundtour erst Richtung Taubenstein, dann Rotwandhaus

VARIANTE Vom Spitzingsattel (1127 m) auf einem Waldwurzelpfad zur Schönfeldhütte (1410 m; ca. 1 Std.), von der sich die Besteigung des Jägerkamps (1745 m, ca. 1 Std.) anbietet, und auf gleichem Weg zur Hütte zurück. Am 2. Tag über den Rauhkopf (1689 m) und Einmündung an der Bergstation in unsere Rundtour.

WEITERE EINKEHREN Obere Maxlrainer Alm, Tel. 0 80 26 / 73 82, Fr. – So. geöffnet, www.obere-maxlraineralm.de; Taubensteingipfelstüberl, Mo. / Do. Ruhetag; Taubensteinhaus, Tel. 0 80 26 / 70 70, nach Weihnachten geöffnet, www.taubensteinhaus.de (etwas abseits)

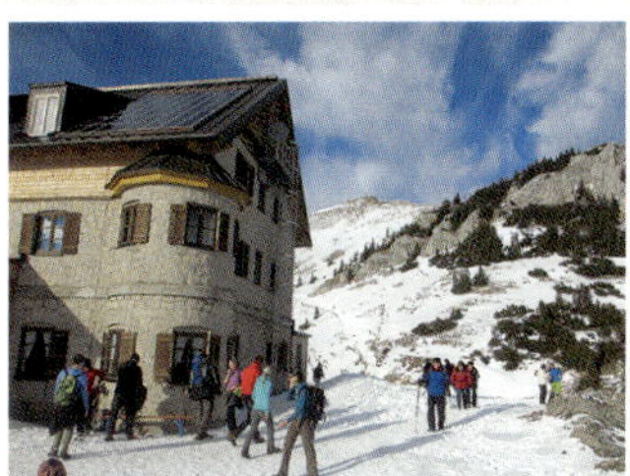

BERGHÜTTE Rotwandhaus, DAV Sektion Turner Alpenkränzchen, 26 Betten / 44 Lager, Tel. 0 80 26 / 76 83, November / Dez. evtl. keine Übernachtung möglich, www.rotwandhaus.de

KARTE AV Wanderkarte BY16, Mangfallgebirge Ost, 1:25.000

Chillen über dem TEGERNSEE

Die Bergbahn macht es möglich: Man kann auch einen herrlichen Sonnentag in den Bergen verbringen, ohne sich groß anzustrengen. Mit der Besteigung des Wallbergs, der Beobachtung von Drachen- und Gleitschirmfliegern am Startplatz Hintermaueralm, dem Abstecher zur fotogenen Wallberg-Kapelle mit herrlichem Blick auf die Rodel-Startrampe mit dem Tegernsee im Hintergrund vergeht die Zeit an der frischen Luft auch ohne viel Bewegung wie im Fluge. Vom Panoramarestaurant folgt der kurze Abstieg zum Wallberghaus, das seit 2017, frisch renoviert, zu einem kleinen Berghotel mit rund 40 Schlafplätzen angewachsen ist.

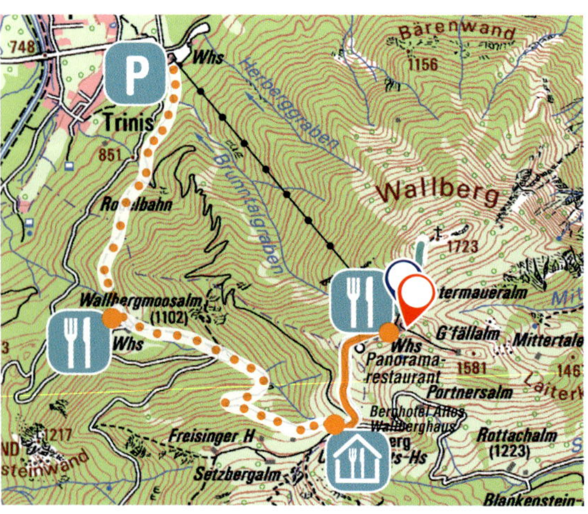

Da das Berghotel während der Recherche noch nicht geöffnet hat, entscheide ich mich an einem frostigen Januartag zu einem After-Work-Ausflug der ungewöhnlichen Art: Ich lasse mich am Nachmittag mit der Bergbahn nach oben chauffieren, erklimme im schneidend-kalten Polarwind vis-à-vis eisverkrusteter Büsche den Wallberg-Gipfel – an einigen markanten Felsklötzen vorbei geht es zum großen Gipfelkreuz mit famoser Aussicht auf das Mangfall-, Karwendel- und Wettersteingebirge – und warte im Panoramarestaurant bei einem Cappuccino auf die romantische Abendstimmung. Die letzte Bergbahn würde um 16.30 Uhr talwärts fahren, da die Sonne jedoch erst um 16.48 Uhr hinter dem Karwendelgebirge verschwindet, entscheide ich mich spontan für einen Dämmerungsabstieg. Wobei aus dem Abstieg eher ein leichtes Joggen wird, die über sechs Kilometer bei 900 Metern Höhenverlust und griffigem Schnee bewältige ich in einer Dreiviertelstunde. Rodeln wäre bedeutend schneller gewesen, doch hierfür hätte ich mir an der Talstation einen der rund 360 Schlitten ausleihen müssen.

Künftig wird eine Nacht im Berghotel Altes Wallberghaus den Chill-Nachmittag hoch über dem Tegernsee angemessener abrunden. Nach der Komplett-Renovierung des Gastraums inklusive der Installation einer neuen Theke und Schänke werden peu à peu die Schlafräume in der ersten und zweiten Etage mit neuen Böden und Wänden versehen. Statt schlichte Matratzenlager warten nun alte Alkofen-Bauernbetten auf die Übernachtungsgäste. Zur Wahl stehen zehn Doppelzimmer, ein Familienzimmer und ein aufpoliertes Matratzenlager. Buchbar ist die Nacht jedoch nur in Kombination mit einer Halbpension inklusive 3-Gang-Abendmenü, das feierlich mit

Die wunderschönen Tegernsee-Blicke bleiben uns beim Aufstieg zum Wallberg erhalten.

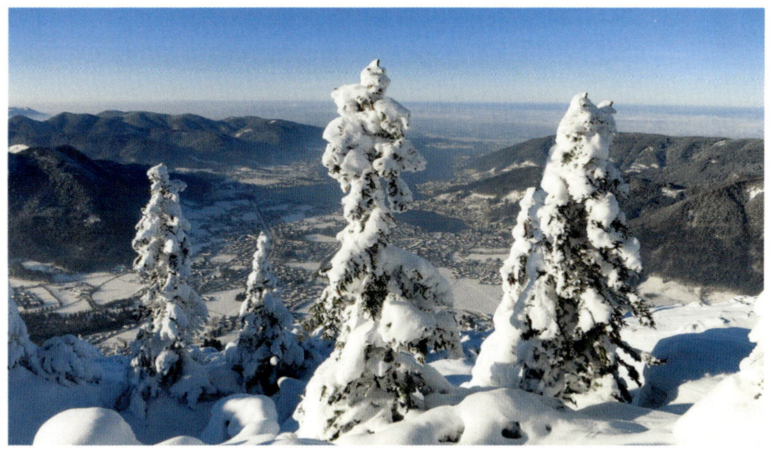

einer Kuhglocke um 19 Uhr eingeläutet wird. Küchenchef Stefan Klein, der zuvor im Gourmetrestaurant Gut Steinberg gearbeitet hat, legt den Schwerpunkt auf traditionelle Berggerichte und bleibt dabei bodenständig; Regionalität, Frische und ein Hauch von Raffinesse sind für ihn selbstverständlich. Die Philosophie des edlen Rottach-Egerner Hotels Bachmair, das die Berghütte übernommen hat, ist somit auch in frischer Bergluft wahrnehmbar; die Buchung der Halbpension bewegt sich jedoch im zweistelligen Euro-Bereich und bleibt somit auch für „Normalwanderer" bezahlbar.

Route: Bergstation Wallbergbahn ▶ (Wallberg) ▶ Berghotel Altes Wallberghaus und zurück

Wallberghaus: Von der Bergstation (1622 m) dem Fahrweg (teils identisch mit der Rodelbahn) abwärts zum Berghotel Altes Wallberghaus (1512 m) folgen ▶ Rückweg auf derselben Route

Wallberg: Von der Bergstation auf breitem Weg durch lichten Wald zur Hintermaueralm (Startplatz der Gleitschirmflieger; 1660 m) ▶ auf gutem Steig über die Südhänge des Wallbergs, zuletzt den breiten Berg an dessen Nordseite querend, zum Gipfel (1723 m) ▶ Rückweg auf derselben Route

Gehzeit ¾ Std. (Wallberg + 1 ½ Std.)

Höhenmeter 110 (Wallberg + 160)

Anfahrt
ÖVM Bayerische Oberlandbahn (BOB) bis Tegernsee, RVO-Bus 9556 Richtung Kreuth bis zur Talstation Wallberg
Auto A 8 Ausfahrt Holzkirchen, B 318 über Tegernsee Richtung Kreuth, südlich von Rottach-Egern beschilderter Abzweig zur Talstation der Wallbergbahn

Ausgangspunkt Parkplatz an der Talstation der Wallbergbahn (Betriebszeiten siehe www.wallbergbahn.de)

Navigation N 47.675410°, E 11.776277°

Sonnenanteil Nur wenige Bäume am Wallbergkamm, daher fast durchgehend Sonne pur

Charakter Geräumter Wanderweg zwischen der Bergstation und dem Berghotel mit geringem Höhenunterschied. Die Wallberg-Besteigung ist kurz, erfordert im oberen Bereich je nach Verhältnissen jedoch etwas Trittsicherheit.

Wegweiser Wallberg und Wallberghaus sind gut beschildert, die Orientierung denkbar einfach

Variante Abstiegsmöglichkeit vom Wallberghaus entlang der Rodelbahn über die Wallbergmoosalm und von dort durch den Wald abkürzend zur Talstation (1 ½ Std.)

Berghütte Berghotel Altes Wallberghaus, 24 Betten/ 12 Lager, Tel. 0 80 22 / 7 05 69 79, 2.–4. Novemberwoche und 2.–4. Januarwoche Betriebsurlaub, ansonsten Fr.–So. sowie in den Weihnachtsferien täglich geöffnet, www.wallberg-haus.de

Weitere Einkehren Panoramarestaurant Wallberg, Tel. 0 80 22 / 68 00, www.wallberg-restaurant.de; Wallbergmoos-Alm, Tel. 0 80 22 / 56 38, täglich außer Di. 10–17 Uhr, www.wallbergmoos-alm.de

Karte AV Wanderkarte BY16, Mangfallgebirge Ost, 1:25.000

BRAUNECK-GIPFELHAUS (1540 m) UND LATSCHENKOPF (1712 m)

Wandern im Skigebiet

Zwölf Minuten dauert die Fahrt mit der per Öko-Strom angetriebenen Kabinenbahn bis zur Bergstation, wobei der Fahrgast zwischen den letzten Stützpfeilern einen atemberaubenden Tiefblick in den Talboden der Garland-Alm genießt. Am Berg öffnet sich ein Sonnenpanorama erster Güte, das in dieser Form seinesgleichen sucht. Die Möglichkeiten der aktiven Betätigung sind am Brauneck sehr vielfältig. Bei guter Schneelage treffen wir vorrangig auf Skifahrer und Snowboarder sowie Skitouren- und Schneeschuhgeher; bei aperen Verhältnissen sind die Wanderer in der Überzahl. Aber auch Drachen- und Gleitschirmflieger starten im Winter von der Gipfelrampe in ihr Flugabenteuer.

Natürlich hat es immer einen Beigeschmack, im Pistengelände auf Wanderschaft zu gehen. Aber bei dem Vitamin-D-Schub, der am Brauneck und an den benachbarten Bergen auf uns wartet, nehmen wir die Beeinträchtigung der landschaftlichen Umgebung durch Liftanlagen gerne in Kauf. Dazu das fantastische Bergpanorama mit dem Karwendelgebirge als zentralen Mittelpunkt. Der Rummel nimmt ohnehin nur dann größere Ausmaße an,

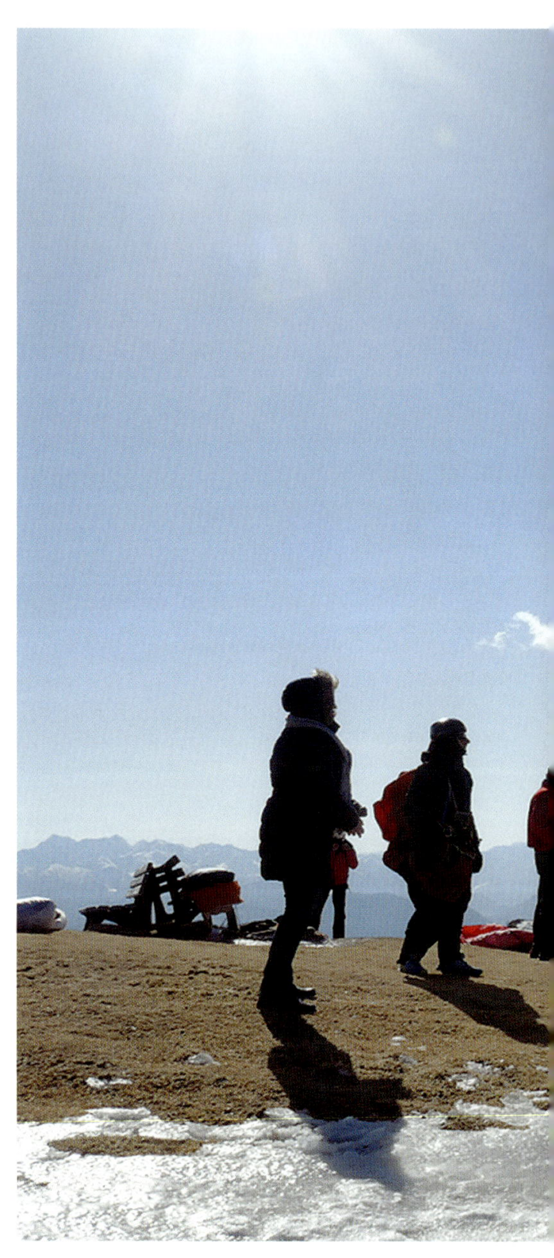

Faszination Gleitschirmfliegen: Moment des Abhebens an der Windmessanlage; im Hintergrund der Latschenkopf

wenn sich der Winter von seiner besten Seite zeigt. Bei viel Neuschnee ist zwar die lohnenswerte Rundtour über den Latschenkopf für uns nicht machbar, der als Winterwanderweg ausgewiesene Panoramaweg von der Bergstation bis zur Tölzer Hütte wird jedoch täglich präpariert und bildet gerade im Anblick tiefverschneiter Bäume – auch wenn sich der Bestand entlang der Route in Grenzen hält – eine geniale Mischung aus Sonnentanken und Landschaftszauber. Die Skifahrer, die an der Finstermünz-Sesselbahn den Panoramaweg queren, können diese Idylle nicht stören.

Außerdem bleibt in jedem Fall ja noch die obligatorische Zugabe auf das Brauneck, das wir in längstens einer Viertelstunde von der Bergstation aus über den Südhang erreichen. Nur einen Schneeballwurf vom Kreuz entfernt liegt die Brauneck-Gipfelhütte in perfekter Aussichtslage; nur die

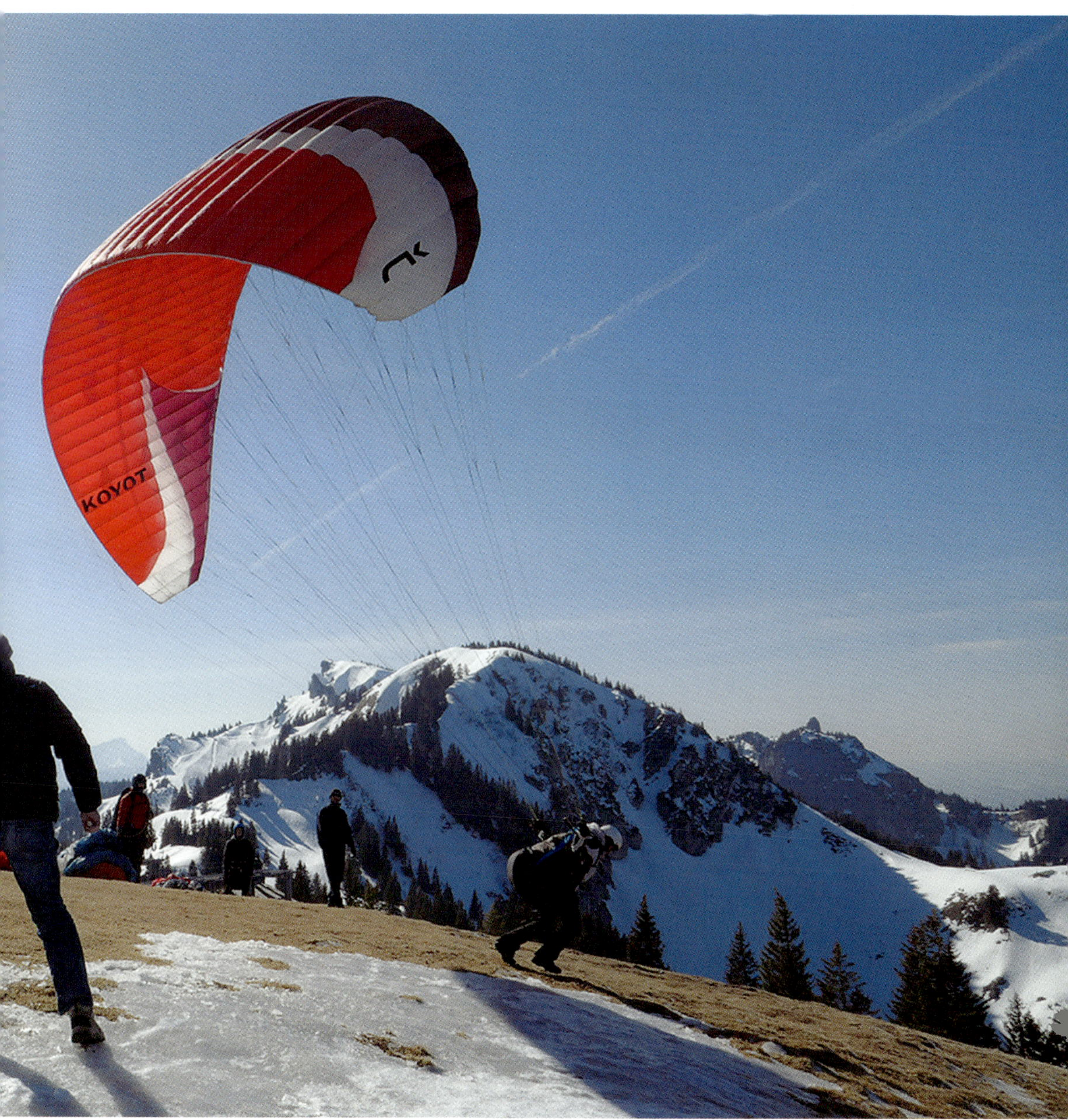

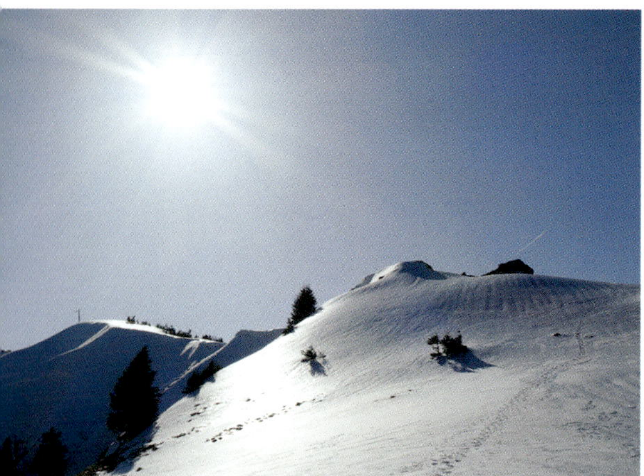

Der Latschenkopf im gleißenden Sonnenlicht

Hochrieshütte (siehe Tour 31) und das Rotwandhaus (siehe Tour 37) können mit diesem traumhaften Panoramablick konkurrieren. Die Hütte wird vom sympathischen Familien-Trio Petra Wiesner, deren Schwägerin Christine Steiger sowie Petras Mann Rudi Steiger-Wiesner geführt; dass ausgerechnet der „Hahn im Korb" einen Doppelnamen führt, sorgt gelegentlich für Heiterkeit.

Übernachtungen sind bis auf montags und dienstags – zur Revisionszeit der Bergbahn schließt die Hütte komplett – in gepflegten Zwei-, Vier- und Achtbettzimmern möglich, für die wir im Gegensatz zum Matratzenlager keine Schlafsäcke mitbringen müssen. Während Alpenvereinsmitglieder beim Essen freie Bestellwahl genießen, müssen die Nicht-Mitglieder eine Halbpension buchen. Sehr gut angenommen von den Hüttengästen wird die neue mobile Sauna, die vier Leuten Platz bietet. In kalten Winternächten lockt der Kontrast zwischen der Hitze des Kräuteraufgusses und der Abkühlung im eisigen Pulverschnee; im Idealfall macht der bizarre Sternenhimmel das Saunaglück perfekt.

Mit Beginn der Thermik, meist ab frühem Nachmittag, pilgern die Gleitschirmflieger von der Bergstation zum Startplatz Süd oder zur Windmessanlage, welche in Sichtweite westlich des Brauneckhauses liegen. Die Windverhältnisse sind an diesem Tag nicht optimal, es weht eine kühle Nordbrise, noch dazu in tückischen Böen. Erst wenn sämtliche Startvorbereitungen abgeschlossen sind, rollt man seinen Schirm aus und wartet auf den günstigen Augenblick zum Abheben. Der stille Beobachter bekommt die Anspannung der unerfahrenen Teilnehmer hautnah mit. „Soll ich jetzt starten?" fragt eine junge Frau angesichts auflebender Turbulenzen verunsichert in die Runde. „Den Zeitpunkt musst Du selbst bestimmen!" ruft ihr ein männlicher Kollege zu. Letztlich bricht sie ihr Flugvorhaben ab und packt ihren Schirm enttäuscht wieder ein.

Hinter den in die Lüfte schwebenden bunten Gleitschirmen ist mit Blickrichtung Westen jenes Tagesziel erkennbar, das den Aufenthalt am Brauneck mit einer kurzweiligen Rundtour krönt: der Latschenkopf. Ob der Übergang zum nur gut 100 Meter höheren Gipfel auf dem Sommerweg möglich ist, hängt stark von den Verhältnissen vor Ort ab. Immerhin können wir uns über die aktuelle Schneelage per Webcam auf der Hütten-Homepage informieren (www.brauneckgipfelhaus.de/webcam.html). Nach kurzem Abstieg vom Gleitschirm-Startplatz in eine Einsattelung würde die Überschreitung des Schrödelsteins erfolgen, die sich bei Vereisung der Trittspur jedoch als heikel erweisen kann. Alternativ steigen wir in einer langen Kehre zum Panoramaweg ab und versuchen unser Glück jenseits der kleinen Felsbastion (Wegweiser Latschenkopf).

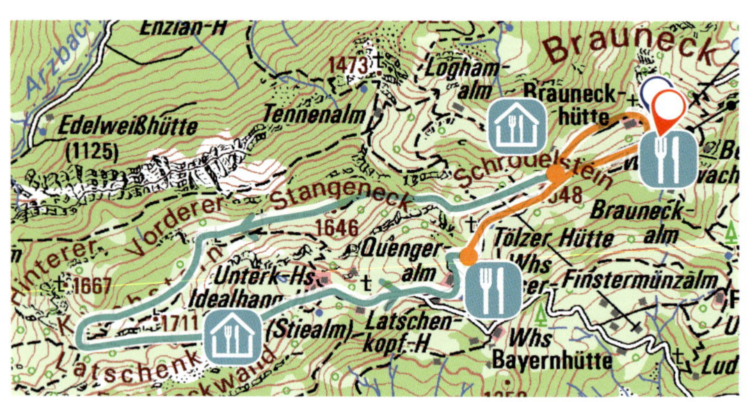

Sonnengenießer am Brauneck-Gipfelhaus

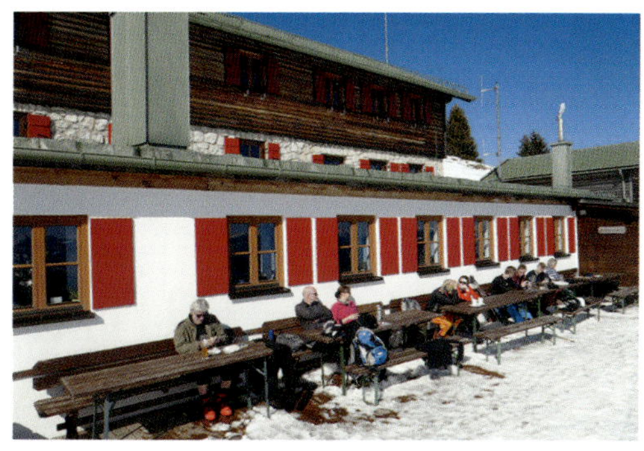

Doch auch der Weg über das Stangeneck ist nicht zu unterschätzen. Nach kurzer Steilstufe ist eine enge Gratstelle zu bewältigen, an der es beidseitig steil hinabgeht; bei viel Schnee ist zudem die Wechtenbildung zu beachten. Auf dem breiten Bergrücken flacht das Gelände deutlich ab, die Wanderung wird mit Tiefblick auf die Stiealm zum Hochgenuss. Auf dem Stangeneck steht ebenso wie am Latschenkopf eine Panoramatafel für die weitreichende Gipfelbestimmung. Stimmungsvoller Höhepunkt aber ist der Schlussanstieg über den Kirchstein zum Latschenkopf: Im vom Wind geformten Harschdeckel des Schnees spiegelt sich weithin das gleißende Sonnenlicht wider.

ROUTE: WINTERWANDERWEG BRAUNECKBAHN ▶ BRAUNECK-GIPFELHAUS ▶ (STANGENECK ▶ LATSCHENKOPF ▶ STIEALM) ▶ TÖLZER HÜTTE ▶ BERGSTATION BRAUNECKBAHN

BRAUNECK-GIPFELHAUS MIT WINTERWANDERWEG: Von der Bergstation der Seilbahn (1500 m) über die baumfreie Wiese in 10 Minuten zum Brauneck-Gipfelhaus (1540 m; Gipfelkreuz 1555 m) ▶ am breiten Gipfelkamm westwärts am Gleitschirm-Startplatz vorbei zur Einsattelung am Schrödelstein ▶ links zum etwa 50 m tiefer gelegenen Winterwanderweg absteigen und auf ihm rechts zur Tölzer Hütte (1495 m) ▶ Rückweg zur Bergstation auf dem Winterwanderweg

RUNDTOUR LATSCHENKOPF: Winterwanderweg Richtung Tölzer Hütte ▶ nach Passieren des felsigen Schrödelsteins in Sichtweite der Hütte rechts Abzweig Steig (Ww. Latschenkopf) ▶ über zwei kurze Steilstufen teils etwas ausgesetzt (Vorsicht bei Glatteis!) zum Stangeneck (1646 m) ▶ am Kirchstein vorbei entlang der breiten Kammhöhe zum Latschenkopf (1712 m) ▶ den Gipfel Richtung Benediktenwand überqueren ▶ nach steilem Abstieg an der Einsattelung links ▶ zwei Hangquerungen ohne großen Höhenverlust zum Idealhang ▶ Abstieg auf dem Fahrweg zur Stiealm (1520 m) ▶ je nach Verhältnissen auf breiten Fahrwegen oder durch das Gelände abkürzend zur Tölzer Hütte (1495 m) ▶ Winterwanderweg zur Bergstation

GEHZEIT 1 Std. (Rundtour Latschenkopf + 2 Std.)

HÖHENMETER 90 (Rundtour Latschenkopf + 300)

ANFAHRT
ÖVM Bayerische Oberlandbahn (BOB) nach Lenggries, RVO-Bus 9565 zur Talstation der Brauneckbahn
AUTO A 95 Wolfratshausen, B 11 Königsdorf und St2064 oder A 8 Holzkirchen und B 13 über Bad Tölz nach Lenggries, im Ort Beschilderung zur Brauneckbahn folgen

AUSGANGSPUNKT Großer Parkplatz an der Talstation der Brauneckbahn (Betriebszeiten siehe www.brauneck-bergbahn.de)

NAVIGATION N 47.676270°, E 11.555297°

SONNENANTEIL Den ganzen Tag über ausgesprochen viel Sonne zwischen Brauneck und Latschenkopf!

CHARAKTER Der kurze Hüttenzustieg ist einfach und der breite, fast eben verlaufende Winterwanderweg zur Tölzer Hütte wird täglich präpariert. Vor allem bei Schnee deutlich anspruchsvoller ist die Latschenkopf-Runde (kurze, steile Wegpassagen)! Auf allen Wegen Super-Panorama!

WEGWEISER Brauneck-Gipfelhaus und Extra-Schild Winterwanderweg zur Tölzer Hütte; für die Rundwanderung Schilder Richtung Latschenkopf, Stiealm und Bergbahn Brauneck (Rückweg)

WEITERE EINKEHREN Panoramarestaurant, Tel. 0 80 42 / 50 12 50, www.panoramarestaurant-brauneck.de; Tölzer Hütte, Tel. 0 80 42 / 87 32 www.toelzer-huette.de; Stiealm, Tel. 0 80 42 / 23 36, www.stie-alm.de

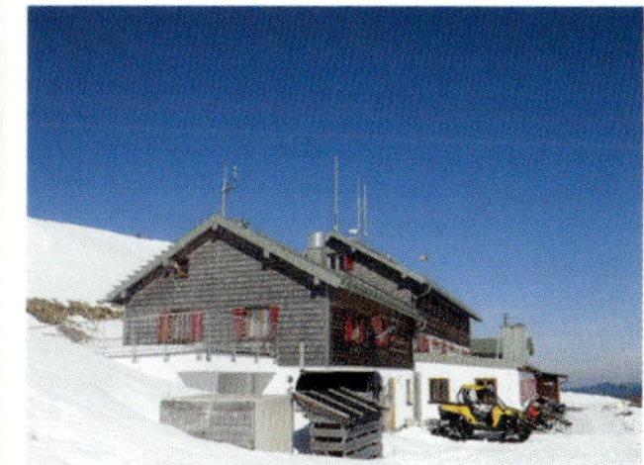

BERGHÜTTE Brauneck-Gipfelhaus, 62 Betten / 18 Lager, Tel. 0 80 42 / 87 86, Di. Ruhetag, im November nach den Herbstferien bis Anfang Dezember Betriebsurlaub, www.brauneckgipfelhaus.de

KARTE AV Wanderkarte BY16, Isarwinkel Benediktenwand, 1:25.000

ERFURTER HÜTTE (1834 m) UND **DALFAZALM** (1692 m)

VORZEIGEHÜTTE für Familien

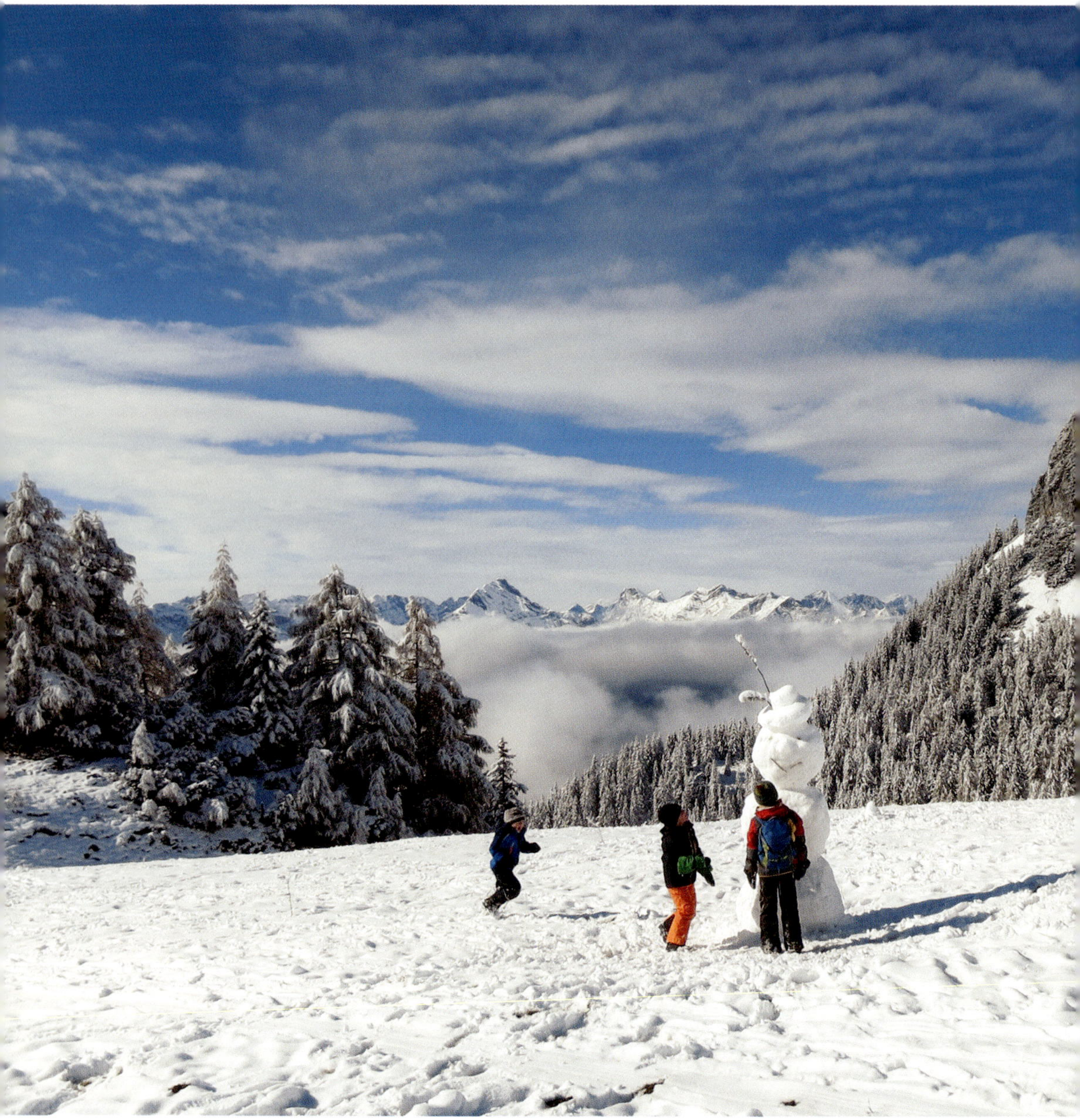

Ein schnellerer „Hüttenzustieg" ist kaum möglich: Mit Verlassen der Berggondel fehlen gerade 80 Geh- und drei Höhenmeter zur benachbarten Erfurter Hütte, die hoch über dem Achensee liegt und einen herrlichen Karwendelblick bietet. Welche Unternehmungen von der Alpenvereinshütte gestartet werden können, hängt ganz von den Verhältnissen ab. In jedem Fall ist der Ausflug ins Rofangebirge inklusive der Seilbahnnutzung und Hüttenübernachtung ideal für Familien mit Kindern, die die nähere Umgebung mit viel Spaß und Elan erkunden können.

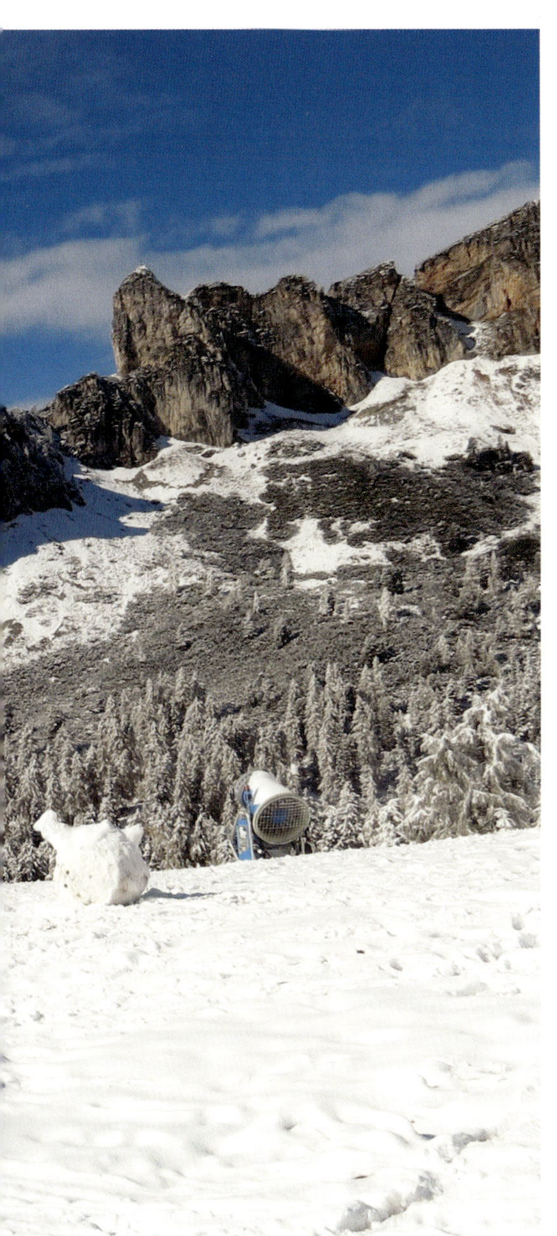

Jedenfalls treffen wir bei der Recherche auf viele lachende Kindergesichter. Nach dem über Nacht gefallenen Neuschnee beginnt das Wettbuhlen um die schönsten Schneemänner, nachdem die Kinder zuvor ihre Zeit in der Hütte mit der Spielekiste vertrieben haben. Eine Mutter erzählt uns, dass sie mit einer Kindergruppe vier Tage auf der Hütte verbringt. Sie ist vom Hüttenteam begeistert, das individuelle Essenwünsche erfüllt und die Kids mit Tourenvorschlägen bei Laune hält. Ein Vater schwärmt davon, dass sein Sohn einen Geburtstagskuchen bekommen habe. Möglicherweise ist die Kinderfreundlichkeit nebst dem schmackhaften Essen und den gepflegten Stuben, Zimmern und Sanitäranlagen der Grund dafür, weshalb die Hütte 2014 zur „Skihütte des Jahres" ausgezeichnet wurde; zudem taucht sie im DAV-Flyer „Mit Kindern auf Hütten" auf.

Für den Titel „Winterwanderhütte des Jahres" wird es in absehbarer Zeit wohl nicht reichen, es sei denn, der Klimawandel setzt sich verstärkt fort und setzt neue Maßstäbe. Noch sind die Hauptzielgruppen die Skifahrer und Schneeschuhwanderer, doch weitere schneearme Winter könnten die Präferenzen verschieben. Das Minimalziel im Hochwinter sollte für Groß und Klein der Winterwanderweg sein, der bei entsprechender Schneelage mit der Pistenraupe täglich präpariert wird. Nach wenigen Minuten passieren wir das Almstüberl, die höchste Einkehr des Hütten-Trios in unmittelbarer Reichweite der Bergstation. Im flachen Geländebecken unterhalb des Gschöllkopfs kommen uns keine Skifahrer in die

Viel Schnee liegt noch nicht, aber für den perfekten Schneemann reicht es locker aus …

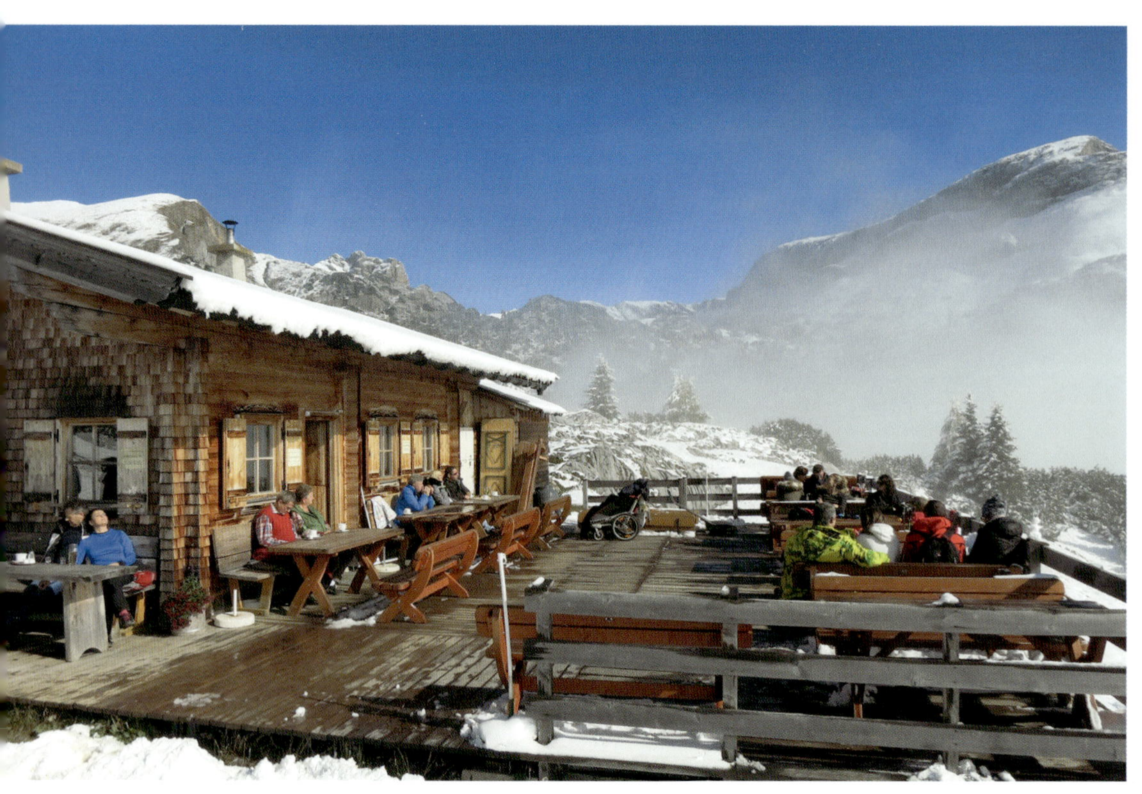

Das Almstüberl liegt etwas oberhalb der Erfurter Hütte unmittelbar am Winterwanderweg.

Quere; nur für Kleinkinder, die sich auf dem Zauberteppich hochfahren lassen, gibt es einen Übungshang. Dann steigen wir bequem in jene Mulde ab, an der der Anstieg zur Rofanspitze erfolgt.

Die Rofanspitze (2259 m) ist nicht nur der höchste Gipfel des Rofangebirges, sondern sie gilt aufgrund des angenehmen Streckenprofils – nur der Gipfelhang ist etwas steiler – auch als schönstes Ziel für Genuss-Skitouren- und vor allem Schneeschuhgeher. Der klassische Wanderer hat in diesem baumfreien Gelände meist keine Chance, weil sich der (Neu-)Schnee in den flachen Hängen und Mulden mangels direkter Sonneneinstrahlung länger halten kann als im Steilgelände unterhalb der Erfurter Hütte und das meist erforderliche Hochspuren im Schnee an den Kräften zehrt. So bliebe uns für diese Traumtour nur übrig, entweder ausnahmsweise Schneeschuhe anzulegen oder auf einen schneearmen Winter zu hoffen. Der Alpenverein veranstaltet regelmäßig Schneeschuhkurse auf der Erfurter Hütte, und Hüttenwirt Raimund Pranger plant das Abstecken neuer Routen mit Markierungsstangen.

Wer einen kleinen Adrenalinschub sucht, fliegt in Adlerhaltung mit 80 Stundenkilometern vom Gschöllkopf 200 Höhenmeter in die Tiefe. Die Anlage der Airrofan Skyglider ist bei guten Bedingungen zwischen 13 und 16 Uhr in Betrieb. Ein Flug kostet 10,50 Euro für Erwachsene bzw. 7,50 Euro für Kinder, welche jedoch mindestens zehn Jahre alt und 130 Zentimeter groß sein müssen; bei mehreren Flügen gibt es Rabatt. Zunächst wird man mit dem Gesicht Richtung Tal rückwärts auf den Berg hochgezogen, bevor das kühne Gefährt mit Tempo Richtung Tal – im Hintergrund gut erkennbar: das Ebner Joch, markanter Eckberg über dem Inntal – zurückschnellt. Die Fallgeschwindigkeit eines echten Adlers beim Anflug auf seine Beute wird dabei jedoch nicht annähernd erreicht.

Deutlich langsamer ist in jedem Fall die Fahrgeschwindigkeit der Kabinenbahn nach Maurach am Achensee. Wenn es die Schneeverhältnisse zulassen, empfiehlt sich alternativ zur Talfahrt der abwechslungsreiche und überwiegend sonnige Abstieg über die Dalfazalm. Hierfür müssen zwei Voraussetzungen gegeben sein: Einerseits sollte der Weg zuverlässig gespurt sein, da die Orientierung vor allem im ersten Waldabschnitt ansonsten schwerfällt; die Markierungen an den Bäumen fallen etwas spärlich aus. Andererseits müssen die Lawinenverhältnisse günstig sein, da einige steile Hänge und Rinnen gequert werden. Am besten erkundigen wir uns beim Hüttenwirt über die Bedingungen am Berg. Wir bekamen die Botschaft: „Passt schon, erst gestern haben Wanderer aus der Gegenrichtung hochgespurt." Auch ein direkter Abstieg nach Maurach wäre denkbar, Einkehr in der Buchauer Alm inklusive.

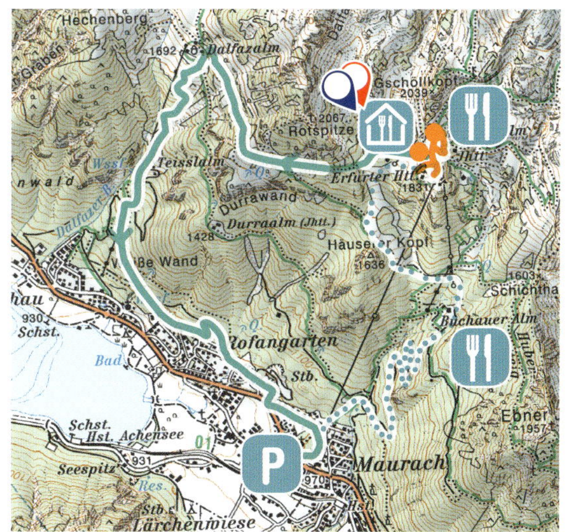

Route: Bergstation Rofan-Seilbahn ▶ Erfurter Hütte ▶ Winterwanderweg ▶ Bergstation Rofan-Seilbahn ▶ (Dalfazalm ▶ Rofangarten ▶ Talstation in Maurach)

Erfurter Hütte und Winterwanderweg: Von der Bergstation der Rofan-Seilbahn (1831 m) wenige Meter zur benachbarten Erfurter Hütte (1834 m) queren ▶ der beschilderte Winterwanderweg führt am Almstüberl vorbei in das Geländebecken unterhalb des Gschöllkopfs und wieder zurück

Abstieg über die Dalfazalm nach Maurach: Von der Erfurter Hütte etwa 100 m südwärts Richtung Gschöllkopf ▶ an der großen Übersichtstafel links am Rand der Heimgrubenpiste absteigen ▶ der Wanderweg beginnt oberhalb der unteren Liftstation (Ww. Dalfazalm an breitem Fichtenstamm) ▶ leicht ansteigend oder die Höhe haltend durch den Wald Richtung Westen ▶ an zwei schönen Aussichtsbänken (1740 m) dreht der Steig nach Norden und steigt zur Dalfazalm (1692 m) ab ▶ in der baumfreien Schneise steil zur Teisslalm (1310 m) hinab ▶ wahlweise auf der Forststraße oder dem Fußweg Richtung Buchau ▶ an der Weggabelung links (Ww. Rofan-Seilbahn) und über die Siedlung Rofangarten zur Talstation der Rofan-Seilbahn (980 m)

Gehzeit ½ Std. (Abstieg Maurach + 3 Std.)

Höhenmeter 50 (Abstieg Maurach + 100; Abstieg 950)

Anfahrt
Auto Über Bad Tölz und Sylvensteinspeicher oder das Tegernseer Tal (B 307) nach Maurach am Achensee.

Ausgangspunkt Großer Parkplatz an der Talstation der Rofan-Seilbahn (Betriebszeiten siehe www.rofanseilbahn.at)

Navigation N 47.424319°, E 11.751432 °

Sonnenanteil Im Bereich der Bergstation Sonne pur mit bester Fernsicht. Richtung Dalfazalm wird ein dichteres Waldstück gequert, im weiteren Verlauf vor allem in der baumfreien Abstiegsschneise viel Sonne.

Charakter Der Winterwanderweg hat Spaziergeh-Charakter mit kurzen Anstiegen auf gewalztem Untergrund; der Abstieg über die Dalfazalm ist nur bei schneefreier oder zuverlässig gespurter Wegtrasse und sicheren Lawinenverhältnissen möglich (ansonsten Orientierungsprobleme durch fehlende Bodenmarkierungen; Verhältnisse beim Hüttenwirt erfragen!).

Wegweiser Eigene Schilder „Winterwanderweg"; im Abstieg sind Dalfazalm und Buchau / Maurach beschildert.

Variante Von der Erfurter Hütte wenige Meter nordwärts; links am Rand der Heimgrubenpiste und weiter im Bogen entlang der Rotspitzpiste zur Buchauer Alm; von der Hütte auf dem Rodelweg in Kehren zur Talstation absteigen

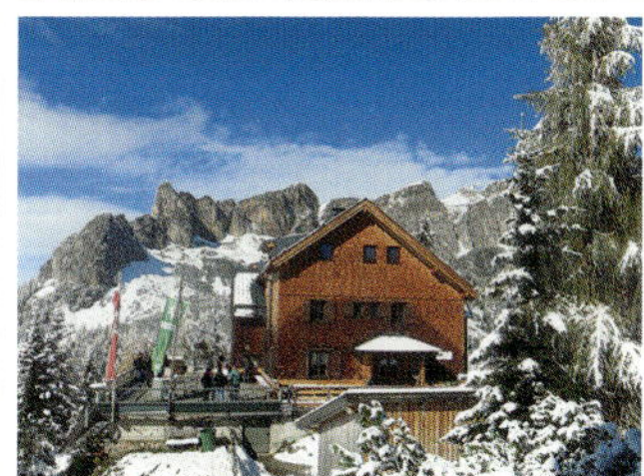

Berghütte Erfurter Hütte, Sektion Ettlingen, 24 Betten / 50 Lager, Tel. +43 / 52 43 / 55 17, Weihnachten bis Ostern (Öffnungszeiten auch vom aktuellen Wetter abhängig), www.erfurterhuette.at

Weitere Einkehren Berggasthof Rofan, Tel. +43 / 52 43 / 50 58, www.berggasthof-rofan.com; Almstüberl; Buchauer Alm, Fr. – So. geöffnet

Karte Kompass Wanderkarte Nr. 027, Achensee 1:35.000

HERZOGSTANDHAUS (1573 m) UND HERZOGSTAND (1732 m)

Am Hausberg über Kochel- und Walchensee

Noch drei Kanister Wasser in die Großkabine, dann gibt der Fahrdienstleiter das Startsignal. Der Föhn bläst in unberechenbaren Böen gegen den Berg, da kann ein wenig mehr Gewicht nicht schaden. Oberhalb des Mittelpfeilers schaukelt die Gondel dann trotzdem, wenige Minuten später treten die vier Passagiere leicht benommen an die frische Luft. Vom Terrassengeländer der Bergstation betrachten sie in aller Ruhe den Walchensee, der sie bereits während der Auffahrt in den Bann gezogen hat. Dann erfolgt der kurze Übergang zum Herzogstandhaus.

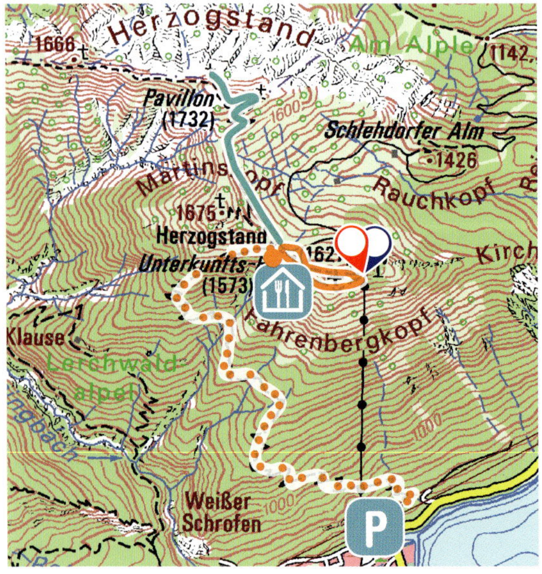

So beschaulich wie an diesem Tag, als die Herzogstandbahn den Betrieb wegen des starken Windes beinahe eingestellt hätte, geht es am Herzogstand bei schönem Wetter selten zu. Der klassische Münchner Hausberg ist alles andere als ein Geheimtipp, bietet aber wie die zuvor vorgestellten Ausflüge zur Erfurter Hütte (Tour 40), zum Brauneck (Tour 39) und zum Wallberg (Tour 38) auch jenen die Möglichkeit zu einem intensiven Sonnenbad, die aus Zeitmangel am späten Nachmittag einen After-Work-Vitamin-D-Schub suchen oder die weniger gut zu Fuß sind. Die Krönung des Tages ist die Herzogstand-Besteigung mit bestem Ausblick auf die umliegende Bergwelt.

Zwei Wegvarianten führen von der Bergstation zum Berggasthaus Herzogstand: Während sich der in Stufen angelegte Steig über die Fahrenbergkapelle im kleinen Skigebiet verläuft, hat der direkte Zustieg an der Sonnenseite des Fahrenbergkopfs Spazierweg-Charakter. Unterwegs passieren wir zahlreiche Informationstafeln des Panorama-Naturlehrpfads, der am Martinskopfsattel endet; Themenschwerpunkte sind geologische und biologische Hintergründe der Bergregion, wobei die Problematik der Gleitschneelawine inklusive notwendiger Lawinenverbauungen am im Schnitt 40 Grad steilen Fahrenbergskopf im Winter sicherlich präsenter ist als die Schönheiten der alpinen Flora, die sich ab Frühjahr an den Berghängen entfaltet. Etwas ambivalent ist die inhaltliche Gestaltung der Raufußhühner-Tafel, auf der auf die massive Bedrohung der Tierart durch Zerstörung und Isolierung ihrer Lebensräume hingewiesen wird, während bei entsprechender Schneelage die Skilifte an Haus- und Martinskopfhang vor sich hin surren.

Das Berggasthaus Herzogstand macht seinem Namen alle Ehre, allein die Sonnenterrasse ist so groß, dass annähernd 400 Personen auf ihr Platz fänden. Das Unterkunftshaus blickt auf eine lange Geschichte zurück, bereits im Jahr 1865 erbaute König Ludwig II., dem in Hüttennähe ein Denkmal errichtet wurde, das sogenannte Königshaus, das er laut Chronik mindestens 22 Mal aufgesucht hat. Da die alten Häuser nach einem Großbrand bis auf die Grundmauern niederbrannten, ist der heutige Bau noch relativ neu. Übernachtungsgäste müssen sich vorher unbedingt telefonisch oder per E-Mail anmelden.

Der Anstieg zum nahen Herzogstand, der sich in sechs langen Kehren bis zum Gipfelpavillon hinzieht, ist von der Hütte bestens einsehbar. Im großen Latschenfeld staut sich bei Schönwetter die Sonnenwärme; die kühlen Winde bekommen wir erst in Gipfelnähe wieder zu spüren. Während sich in Richtung Norden ein eindrucksvoller Blick in die weite Ebene bis München ergibt, öffnet sich im Süden das Karwendel- und Wettersteinpanorama.

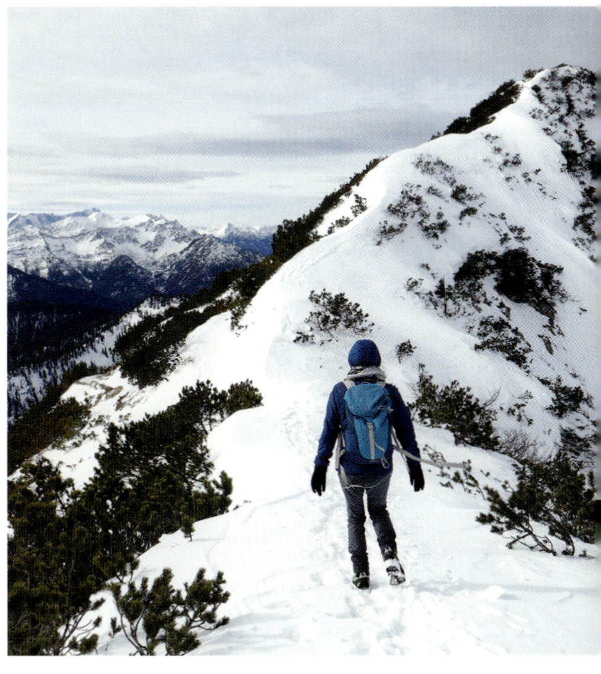

Föhnstimmung mit Zugspitzblick am Herzogstand

Route: Bergstation Herzogstandbahn ▶ Berggasthaus Herzogstand ▶ (Martinskopfsattel ▶ Herzogstand) und zurück

Berggasthaus Herzogstand: Von der Bergstation der Herzogstandbahn (1600 m) entlang des Panorama-Naturlehrpfads unterhalb des Fahrenbergkopfs in leichtem Auf und Ab zum Herzogstandhaus (1573 m)

Herzogstand: Vom Berggasthaus auf gutem Steig den steilen Osthang des Martinskopfs queren ▶ vom Martinskopfsattel zwischen Latschen den weithin sichtbaren Serpentinensteig zum Gipfel-Pavillon des Herzogstands (1732 m) empor

Gehzeit ½ Std. (Herzogstand + 1 Std.)

Höhenmeter 50 (Herzogstand + 160)

Anfahrt
ÖVM Regionalbahn (RB) nach Kochel am See, RVO-Bus 9608 Richtung Mittenwald nach Walchensee
Auto A 95 Ausfahrt Murnau, St2062 über Schlehdorf nach Kochel am See, B 11 in den Ort Walchensee

Ausgangspunkt Großer Parkplatz an der Talstation der Herzogstandbahn (Betriebszeiten siehe www.herzogstandbahn.de)

Navigation N 47.596405°, E 11.317271°

Sonnenanteil Zwischen Fahrenbergkopf und Herzogstandhaus lichter Wald, am Südhang des Herzogstands perfekte Sonneneinstrahlung

Charakter Einfache und kurze Querung von der Bergstation auf breitem Wanderweg. Der Anstieg zum Herzogstand verläuft in weitausholenden Serpentinen und ist meist gespurt.

Wegweiser Herzogstandhaus und Herzogstand sind bestens beschildert.

Variante Von der Bergstation der Herzogstandbahn führt ein gut ausgebauter Steig durch den Wald zur Talstation hinab (ca. 2 Std.).

Karte AV Wanderkarte BY9, Estergebirge Herzogstand, 1:25.000

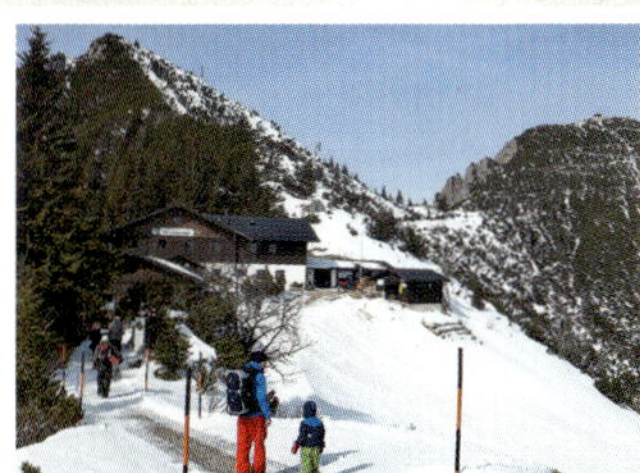

Berghütte Berggasthaus Herzogstand, privat, 25 Betten/ 39 Lager, Tel. 0 88 51 / 2 34, ab Weihnachten Fr. / Sa. / So. sowie in den Ferien täglich geöffnet, für die Übernachtung telefonische Voranmeldung erforderlich, www.berggasthaus-herzogstand.de

Auf den Spuren eines HÜTTEN-PIONIERS

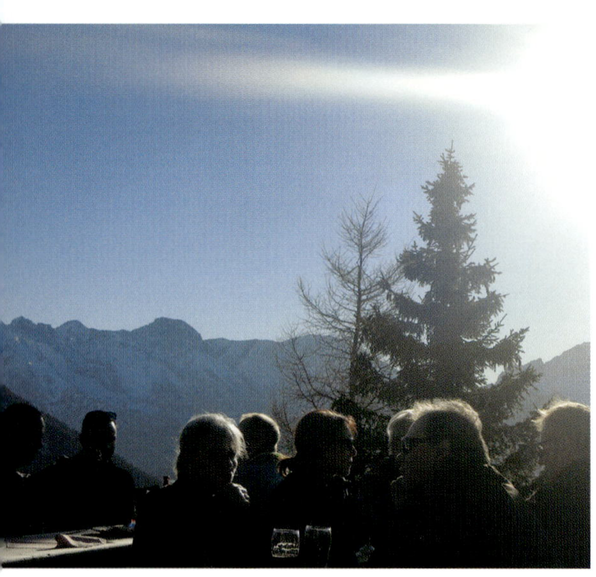

Terrasse an der Pleisenhütte: Sonnenuntergang selbst im Hochwinter erst gegen 16 Uhr ...

„Von Scharnitz am Elektrizitätswerk vorbei Richtung Hinterautal. Vor dem Schönwieshof zweigt links ein Fahrweg ab, der an einer großen Wiese mit vielen Heustadeln vorbei zum Wasserlegraben führt. Von hier über die Würfelris steil zur Leblehnerbrünst. Durch eine Schneise in geringer Steigung quer nach rechts zur Hütte." So wird der Anstieg zur Pleisenhütte im legendären Alpenvereinsführer von Dr. Heinrich Klier und Dr. Fritz März beschrieben, der 1974 bereits in der 10. Auflage erschienen war (Bergverlag Rother). 20 Jahre zuvor hatte der Scharnitzer Bergführer Anton Gaugg, weithin bekannt als Pleisen-Toni, die Pleisenhütte nebst dem Hüttenzustieg in Eigenregie ohne Verwendung technischer Hilfsmittel erbaut bzw. angelegt. Eine derartige Aktion sucht alpenweit seinesgleichen.

Heute erinnert eine Gedenkstätte neben der Pleisenhütte an Toni Gaugg, der im Alter von 87 Jahren nach einem ausgefüllten Leben verstorben ist. Dass auf den heutigen Wanderkarten an der Pleisenspitze im Gegensatz zur „Leblehnerbrünst" zwei Höhlen und ein Eisschacht eingezeichnet sind, ist ebenfalls ein Verdienst des Scharnitzer Urgesteins, der als Höhlenforscher in der Vorderkarhöhle ein bis zu 8000 Jahre altes Elchkuh-Skelett entdeckt hatte. Und eine der Höhlen dient der Hütte seit dessen Erkundung als Wasserlieferant. Heute führt der Junior-Chef Siggi die Hütte nach bewährtem Muster weiter, zahlreiche Stammgäste wissen seine Gastfreundschaft zu schätzen und pilgern auch im Winter regelmäßig von Scharnitz zu der privilegiert an der „Im Hahngericht" (Bergverlag Rother) gelegenen Aussichtskanzel hinauf. Auch die Tradition, die Hütte an den Wochenenden im Winter zu öffnen, hat zur Freude von Wanderern und Skitourengehern weiterhin Bestand.

Siggi Gaugg ist mit der Natur ebenso verwurzelt wie sein Vater. Vor einigen Jahren rückte ich mit Spiegelreflex-Kamera und Stativ an, um von der Plei-

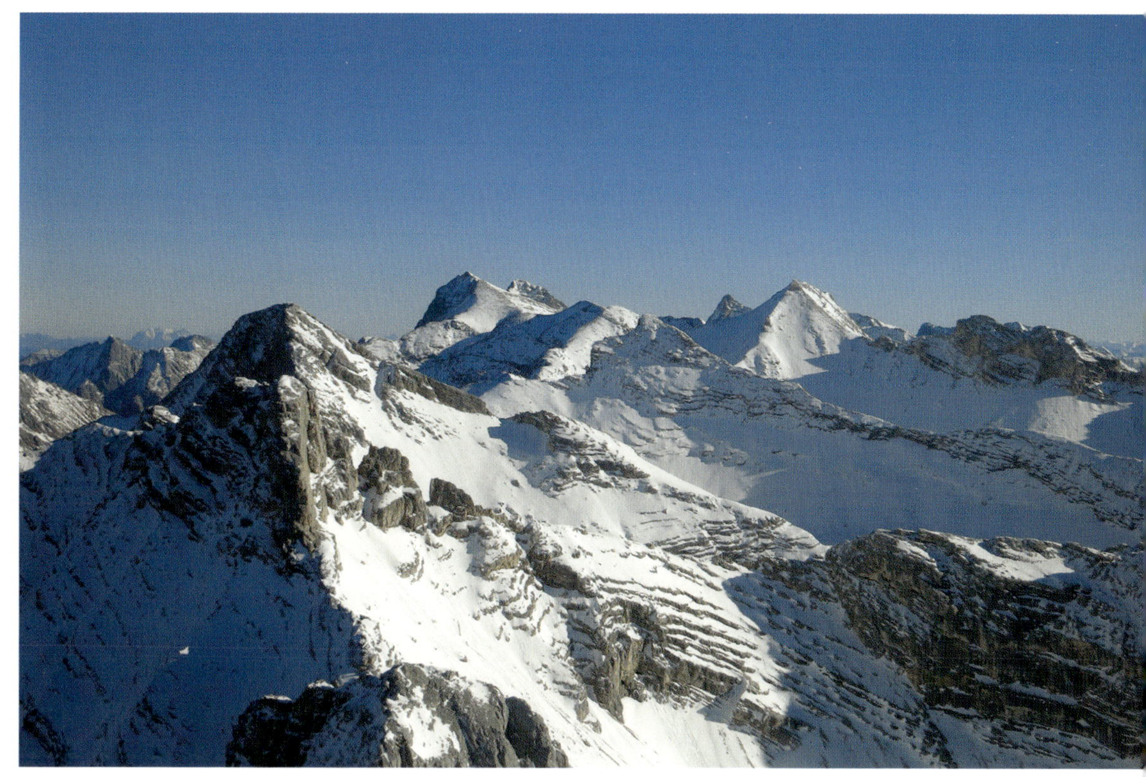

Großartiger Blick auf den Karwendel-Hauptkamm von der Pleisenspitze

senspitze für mein Buchprojekt „Faszination Alpenpanorama" zu fotografieren. Leider machte mir das Wetter entgegen der Vorhersagen einen Strich durch die Rechnung: Die Sonne schien zwar ausgiebig auf der Hüttenterrasse, Nebelschwaden aber trübten sowohl morgens als auch abends die Sicht am Berg. Eine weitere Nacht auf der Hütte schien erst nicht möglich, da sie ausgebucht war. Dann aber „räumte" mir Siggi ein Zimmer frei und ermöglichte mir somit am Folgetag das Ablichten eines Traum-Panoramas vom Gipfel. Zum „Lohn" meiner Arbeit erließ er mir die Hüttenzeche. Dabei ist doch der Aufwand, binnen 24 Stunden dreimal auf die Pleisenspitze zu steigen, gar nichts im Vergleich zu der Anlage eines kilometerlangen Hüttenweges, den sein Vater einst ohne die Fällung eines einzigen Baums bewerkstelligte!

Mein letzter Besuch findet – zwecks Recherche zu diesem Buch – am 20. Dezember mit Angela statt. Abfahrt in München bei Dunkelheit, Abmarsch in Scharnitz in der Morgendämmerung und Ankunft an der Pleisenhütte, als die Sonne gerade über der Gleirsch-Halltal-Kette aufgeht und sich Übernachtungsgäste auf der Terrasse müde die Augen reiben. Dann mittägliche Ankunft auf der Pleisenspitze. Stolze 1600 Höhenmeter ragt dieser formschöne Berg vom Karwendeltal aus in die Höhe, und ihn kurz vor Weihnachten zu Fuß an einem Tag zu besteigen, ist für uns schon eine Besonderheit. Die Bedingungen sind für die Jahreszeit zwar sehr annehmbar, doch längere Glatteispassagen beim Hüttenzustieg und teils harter Schnee in der von der Sonne noch nicht aufgeweichten Westflanke haben unser Marschtempo doch ein wenig reduziert – zumal ich meine Wanderstöcke vergessen habe.

Vom am westlichen Eckpfeiler des Karwendel-Hauptkamms gelegenen Gipfel ergibt sich eine fulminante Aussicht in alle Himmelsrichtungen. Im schrägen Winterlicht besonders fotogen erscheinen die benachbarten Karwendelgipfel im Osten – darunter Birkkar- und Ödkarspitzen, zu denen Toni

Traumblick beim Abstieg
am breiten Gratrücken

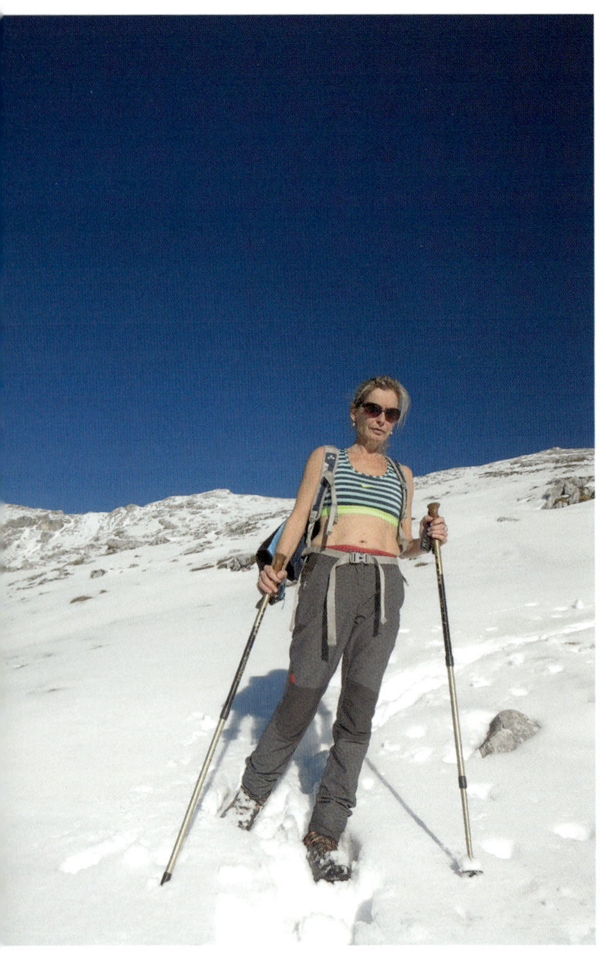

Hitzewallung kurz vor Weihnachten am
Südwesthang der Pleisenspitze

Gaugg einst einen Höhenweg errichtet hat. Im Süden begeistert die Gletscherwelt mit Großglockner, Großvenediger, Wilder Freiger, Zuckerhütl, Ruderhofspitze, Schrankogel, Lisenser Fernerkogel, Ötztaler Wildspitze, Breiter Grieskogel, Zwieselbacher Roßkogel und Watzespitze. Und Richtung Heimat ist sogar die Benediktenwand (siehe Tour 39) noch zu erkennen; nicht zu vergessen der gewaltige Tiefblick, der sich über die steile Nordwand in Richtung des Karwendeltals ergibt. Bei diesem grandiosen Bergpanorama verweilen wir über eine Stunde am Gipfel, zumal es kaum windet und die Sonne uns somit selbst im Dezember wärmt.

Da der Schnee an der Oberfläche am frühen Nachmittag auffirnt und wir somit perfekt mit den Sohlen auf ihm gleiten können, erweist sich der Abstieg als Hochgenuss. Die Sonne fällt im 90-Grad-Winkel auf den mäßig steilen Südwesthang und erwärmt die Temperaturen auf ein ungeahntes Niveau; Angela zögert nicht lange und präsentiert sich zwischenzeitlich nicht nur zwecks der Fotos im schulterfreien T-Shirt.

Bei unserer Ankunft auf der Pleisenhütte ist die Terrasse gut gefüllt. Bereits von hier sind acht verschiedene Gebirgsgruppen auszumachen: Karwendel, Stubaier, Ötztaler, Silvretta, Verwall, Lechtaler, Mieminger und Wetterstein. Erst um 16 Uhr geht die Sonne an diesem Tag hinter dem fernen Inntal unter. Ein kurzer Plausch mit Hüttenwirt Siggi, dann ist es Zeit für den Aufbruch. Wir erreichen den Talboden mit dem letzten Licht.

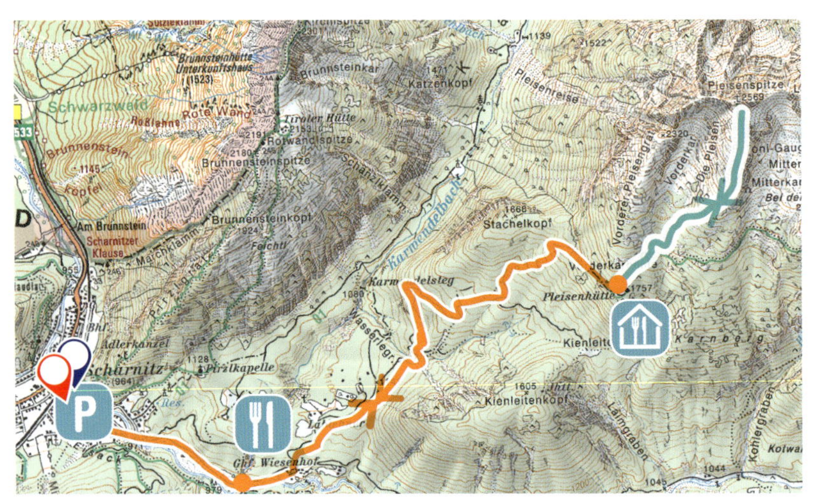

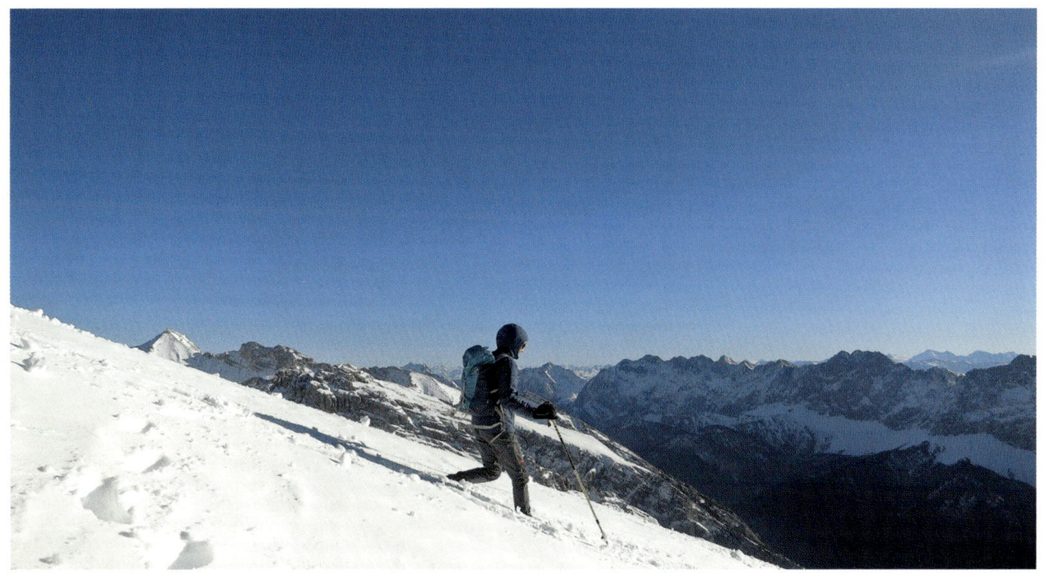

Route: Scharnitz ▶ Pleisenhütte ▶ (Pleisenspitze) und zurück

Pleisenhütte: Vom Parkplatz (971 m) das Hinterautal auf der asphaltierten Straße talein ▶ am Wiesenhof links auf dem moderat ansteigenden Fahrweg über den Lablehner (1110 m) in den Wasserlegraben ▶ weiter auf dem Fahrweg teils in Kehren (Abkürzung auf Steig möglich) und zuletzt einen Latschenhang querend zur Pleisenhütte (1757 m) ▶ Rückweg auf derselben Route

Pleisenspitze: Erst durch lichten Wald, dann über schrofiges Gelände an der Vorderkarhöhle (1850 m) vorbei durch Latschen nordöstlich in das Schotterkar queren ▶ auf der anderen Karseite erst parallel zum Einschnitt, dann rechts steil zum Hintergrat (2200 m) empor ▶ stets unterhalb der Gratkante entlang des breiten Südrückens zum Gipfel (2569 m) ▶ Rückweg auf derselben Route

Gehzeit 4 ½ Std. (Pleisenspitze + 3 ½ Std.)

Höhenmeter 800 (Pleisenspitze + 850)

Anfahrt
ÖVM Regionalbahn (RB) über Mittenwald nach Scharnitz, vom Bahnhof 1,5 km bis zum Parkplatz im Karwendeltal
Auto A 95 und B 2 über Mittenwald nach Scharnitz, im Ort links Richtung Karwendeltäler

Ausgangspunkt Kleiner Parkplatz (gebührenpflichtig) am Ende der öffentlich befahrbaren Hinterautalstraße

Navigation N 47.383875°, E 11.272897°

Sonnenanteil Der Hüttenanstieg verläuft südwestseitig durch lichten Wald, auf dem Weg zur Pleisenspitze oberhalb 1800 m durchgehend Sonne.

Charakter Der Toni-Gaugg-Weg ist moderat angelegt; Vorsicht bei Vereisung! Der Anstieg zur Pleisenspitze ist technisch einfach, erfordert aber günstige Schneeverhältnisse! Trittsicherheit auf den kurzen Felspassagen, die aber nie ausgesetzt sind, ist angenehm!

Wegweiser Pleisenhütte und -spitze sind bestens beschildert; erschwerte Orientierung jedoch beim Gipfelanstieg, wenn die Bodenmarkierungen unter dem Schnee liegen.

Weitere Einkehr Gasthof Wiesenhof, Tel. +43 / 52 13 / 53 80, Di. / Mi. Ruhetag

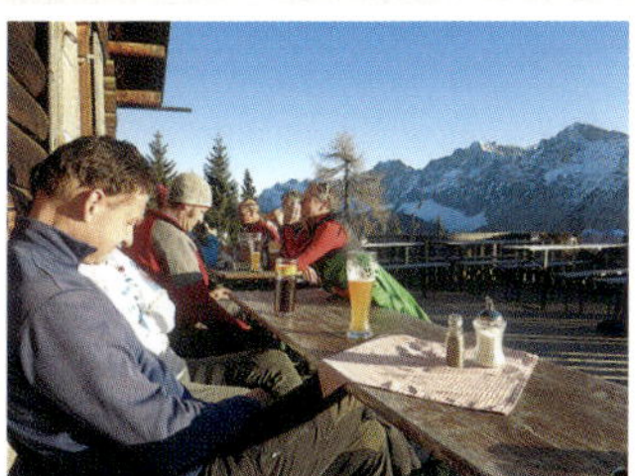

Berghütte Pleisenhütte, privat, 5 Betten / 40 Lager, Tel. +43 / 6 64 / 9 15 87 92 oder +43 / 6 64 / 5 86 32 81, Fr. / Sa. / So. sowie in den Weihnachtsferien täglich geöffnet

Karte Kompass Wk Nr. 26 Karwendelgebirge, 1:50.000

43 **WETTERSTEINHÜTTE** (1717 m) UND **GEHRENSPITZE** (2367 m)

SONNE PUR
an Hütte, Joch und Gipfel

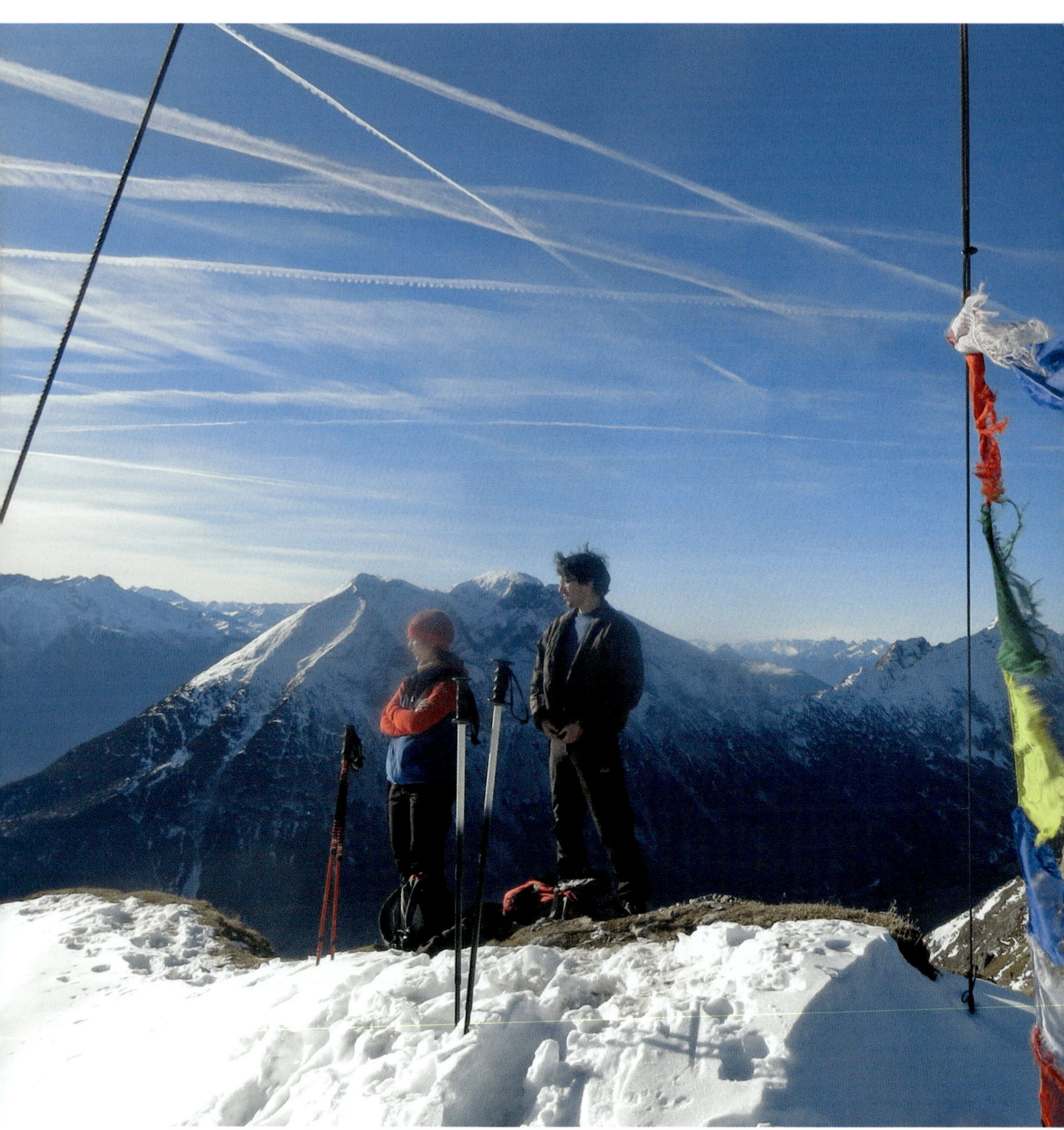

Das Leutaschtal ist im Winter nicht nur ein Eldorado für Ski-Langläufer, sondern auch für Sonnenanbeter. Sogar einige Unterkünfte sind nach der Sonne benannt: Sonnenwinkel, Sonnenplatzl, Sonnenhof, Ivos Sonnenpension ... Wer den weiten Talboden verlässt und auf Wanderschaft geht, erhascht an den Südhängen des Wettersteingebirges am meisten Sonne und Licht. Von der aussichtsreichen Wettersteinhütte bietet sich als lohnende Wanderzugabe das Scharnitzjoch und von dort die Gehrenspitze an.

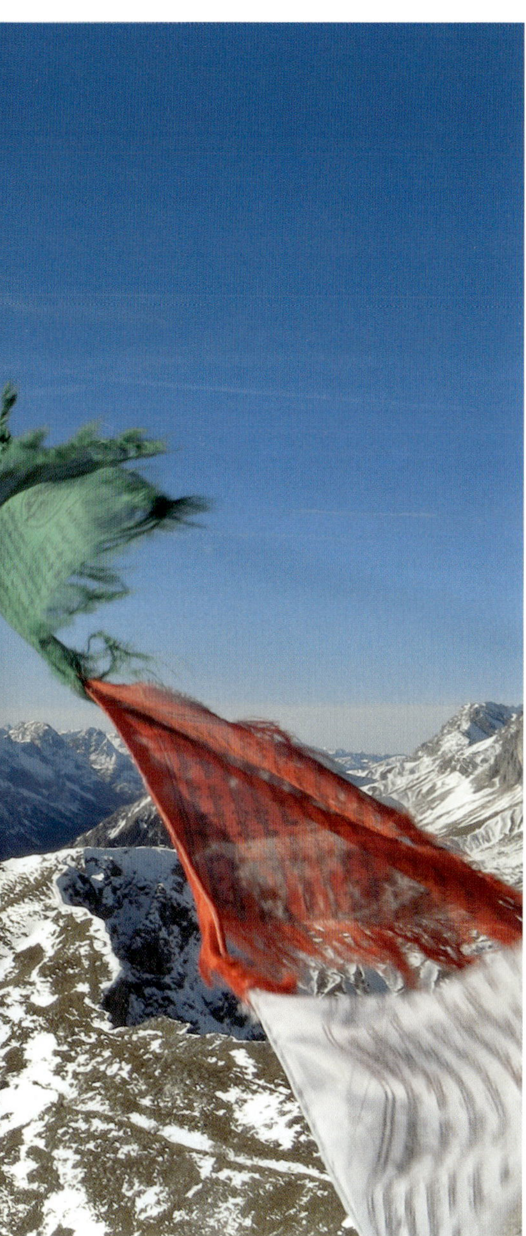

Die besten Gipfelchancen für die Gehrenspitze bestehen im November und Dezember bis zu den ersten nachhaltigen Schneefällen sowie ab Mitte März. „In den vergangenen drei Jahren konnte man die Gehrenspitze sogar bis Anfang Jenner zu Fuß besteigen", erzählt uns der Hüttenwirt. Die Wettersteinhütte hat in der Regel in den Herbstferien noch täglich geöffnet, dann schließt sie offiziell bis Mitte Dezember ihre Pforten – abgesehen von den Schönwetter-Wochenenden. Häufig lag Ende Oktober mehr Schnee in den Bergen als zur Weihnachtszeit; im Zweifelsfall können wir uns bei der Hütte über die aktuellen Verhältnisse vor Ort informieren.

Oberhalb der benachbarten Wangalm sind wir im durchwegs freien Gelände auf trockene oder zumindest solide gespurte Wege angewiesen. Bei unserer Dezember-Besteigung sind die Südhänge bis zum Scharnitzjoch nur von einzelnen Schneefeldern bedeckt, die uns auch ohne Grödeln vor keine Probleme stellen. Voller Genuss wandern wir durch den schönen Bergkessel auf die sonnenbeschienene Bergkette des schroffen Wettersteingebirges zu. Auf etwa halber Strecke bis zur Scharte passieren wir im Scharnitztal eine einladende Panorama-Sitzbank – welch willkommene Möglichkeit für eine Teepause. Allein bis zu diesem Ort hat sich die Wanderung bereits gelohnt.

In Sichtweite der Sitzbank ist der markante Gedenkstein mit Erinnerungstafeln an zahlreiche weltweit in den Bergen verunglückte Bergkameraden sichtbar. Die ungewöhnliche Gedenkstätte wurde

Gebetsfahnen am Gipfel der Gehrenspitze; hinter den Wanderern die landschaftsprägende Hohe Munde

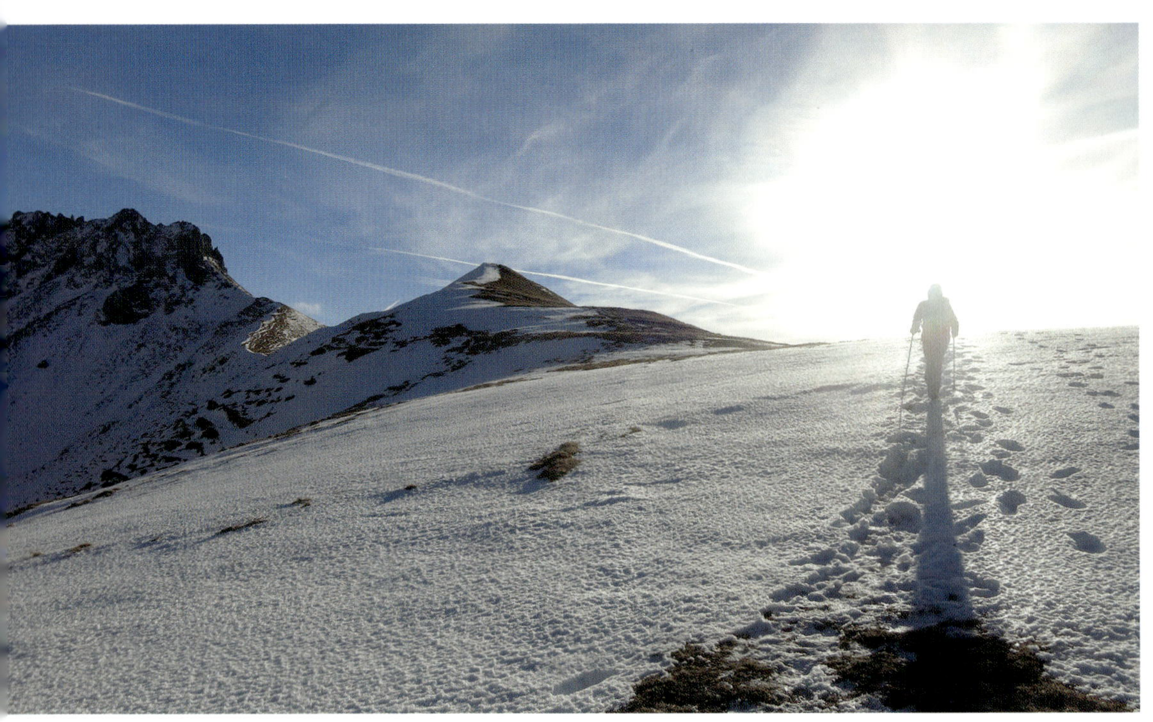

Der Sonne entgegen: Aufstieg vom Scharnitzjoch zur Gehrenspitze

vom Akademischen Alpenverein München (AAVM) gegründet, welcher oberhalb des Scharnitzjochs auch die sogenannte Erinnerungshütte als Basis für Klettertouren an der nahen Scharnitz- und Schüsselkarspitze betreibt. Ein wesentlicher Drahtzieher des elitären Vereins war der 1990 im Alter von 94 Jahren verstorbene Bergsteiger Paul Bauer, der als bekennender Nationalsozialist seine Kriegserlebnisse einst wie folgt verarbeitete: „Als wir das Gewehr aus der Hand geben mussten, tastete die verwaiste Hand nach dem Pickel." Die Vereinszugehörigkeit und Ehre konnte man sich allein durch außergewöhnliche Bergtouren verdienen. Zeugnis hierfür ist beispielsweise die Gedenktafel für Klaus Cramer, der am pakistanischen Berg Akhor Chioh durch Eisschlag ums Leben kam. Auf der heutigen AAVM-Homepage ist zu lesen: „Wir sind ein seit 1892 bestehender Verein aus München mit großer Vergangenheit."

Da sind uns die bunten Gebetsfahnen schon sympathischer, die am Gipfel der Gehrenspitze heftig im Wind flattern. Während die Südseite von relativ sanft geneigten Grasflächen überzogen ist, löst der Blick in die 500 Meter senkrecht ins Puitental abfallende Nordwand bei manchen Wanderern Schwindelgefühle aus. Kaum zu glauben, dass hier ein schräg verlaufendes Schichtband Bergsteigern die Möglichkeit eröffnet, die Wand, wenngleich der Direttissima geschickt ausweichend, in relativ einfacher Kletterei (Schwierigkeitsgrad 2 – 3) zu erklimmen. Bei unserer Ankunft ist die schattige Wand mit feinem Pulverschnee überzuckert, und sehr gerne wenden wir uns nach dem gähnenden Tiefblick wieder der Sonnenseite des Berges mit herrlichem Blick auf die Hohe Munde sowie auf die Stubaier und Zillertaler Alpen zu.

Auch den Abstieg von der Gehrenspitze können wir noch in vollen Zügen genießen. Die Route ist, abgesehen von einer kurzen, bei Vereisung unangenehmen Felspassage unterhalb des Gipfels, nie steil und verläuft stets in Richtung der Wintersonne. Am Scharnitzsattel blicken wir nochmals auf den eindrucksvollen Gebirgsstock der Gehrenspitze zurück, der am Westausläufer vom sogenannten Kirchl begrenzt wird und vom Aussehen her an eine Trutzburg erinnert. Stark ist der Kontrast zwischen den aperen Wiesenflächen auf der Süd- und den Schnee-

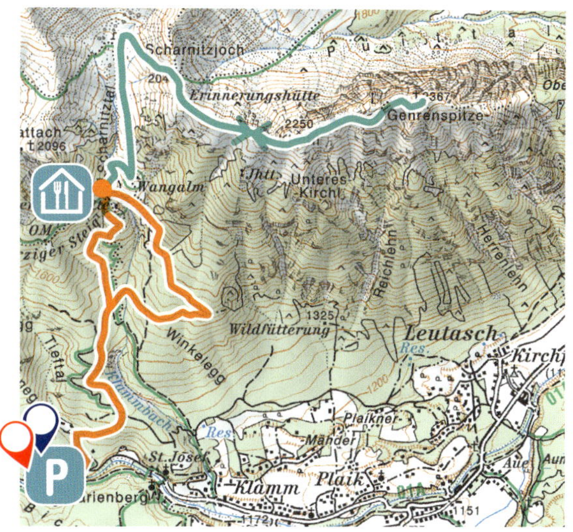

flächen auf der steilen Nordseite des vorgelagerten Graskamms, auf dem sich zudem häufig Schneewechten bilden.

Nach viel Neuschnee müssen wir auf die Schneeschuh- und Skitourengeher hoffen, die uns die Basis für eine Wegtrasse auf die Gehrenspitze legen. Dann ist die Wettersteinhütte am einfachsten auf der viereinhalb Kilometer langen Rodelbahn zu erreichen, welche dank der Enge und Steilheit im oberen Abschnitt zu den anspruchsvollsten ganz Tirols zählt. Aus Versicherungsgründen können an der Hütte leider keine Schlitten mehr ausgeliehen werden; Hüttenwirt Hans Schütz holt für kleinere Gruppen auf Anfrage jedoch gerne welche aus dem Tal, sofern man ihn nicht gerade mittags beim Kochen stört. Zusammen mit seiner Frau Beate sorgt er als eingespieltes Duo für das Wohl der Gäste. Dabei kommen klassische Tiroler Gerichte auf den Tisch, darunter hausgemachte Mehlspeisen, schmackhafte Knödelvariationen und deftige Suppen. Das begehrte „Rippelenessen" gibt es nur abends nach Voranmeldung.

Route: Leutasch ▶ Wettersteinhütte ▶ (Wangalm ▶ Scharnitzjoch ▶ Gehrenspitze) und zurück

Wettersteinhütte: Am Eingang des Parkplatzes (1204 m) die Teerstraße überqueren und dem Forstweg (= Rodelbahn) folgen (Ww. Gehrenspitze) ▶ an der Weggabelung rechts Abkürzung auf dem Steig möglich, der zweimal in den Forstweg mündet ▶ am folgenden Wegabzweig links (Ww. Waldsteig; der Forstweg führt zunächst in Richtung Wangalm; 1560 m) ▶ auf dem mäßig ansteigenden Steig direkt zur Wettersteinhütte (1717 m) ▶ auf dem Fahrweg ein kurzes Stück nach Norden absteigen ▶ an der T-Kreuzung rechts ▶ die Rodelbahn mündet in die Aufstiegsroute

Gehrenspitze: Wie oben von der Wettersteinhütte auf dem Fahrweg absteigen ▶ an der T-Kreuzung (Rodelbahn) links zur Wangalm (1751 m) hinauf ▶ an der Alm Steigbeginn Richtung Gehrenspitze ▶ an der Weggabelung Scharnitztal (1942 m) rechts (Ww. Scharnitzjoch) ▶ am Scharnitzjoch (2048 m) rechts über die Erinnerungshütte (2083 m) zum Gipfelstock (Ww. Gehrenspitze) ▶ auf der Südseite des Berges stets unterhalb der Kammhöhe über mäßig steile Gras- und Schrofenhänge zum Gipfel der Gehrenspitze (2367 m) queren ▶ Abstieg auf derselben Route

Gehzeit 2 ½ Std. (Gehrenspitze + 4 Std.)

Höhenmeter 530 (Gehrenspitze +650)

Anfahrt
Auto A 95 und B 2 über Mittenwald nach Scharnitz, L 177 Richtung Seefeld, nach Gießenbach rechts L 75 bzw. L 14 nach Weidach, Buchener Landstraße nach Platzl, rechts Straßenabzweig in das Gaistal

Ausgangspunkt Parkplatz P2 Stupfer im Gaistal

Navigation N 47.363827°, E 11.104308°

Sonnenanteil Beim Hüttenanstieg auf der Rodelbahn abschnittweise Sonne, der direkte Zustieg ist schattiger. Sonne fast ohne Einschränkung gibt es oberhalb der Wettersteinhütte.

Charakter Bis zur Hütte wahlweise schöner Waldsteig oder teils sehr steiler Forstweg (Rodelbahn). Der Steig zur Gehrenspitze ist technisch einfach (reines Gehgelände), erfordert aber alpine Erfahrung.

Wegweiser Wettersteinhütte bzw. Waldsteig zur Hütte, Scharnitzjoch und Gehrenspitze gut beschildert

Karte Kompass Wk Nr. 35 Imst Telfs, 1:50.000

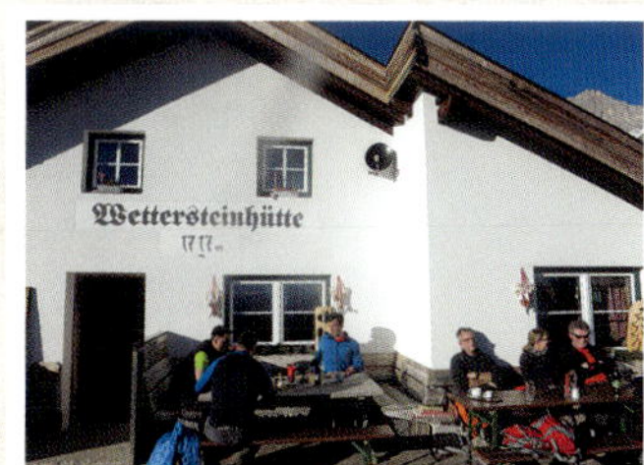

Berghütte Wettersteinhütte, privat, 35 Lager, Tel. +43 / 6 64 / 8 95 82 27 oder 6 60 / 3 46 21 00, bis Mitte Dezember am Wochenende geöffnet, dann täglich außer Mo., www.wettersteinhuette.at

INDEX